COMMENT J'AI (VRAIMENT) DÉCIDÉ D'ÊTRE HEUREUSE

Marianne Power est journaliste indépendante britannique. Elle écrit régulièrement pour *The Daily Mail*, *The Telegraph*, *The Irish Independent* et *Grazia*. *Comment j'ai (vraiment) décidé d'être heureuse*, son premier ouvrage, a été traduit dans une vingtaine de langues.

MARIANNE POWER

Comment j'ai (vraiment) décidé d'être heureuse

TRADUIT DE L'ANGLAIS
PAR CHRISTINE BARBASTE

STOCK

Titre original :

HELP ME!
One Woman's Quest to Find Out
if Self-Help Really Can Change Her Life

ISBN : 978-2-253-18827-8 – 1re publication LGF

À G – l'amie d'une vie.

Maman : Dis-moi, ce livre…
Moi : Oui ?
Maman : Rassure-moi – tu n'y parles pas de « quête »…
Moi : Non.
Maman : Bien.
Moi : Je préfère l'expression « chemin spirituel ».
Maman : Oh, Marianne…

Le tissu gris et rêche de la chaise de bureau s'orne d'une tache sombre. Je m'efforce, en laissant glisser au sol ma robe de chambre en polaire, de ne pas penser à son origine douteuse, puis je m'assieds. Nue.

Je sens aussitôt sur ma peau la fraîcheur des courants d'air qui traversent la salle. Mon cœur s'accélère.

Je suis nue. Devant des gens. Nue. Sous un spot. Nue.

Mes pensées s'emballent. Et si quelqu'un que je connais entrait dans la salle ? Quelqu'un avec qui je travaille ? Ou un ancien professeur ?

« Trouvez une position confortable et détendez-vous, me lance, du fond de la salle, celui qui dirige ce cours de modèle vivant. Je vous promets que personne ne va songer à votre nudité – chacun sera bien trop concentré sur son esquisse. »

Sale connard condescendant ! Facile à dire pour toi, avec ton jean et tes baskets. Tu es cent pour cent plus habillé que moi en ce moment.

Je croise les jambes et pose les mains sur mes cuisses, pour couvrir vaguement quelque chose. Quand je baisse les yeux, mon ventre m'évoque de la mozzarella et les poils blonds sur mes jambes blanches scintillent sous l'éclairage au néon. Seul le grattement des mines de plomb sur le papier me distrait de la voix qui hurle dans ma tête : *Tu fais quoi, là, au juste ? Pourquoi n'es-tu pas à la maison, devant la télé, comme n'importe quelle personne normale ? Et pourquoi ne t'es-tu pas rasé les jambes ? N'est-ce pas la première chose à faire, avant d'aller s'exhiber nue en public ? C'est la base !*

Du coin de l'œil, je perçois un mouvement. Un retardataire. Un homme. Grand. Cheveux bruns, bouclés. Je relève imperceptiblement la tête. Il porte un pull bleu marine. Bon sang, j'ai un gros faible pour les beaux pulls... La réalité me fond dessus : un mec sexy vient d'entrer alors que moi, je suis à poil, dans une salle polyvalente.

Une scène sortie tout droit d'un cauchemar.

Je fixe un mouton de poussière au sol avec autant d'intensité que si ma vie en dépendait.

J'inspire profondément, et me demande aussitôt avec inquiétude si respirer me fait paraître grosse. Plus grosse.

Marianne, arrête. Pense à autre chose... Par exemple à ce que tu mangeras en rentrant à la maison. Du poulet frit ? Des toasts au fromage ?

« Bien... Marianne ? Et si on essayait une pose debout ? Dos à la salle, peut-être ? Et bras levés ? »

En me retournant, je sens mes jambes trembler.

Quel sort ces Michel-Ange en herbe vont-ils réserver à ma cellulite ? Leur a-t-on enseigné comment en faire un rendu réaliste – un peu comme on apprend à tracer une perspective ou recréer le ciel ? Et qu'est-ce que M. Pull marine va penser de mon derrière ? Il va le détester, c'est sûr. Je parie que toutes ses copines font un 36 et ont des fesses semblables à des pêches…

Je me concentre sur le toast au fromage. Je me demande quel genre de pain il nous reste à la maison.

Mes bras me font mal à force de les garder en l'air. Deux gouttes de transpiration glissent le long de mes flancs.

« N'hésitez pas à vous déplacer pour trouver un meilleur poste d'observation, dit le prof – il s'adresse aux élèves. Rapprochez-vous du modèle. Trouvez le bon angle pour travailler. »

Des pieds de chaise raclent le sol. M. Pull marine est maintenant assis à un mètre de moi – si près que je sens le parfum de son after-shave – un parfum de propre, iodé.

Je parie qu'il te prend pour une tordue à t'exhiber nue, un dimanche soir. Je parie qu'il trouve tes cuisses poilues énormes et monstrueuses. Je parie… Marianne, arrête !

Je me reconcentre sur le mouton de poussière. Pourquoi, dans les salles polyvalentes, le sol est-il toujours poussiéreux ? Vais-je pouvoir me dispenser de faire une lessive, en rentrant à la maison ? Puis j'entends le prof me dire de me rhabiller.

Immédiatement, je me sens encore plus nue. Il m'avait demandé d'apporter un peignoir – ce qui m'avait évoqué des images de mansardes parisiennes et de modèles en négligé de soie ; malheureusement, je n'avais sous la main qu'une robe de chambre en polaire. Je l'enfile, j'inspire un grand coup et je m'approche de M. Pull marine.

« Désolé, je manque d'entraînement, marmonne-t-il sans détacher les yeux de son chevalet. J'ai mal rendu votre nez, et le front est un peu grand... »

En regardant ma silhouette esquissée à grands traits désordonnés de fusain, j'ai envie de hurler : « On se fiche pas mal du front ! Tu m'as fait un cul de la taille de l'Australie ! »

Je file aux toilettes et j'essaie de me rhabiller au plus vite sur le carrelage écaillé et glacé. Dans les limites exiguës de cette minuscule cabine, je bataille pour renfiler mes collants. Je m'assieds sur la cuvette des W.-C.

Je me sens plus gênée qu'épanouie.

Pourquoi – pourquoi je m'inflige tout ça... ?

La gueule de bois qui a changé ma vie

Dans la vie de chaque femme, arrive un moment où elle prend conscience que ça ne peut plus continuer comme ça. Pour moi, ce tournant s'est produit un dimanche de gueule de bois.

J'ai oublié ce que j'avais fait la veille au soir – sinon qu'à l'évidence j'avais trop bu, et que je m'étais effondrée tout habillée, sans me démaquiller. Au réveil, j'avais les paupières collées par des croûtes de mascara, la peau du visage huileuse, glissante de fond de teint et de transpiration nocturne. Le bouton de mon jean me mordait l'estomac. Il fallait que j'aille aux toilettes mais, trop paresseuse pour me lever, j'avais défait ma braguette et j'étais restée allongée, les yeux fermés.

J'avais mal partout.

Parfois, un lendemain d'excès d'alcool, on s'en sort à bon compte. Au réveil, on se sent vaseux mais joyeux, euphorique même, et on traverse les cahots de la journée sans trop de mal jusqu'à ce que la gueule de bois se dissipe en douceur en fin d'après-midi. Ce dimanche-là, rien de tel : j'avais l'impression qu'une bombe avait explosé dans ma tête. Et mon estomac barattait comme un tambour de machine à laver rempli de déchets toxiques.

J'ai roulé sur le côté pour attraper le verre sur ma table de nuit. Mes mains tremblaient tellement que j'ai renversé de l'eau sur moi et sur les draps.

Le rai de lumière qui filtrait entre les rideaux m'agressait. J'ai refermé les yeux, et j'ai attendu qu'elle arrive… Oui, la voilà… Cette puissante vague d'anxiété et de dégoût de soi qui déferle après une soirée trop arrosée. Cette certitude absolue d'avoir très mal agi, d'être une mauvaise personne, promise à de mauvaises choses pour le restant de votre pathétique vie, car c'est ce que vous méritez.

J'étais la proie de ce que mes amis appellent La Peur, mais les excès de la veille n'étaient pas seuls responsables. Cette appréhension, cette anxiété et ces sentiments d'échec étaient omniprésents. Je les entendais fredonner en permanence dans un coin de ma tête. La gueule de bois ne faisait que pousser le volume.

Je n'avais pourtant pas à me plaindre de ma vie. Loin de là.

Entre vingt et trente ans, je m'étais consacrée à faire mon trou dans la presse écrite, j'avais gravi les échelons et j'étais désormais une journaliste free-lance reconnue. Je vivais à Londres et j'étais payée (si, si) pour tester des mascaras. Un mois avant cette gueule de bois décisive, on m'avait envoyée me prélasser dans un spa en Autriche, en compagnie de femmes au foyer qui déboursaient plusieurs milliers de livres pour se nourrir uniquement de bouillon et de pain rassis. Le séjour m'avait été offert, j'avais perdu deux kilos et demi et j'étais rentrée chez moi avec une très chic collection de miniflacons de shampooing.

Quelque temps auparavant, pour un autre article, j'avais reçu un cours de séduction d'une experte en la matière, Dita Von Teese, dans sa suite du Claridge. J'avais même interviewé James Bond et, des semaines durant, j'avais réécouté le message de remerciement de l'immense Roger Moore – « Un sacrément bon papier ! »

Professionnellement, mes rêves s'étaient réalisés.

En dehors du travail aussi j'avais plutôt la belle vie. J'avais des amis et une famille qui se souciaient de moi. J'achetais des jeans hors de prix et buvais des cocktails qui ne l'étaient pas moins. Je partais en vacances. Je donnais franchement l'impression de m'éclater dans la vie.

Mais ce n'était pas le cas. J'étais paumée.

Quand mes amis refaisaient les joints de leur salle de bains et réservaient des villas pour les vacances, je passais des week-ends entiers à boire, ou à regarder les *Real Housewives* ou les *Kardashian* depuis mon lit.

Et quand je sortais, ma vie sociale se réduisait à des cocktails de fiançailles, des mariages, des crémaillères et des baptêmes. Je souriais et je faisais le job. J'offrais des cadeaux. Je signais les cartes. Je portais des toasts au bonheur des uns et des autres. Mais à chaque célébration d'un événement majeur dans une vie qui n'était pas la mienne, je me sentais un peu plus laissée-pour-compte, un peu plus seule, un peu plus inutile. À trente-six ans, mes amis allaient de l'avant, ils cochaient les cases des différentes étapes d'une existence, quand moi j'étais comme à l'arrêt dans celle que je menais depuis mes vingt ans.

J'étais encore célibataire, encore locataire, et je n'avais pas l'ombre d'un projet d'avenir.

Quand des amis me demandaient si j'allais bien, je répondais oui. Je savais que j'étais malheureuse, mais quelle bonne raison avais-je de l'être ? J'avais de la chance – une chance obscène. Du coup, tout en sachant pertinemment qu'il n'était pour rien dans mon mal-être, je me lamentais sur mon célibat, parce qu'il me semblait être un motif recevable, compréhensible. Un petit ami résoudrait-il tous mes problèmes ? Peut-être, ou peut-être pas. Voulais-je me marier et avoir des gosses ? Je n'en savais rien. De toute façon, ces questions étaient purement théoriques. Les hommes ne se jetaient pas à mes pieds.

La vérité, c'est qu'ils continuaient de m'inspirer une peur bleue, et que cela était une immense source de honte. Pourquoi étais-je incapable de faire ce qui semblait à la portée de toutes les autres filles – rencontrer quelqu'un, tomber amoureuse, se marier ?

Je me sentais défectueuse.

Mais de cela, je ne parlais jamais à personne. Quand des amies m'assuraient que je ne tarderais plus à rencontrer quelqu'un, j'acquiesçais, et on changeait de sujet, puis je rentrais chez moi, seule, et je poursuivais ma lente dégringolade dans le néant – si j'étais d'humeur à dramatiser. Et ce dimanche-là, gueule de bois oblige, c'était le cas.

J'ai contemplé le tableau sordide qu'offrait ma chambre, dans cet appartement en sous-sol au loyer exorbitant : des paires de collants et des culottes sales abandonnées par terre, à côté d'une serviette de toilette humide ; une poubelle qui débordait de lingettes démaquillantes et de bouteilles d'eau. Une, deux, trois tasses de café à moitié bues...

C'est alors qu'une voix a résonné dans ma tête :

Qu'est-ce que tu fabriques ?

Qu'est-ce que tu fabriques ? a-t-elle répété, plus fort et avec un surcroît d'insistance.

N'est-ce pas un grand classique, dans les romans, quand le personnage touche le fond du fond ? Une voix surgit de nulle part pour l'informer que quelque chose doit impérativement changer. La voix peut être Dieu, ou celle d'une mère défunte, ou encore l'esprit des Noëls passés – mais il y en a toujours une.

Je n'avais jamais cru à ces voix, évidemment. Pour moi, elles relevaient d'un dispositif littéraire, d'une afféterie d'auteurs un brin trop portés sur la dramatisation – mais, visiblement, je me trompais. Parfois, on atteint bel et bien un point où on entend des voix.

La mienne, elle me parlait depuis des mois. Elle me réveillait presque toutes les nuits à 3 heures, et je me redressais d'un coup dans mon lit, le cœur battant, tandis qu'elle m'apostrophait d'un ton autoritaire : *Qu'est-ce que tu fabriques ? Qu'est-ce que tu fabriques ?*

Je faisais de mon mieux pour l'ignorer. Je me rendormais, je me remettais au travail, je retournais au pub. Cependant, au fil des mois, la sensation que quelque chose ne tournait pas rond devenait de plus en plus dure à ignorer. La vérité, c'est que je n'avais pas la moindre idée de ce que je fabriquais. Et les fissures commençaient à se voir. Je devais lutter pour garder le sourire, et les larmes, d'ordinaire confinées au huis clos de ma chambre, faisaient maintenant des apparitions publiques – au pub, à des pots au boulot, à des soirées chez des amis. J'étais devenue ce genre de femme qui, à une fête de mariage et sous l'emprise de l'alcool, se déhanche sur *Single Ladies* de Beyoncé et file sans crier gare sangloter aux toilettes.

Jamais je n'avais voulu être cette personne-là. Mais c'était arrivé.

Quand le téléphone a sonné, j'en étais à ma quatrième heure de gueule de bois, à zoner avec les Kardashian, et je n'avais toujours pas pris ma douche.

C'était ma sœur Sheila.

« Que fais-tu de beau ? a-t-elle demandé, d'une voix pimpante et désinvolte – elle était en train de marcher.

— Rien. Je cuve. Et toi ?

— Je sors de la gym, et je vais bruncher avec Jo.

— Sympa.

— Tu sembles au fond du trou.

— Non, pas du tout. J'ai juste la gueule de bois.

— Pourquoi ne sors-tu pas marcher un peu ? Ça fait toujours du bien.

— Il pleut », ai-je menti – mais Sheila ne pouvait pas le savoir. Elle vivait à New York, où elle avait un super appartement, un super boulot et de supers amis avec lesquels bruncher dans des supers restaus. Je me la suis représentée marchant dans sa rue de Manhattan, douchée de frais et débordante d'énergie après sa séance de sport, avec son balayage hors de prix qui brillait au soleil.

« Que vas-tu faire de ton dimanche ? a-t-elle

insisté, et j'ai détesté le jugement sous-entendu dans la question.

— Je ne sais pas. La journée est presque terminée, il est 16 heures, ici.

— Tu vas bien ?

— Oui, je suis fatiguée, c'est tout.

— Bon, d'accord, je te laisse. »

Je m'apprêtais à raccrocher, à la laisser poursuivre sa vie fabuleuse et continuer pour ma part ma dégringolade dans l'autoapitoiement, quand j'ai éclaté en larmes.

« Qu'est-ce qui ne va pas ? Il s'est passé quelque chose, hier soir ? a demandé Sheila.

— Non, non, ce n'est pas ça.

— Alors quoi ?

— Je ne sais pas… » Ma voix s'est fêlée. « Je ne sais pas ce qui déconne chez moi.

— Que veux-tu dire ?

— Je suis tout le temps malheureuse, et je ne sais même pas pourquoi.

— Oh, Marianne… »

Sa voix avait perdu son mordant coutumier.

« Je ne sais plus quoi faire. J'essaie de garder la tête hors de l'eau, je bosse dur, je m'efforce d'être sympa, je me ruine avec le loyer de ce fichu appartement, mais à quoi bon ? À quoi ça sert, tout ça ? »

Sheila n'avait pas eu de réponse à me donner. À 3 heures du matin, incapable de dormir ou de tolérer une minute de plus les Kardashian, je me suis tournée vers quelqu'un, ou plutôt quelque chose, qui serait en mesure de m'éclairer.

J'avais vingt-quatre ans lorsque j'ai lu pour la première fois un ouvrage de développement personnel. Je buvais du vin blanc bon marché à l'All Bar One d'Oxford Street et je me plaignais de mon boulot merdique d'intérimaire quand mon amie m'a tendu un exemplaire tout corné de *Tremblez mais osez*[1], de Susan Jeffers.

J'ai lu l'accroche à voix haute : « Comment transformer vos peurs et vos indécisions pour agir au lieu de subir », et j'ai levé les yeux au ciel, sans pouvoir m'empêcher de lire dans la foulée la quatrième de couverture : « Qu'est-ce qui vous retient d'être la personne que vous voulez être et de mener la vie dont vous rêvez ? La peur d'aborder frontalement un problème avec votre patron ? La peur du changement ? La peur de prendre le contrôle ? »

« Je n'ai pas peur, ai-je assené. J'ai juste un boulot de merde.

— C'est tarte, je sais, mais lis-le, m'a enjointe mon amie. Je te promets qu'il te donnera envie de sortir et de FAIRE des trucs. »

Je ne voyais pas trop ce que ce bouquin lui avait fait faire, hormis venir se saouler avec moi, mais qu'importe. Ce soir-là, embrumée par l'alcool, j'ai lu la moitié du livre. Le lendemain soir, je l'ai terminé.

J'avais beau être diplômée de lettres et avoir des ambitions littéraires, je me suis laissé griser par les caractères majuscules tonitruants et les points d'exclamation. Par cette posture américaine volontariste qui allait totalement à l'encontre de mon

1. Susan Jeffers, *Tremblez mais osez,* Marabout, 2013.

pessimisme anglo-irlandais – et qui me donnait le sentiment que tout était possible.

Suite à cette lecture, j'ai démissionné de mon job par intérim, même si je n'avais rien d'autre en vue. Une semaine plus tard, une amie m'a parlé de l'amie d'une amie qui travaillait dans un journal. J'ai appelé cette fille et, comme elle ne décrochait pas, j'ai insisté, encore et encore, faisant montre d'une ténacité inédite pour moi. La fille a fini par me rappeler et me proposer un stage – qui, quinze jours plus tard, a débouché sur une offre d'embauche.

C'est ainsi que j'ai débuté dans le journalisme. La prise de risque avait payé.

Et une telle expérience m'avait rendue accro au développement personnel. Tout ouvrage qui promettait de changer ma vie pendant la pause-déjeuner et de m'apporter, en cinq étapes et sans trop me fouler, la confiance en moi / un homme / de l'argent (et qu'en prime il avait reçu l'onction d'Oprah Winfrey), non seulement je l'achetais, mais j'achetais également le T-shirt, et le CD.

J'ai dévoré de la première à la dernière page *Les 7 Habitudes de ceux qui réalisent tout ce qu'ils entreprennent*[1], *Le Petit Livre du calme*[2], *Les 100 Lois de la vie*[3], *La Puissance de la pensée positive*[4], et quantité

---

1. Stephen Covey, *Les 7 Habitudes de ceux qui réalisent tout ce qu'ils entreprennent*, First Éditions, 2017.

2. Paul Wilson, *Le Petit Livre du calme*, Presses du Châtelet, 2017.

3. Richard Templar, *Les 100 Lois de la vie*, Éditions Leduc, 2013.

4. Norman Vincent Peale, *La Puissance de la pensée positive*, Poche Marabout, 2013.

d'autres ouvrages similaires. J'en soulignais des passages entiers. Je prenais des notes dans les marges. Chacun d'eux semblait me promettre le sésame qui ferait de moi quelqu'un de plus heureux, plus sain, plus épanoui… mais est-ce que ça marchait ?

Eh bien, non, pas vraiment…

Aucun n'avait eu le même impact que *Tremblez mais osez*.

Sur le front des finances, la lecture de *I Can Make You Rich*[1], de Paul McKenna – un ancien DJ radio devenu hypnotiseur qui s'était effectivement beaucoup enrichi en creusant son sillon dans le champ du développement personnel –, n'avait rien changé, je restais une catastrophe ambulante. Vous me donniez dix livres et n'aviez pas rangé votre portefeuille que j'en avais déjà dépensé vingt.

Même si j'avais lu *Les hommes viennent de Mars, les femmes viennent de Vénus*[2] et *Pourquoi les hommes adorent les chieuses*[3], j'étais toujours célibataire.

Et s'il est vrai que *Tremblez mais osez* avait lancé ma carrière dans le journalisme, ce que j'avais pu réussir par la suite ne devait rien aux *Principes du succès*[4] selon Jack Canfield – et tout à une peur dévorante de l'échec qui me poussait à toujours travailler plus.

Un jour où elle m'aidait à faire les cartons à l'occasion

---

1. Je peux vous rendre riche (ouvrage non traduit en français).

2. John Gray, *Les hommes viennent de Mars, les femmes viennent de Vénus*, J'ai lu, 2011.

3. Sherry Argov, *Pourquoi les hommes adorent les chieuses*, City Éditions, 2016.

4. Jack Canfield, *Principes du succès,* Un monde différent, 2005.

d'un de mes nombreux déménagements, mon amie Sarah avait ri aux larmes en découvrant des bouquins de développement personnel empilés partout dans l'appartement. Sous le canapé, sous le lit, à côté de la penderie.

« J'en ai lu beaucoup pour le boulot », m'étais-je justifiée – ce qui n'était pas entièrement faux. Quelques-uns avaient pu nourrir des articles. La plupart, cependant, je les avais achetés pour une tout autre raison : je pensais qu'ils allaient changer ma vie.

« Ils racontent tous la même chose, non ? avait demandé Sarah. Positivez. Sortez de votre zone de confort... Je ne pige pas pourquoi on a besoin de lire deux cents pages qui sont résumées en un paragraphe au dos du bouquin.

— Parfois, le message doit être répété pour entrer dans le crâne », avais-je répondu.

Un bouquin dont on voyait qu'il avait été souvent feuilleté traînait sur le réfrigérateur, à côté de deux chargeurs de téléphone et d'un assortiment de menus de restaurants indiens. Sarah avait lu le titre à voix haute : « *Comment dominer le stress et les soucis*[1]...

— Celui-là, il est vraiment bien ! Si, si, je t'assure, avais-je insisté quand Sarah avait éclaté de rire. C'est un classique. Il a été écrit pendant la Grande Dépression. Je l'ai lu au moins trois fois.

— Trois fois ?

— Oui !

— Et tu penses que ça t'a aidée ?

1. Dale Carnegie, *Comment dominer le stress et les soucis*, Flammarion, 2005.

— Oui !

— Tu as arrêté de te faire du souci ?

— Bon, disons que… »

À ce stade, Sarah pleurait d'hilarité.

Je voulais être agacée, mais je n'y arrivais pas. Je ne connaissais personne que les soucis rongent autant que moi.

J'étais même, en fait, une piètre publicité pour ce livre et pour n'importe lequel de ces ouvrages rangés dans ma bibliothèque – ou, plutôt, planqués sous mon lit. J'étais la preuve vivante que le développement personnel ne marchait pas vraiment. J'avais beau acheter au moins un de ces bouquins par mois, rien n'était résolu : j'avais toujours la gueule de bois, j'étais toujours déprimée, névrosée, seule…

Alors pourquoi m'obstinais-je à les lire si, au bout du compte, ils ne m'aidaient pas ?

Parce que, comme les gâteaux au chocolat ou de vieux épisodes de *Friends*, ces livres me réconfortaient. Ils admettaient qu'on puisse souffrir de ce manque de confiance en soi et de ces anxiétés que j'avais toujours tus par honte. Ils présentaient mon angoisse comme une part constitutive de la condition humaine. En les lisant, je me sentais moins seule.

En outre, ils étaient générateurs de fantasmes. Chaque soir, en dévorant ces histoires d'ascensions sociales fulgurantes, j'imaginais quelle serait ma vie si j'étais plus sûre de moi et plus efficace, si j'arrêtais de me ronger les sangs pour un oui ou un non, si je sautais du lit à 5 heures du matin pour faire une séance de méditation.

Il y avait juste un petit problème : le lendemain

matin, je me réveillais bien après 5 heures, et je reprenais le fil de mon existence là où je l'avais laissé la veille.

Rien ne changeait parce que je n'appliquais aucun des conseils dont m'abreuvaient ces livres. Je ne tenais pas de journal de bord, je ne prononçais aucune affirmation.

Si *Tremblez mais osez* avait changé ma vie la première fois que je l'avais lu, c'est parce que j'avais agi : j'avais tremblé, et démissionné. Mais, depuis, je n'étais plus sortie de ma zone de confort – à peine étais-je arrivée à sortir de mon lit.

Ce fameux dimanche, tandis que la gueule de bois commençait à passer et que je relisais *Tremblez mais osez* pour la cinquième fois, une idée m'est venue. Une idée qui, d'épave dépressive abonnée aux gueules de bois, allait me transformer en femme heureuse et efficace :

Je n'allais plus simplement lire des ouvrages de développement personnel, j'allais les mettre en pratique.

J'allais suivre tous les conseils sans exception dispensés par ces soi-disant gourous, et voir ce qui allait se passer si j'adoptais *Les 7 Habitudes de ceux qui réalisent tout ce qu'ils entreprennent*. Sentirais-je vraiment *Le Pouvoir du moment présent*[1] ? Ma vie pouvait-elle s'en trouver révolutionnée ? Pouvais-je devenir riche ? Mince ? Pouvais-je trouver l'amour ?

L'idée s'est présentée à moi avec une feuille de route toute tracée : un livre par mois, suivi à la lettre,

---

1. Eckhart Tolle, *Le Pouvoir du moment présent*, J'ai lu, 2010.

pour voir si le développement personnel pouvait réellement changer ma vie. J'allais m'y tenir pendant un an – soit douze ouvrages au total. Et j'allais m'attaquer à mes failles avec méthode, un livre à la fois : argent, angoisses, poids… Arrivée à la fin de l'année, je serais… parfaite !

« Bon, très bien, mais tu vas devoir faire des trucs, a observé Sheila quelques jours plus tard quand, au téléphone, je lui ai fait part de mon idée. Tu ne peux pas consacrer une année entière à simplement lire des bouquins qui te pousseront à analyser tes sentiments à la loupe. »

Le ton de ma sœur sous-entendait que j'allais saisir cette occasion en or de me regarder le nombril, et de devenir encore plus égocentrique que d'habitude.

« Évidemment que je vais faire des trucs ! ai-je répliqué vertement. C'est tout l'intérêt.

— OK. Quels livres vas-tu suivre ? Tu as fait un plan ? »

Encore une pique. Sheila savait pertinemment que je ne fais jamais de plan.

« Je vais commencer par *Tremblez mais osez* parce qu'il a eu un gros impact la première fois que je l'ai lu, puis j'enchaînerai sans doute par un livre sur les questions d'argent, et ensuite… On verra. Au royaume du développement personnel, il paraît que le bon livre te trouve au bon moment. »

Cette réponse, je le savais, n'allait pas faire remonter ma cote de crédibilité.

« Tu vas suivre des livres que tu as déjà lus, ou bien des nouveaux ?

— Un mélange des deux.

— Tu vas faire un livre sur les rencontres amoureuses ?

— Oui.

— Lequel ?

— Je ne sais pas encore.

— Et quand ?

— Je ne sais pas, Sheila ! Plus tard dans l'année. Je veux d'abord travailler sur moi, et ensuite je me préoccuperai de trouver un homme. »

Travailler sur moi – je me serais giflée d'avoir utilisé cette expression.

« D'accord. Mais quels bénéfices en attends-tu, au juste ? » a insisté Sheila.

Voilà pourquoi ma sœur est payée des mille et des cents. Pour débusquer la faille de n'importe quel projet.

« Chais pas. J'aimerais juste être plus heureuse, plus sûre de moi et ne plus avoir de dettes. J'aimerais mener une vie plus saine, et boire moins…

— Tu n'as pas besoin d'un livre pour lever le pied sur l'alcool, m'a coupée Sheila.

— Parle pour toi ! ai-je répondu – et j'ai bu très discrètement une gorgée de vin.

— D'accord, d'accord. Mais tu dois vraiment FAIRE des trucs. Pas juste en parler.

— Oui, Sheila, j'ai pigé. Et c'est bien mon intention. »

Mais même le réalisme de ma sœur échouait à entamer mon optimisme. Après avoir raccroché, j'ai fermé les yeux et imaginé la version parfaite de moi-même que je serais devenue d'ici un an.

Cette version parfaite serait immunisée contre l'anxiété ou la procrastination, elle viendrait à bout de son travail facilement, signerait des articles dans les meilleurs journaux et magazines, en échange de sommes obscènes – suffisantes, en tous les cas, pour faire poser des bagues sur ses dents en bataille. Elle vivrait dans un sublime appartement inondé de lumière, avec des bibliothèques remplies d'ouvrages littéraires et intellos qu'elle aurait réellement lus. Le soir, elle se rendrait à des soirées huppées et ferait tourner toutes les têtes dans ses vêtements discrets mais luxueux. Elle serait assidue à la salle de sport. Oh, et elle aurait à son bras un bel homme en pull en cachemire – cela va sans dire.

Mon modèle de perfection était celui qui s'étale sur le papier glacé des magazines : ces interviews de gens chez qui tout est parfait – leur intérieur, leurs vêtements, leur vie. J'allais devenir l'un d'eux.

Puisqu'on était en novembre, j'ai décidé de commencer au mois de janvier. Nouvelle année, nouveau moi.

J'étais impatiente, électrisée. Je le tenais enfin, le projet qui allait réellement changer ma vie.

J'étais loin de me douter, à ce moment-là, que mon plan bien carré en douze mois allait se transformer en dix-huit mois de montagnes russes qui me mettraient sens dessus dessous.

Oui, le développement personnel a changé ma vie – mais était-ce pour le mieux ?

1

Tremblez mais osez
de Susan Jeffers

« Prenez un risque par jour – modeste ou audacieuse, cette action vous comblera de bien-être une fois réalisée. »

En ce premier jour de l'année, je contemple l'eau brune et limoneuse d'un étang depuis un ponton. Un air glacial me fouette les jambes et il commence à pleuvoir.

Dans mon dos, un tableau noir calé contre un fauteuil annonce la température de l'eau : cinq degrés. Autant dire zéro. Je frissonne et je sens chaque centimètre carré de ma peau se hérisser de chair de poule.

« Vous vous êtes déjà baignée dans les Ladies' Ponds ? » s'enquiert la matriarche qui monte la garde sur la rive.

Sa voix est aussi tonifiante que l'air ambiant et son accent laisse à penser qu'elle possède peut-être la moitié du Hampshire.

« Non, dis-je.

— La baignade peut être assez dangereuse, à cette époque de l'année. L'eau est extrêmement froide.

— C'est ce que j'ai cru comprendre.

— Je vous conseille, en y entrant, d'expirer longuement.

— D'accord.

— Ça vous évitera de suffoquer. »

Oh bon Dieu.

Je me tourne vers le petit groupe de femmes d'âge mûr qui boivent du thé fumant. Elles ont les cheveux mouillés. Si elles peuvent le faire, je le peux moi aussi. Pas vrai ?

Je pose un pied sur la marche en métal glacé, puis l'autre. Je descends d'un cran. Mon pied droit entre en contact avec l'eau. La décharge de douleur est immédiate.

« Putain ! »

Mon pied gauche entre à son tour dans l'eau. Je hurle de nouveau.

Je ne veux pas aller plus loin. Cette baignade était une très mauvaise idée. Je ne suis pas le genre de personne qui peut piquer une tête au plus fort de l'hiver. Je prends froid devant un frigidaire ouvert.

Je me retourne et découvre qu'une file d'attente s'est formée derrière moi. Il est trop tard pour faire machine arrière ; tout le monde me regarde.

Je continue de m'immerger, lentement, jusqu'à la taille. J'ai du mal à respirer, je cherche mon souffle. Et puis la sensation explose : je sens des milliers de stalactites microscopiques se planter dans mon corps.

Les stalactites, c'était une idée de Sarah. Elle n'était peut-être pas fan du développement personnel, mais elle m'aurait encouragée quoi que j'entreprenne. Si je lui avais annoncé que je me convertissais à la scientologie, elle m'aurait dit : « Sympa ! Tu vas rencontrer Tom Cruise ! »

« J'ai réfléchi à ce que tu pourrais faire d'effrayant en janvier, avait-elle dit lorsqu'on s'était retrouvées avant Noël dans un pub de Charlotte Street. Hier soir, je regardais *Cauchemar en cuisine,* et je me disais que tu pourrais te faire embaucher dans un des restaus de Gordon Ramsay et le laisser t'agonir d'injures, avait-elle continué, criant pour couvrir Slade qui nous souhaitait un joyeux Noël depuis les enceintes.

— Ce serait effectivement effrayant », ai-je convenu, mais uniquement pour lui faire plaisir – il était hors de question que je tente une expérience pareille.

« Et Steve propose que tu piques un sprint à poil sur un terrain de foot un soir de match…

— Pourquoi pas…

— Ou alors tu pourrais te raser la tête…

— Plutôt mourir ! » ai-je assené, incapable de me prêter plus longtemps à ce petit jeu.

Sarah a consulté son téléphone et m'a énuméré les autres suggestions figurant sur sa liste :

« Tu pourrais virer une amie en lui précisant pourquoi tu la détestes. Pas moi, évidemment. Oh – celle-là, c'est la meilleure : écrire une nouvelle érotique et l'envoyer à ta mère !

— Oh mon Dieu ! Pourquoi voudrais-je faire un truc pareil ?

— Ben… c'est effrayant, non ?

— Non, c'est juste dégueu.

— Effroyablement dégueu.

— D'où as-tu sorti des idées pareilles ?

— Je ne sais pas. Hier, je n'arrivais pas à dormir, et du coup, il m'en est venu plein !

— L'idée, c'est d'affronter des peurs qui me pourrissent la vie au quotidien – pas de tenter tout et n'importe quoi pour finir derrière les barreaux. Sans compter que… je m'y prends comment, pour me faire embaucher par Gordon Ramsay ?

— Tu trouveras bien un moyen – tu es journaliste, non ?

— Oui – j'écris sur les mascaras.

— Bon, alors, tu vas faire quoi ?

— Je ne sais pas, des trucs simples – ouvrir mes relevés bancaires, répondre au téléphone, envoyer mon remboursement d'impôt – mais qui me tétanisent.

— Tu vas passer tout janvier à décrocher ton téléphone ? a demandé Sarah, et son ton laissait clairement entendre que je n'allais pas m'en tirer à si bon compte. J'ai une idée : commence par sauter dans un des étangs de Hampstead Heath le 1er janvier. Pour affronter ta peur du froid. »

Et ça, c'était une bonne idée. J'avais très peur du froid. Une année, en février, Sarah et moi avions rendu visite à mon amie Gemma, en Irlande. J'étais tellement frigorifiée que j'avais dormi en superposant tous les vêtements que j'avais emportés dans mes bagages – manteau inclus. Le froid me terrorisait au point que j'avais passé le plus clair de la semaine scotchée au radiateur.

Voilà donc comment, le 1er janvier, un des jours les plus froids de l'année, je me suis baignée en plein air.

Sarah ne m'avait pas accompagnée. Elle était sortie jusqu'à 4 heures du matin et, en ce moment, elle était allongée dans une pièce aux rideaux tirés et m'envoyait des textos avec des émoticônes auréolés d'éclaboussures. Gemma m'encourageait en pensée depuis Dublin tout en veillant sur son bébé, James.

En revanche, Rachel, une autre amie – et, depuis peu, colocataire – avait accepté de m'accompagner. Peu avant Noël, elle m'avait prise en pitié et m'avait proposé sa chambre d'amis afin que je puisse m'extraire de ce sous-sol qui me menait droit à la faillite.

Elle m'avait promis de nager avec moi, comme s'il s'était agi d'une simple formalité, et je pensais que c'était une parole en l'air. J'étais convaincue que le 1er janvier, en se réveillant et en levant un œil vers le ciel menaçant, elle suggérerait d'aller bruncher plutôt que se baigner. Cela me permettrait de me défiler et d'en rejeter la faute sur elle. Mais rien ne s'était passé comme prévu.

À 10 heures du matin, Rachel a frappé à ma porte. « Prête ? a-t-elle demandé, une serviette jetée sur l'épaule.

— On va vraiment faire ça ?

— Ben, oui, bien sûr. Ça va être marrant.

— Mais regarde, il pleut, il fait un temps atroce.

— Peu importe, on va se mouiller, de toute façon.

— On pourrait juste aller bruncher quelque part…

— Ne fais pas ta dégonflée. C'était ton idée. »

Oui, et c'était tout le problème. J'étais très bonne pour trouver des idées. J'étais aussi plutôt bonne pour les vendre à qui voulait bien les écouter. Les mettre à exécution, en revanche, c'était une autre paire de manches.

Le brouhaha des conversations gagnait en volume tandis que nous progressions vers les étangs et, au débouché d'un sentier densément boisé, nous avons découvert une bonne trentaine de femmes en doudoune matelassée et bonnet de laine, rassemblées autour d'une table improvisée sur laquelle trônaient des friands à la saucisse, des tourtes à la viande et un énorme bac de vin chaud.

Ça avait l'air sympa – à condition de faire l'impasse sur la baignade et de passer directement au buffet.

« Elle est très froide ? ai-je demandé à une vieille dame qui se rhabillait dans la cabine.

— Oui, mais ça passe très vite », a-t-elle répondu en souriant – elle avait les lèvres bleues.

Et elle disait vrai.

Au début, l'eau était si froide que j'ai cru mourir.

Je haletais et me débattais comme un chiot pris de panique.

En quelques secondes à peine, une crampe m'a serré la nuque et une autre le pied droit.

J'avais mal partout. À cause des crampes. De l'eau.

J'ai cependant continué à me mouvoir et, peu à peu, j'ai senti mon corps se réchauffer. Enfin, peut-être était-il plus ankylosé qu'autre chose, mais c'était mieux que rien.

J'ai commencé à me calmer.

Alentour, le silence s'est fait ; je n'entendais plus que le battement de mon cœur dans les oreilles.

J'ai regardé les saules pleureurs qui me surveillaient tandis que mes membres fendaient l'eau soyeuse.

Voilà à quoi ça ressemble d'être vivante, ai-je songé.

J'ai continué à nager.

C'était beau.

Et puis, c'était fait. J'ai empoigné les rampes de l'échelle et me suis hissée sur les marches.

Une femme avec un bonnet de bain orange et une paire de gants en caoutchouc rose se frictionnait énergiquement avec sa serviette. Elle devait avoir dans les soixante-dix ans. Elle m'a décoché un sourire radieux.

« Pouvez-vous imaginer meilleure façon de commencer l'année ? »

J'avais chaud, soudain. Sous ma peau rougie, j'étais parcourue de picotements, mais j'avais moi aussi un sourire jusqu'aux oreilles. Chacune de mes cellules se sentait vivante.

« Non, je ne peux pas », ai-je répondu.

Et j'étais sincère. Avec cette trempette de cinq minutes dans une eau glacée, j'avais franchi un cap majeur – celui au-delà duquel on agit, au lieu de simplement parler. Le monde semblait plein de possibilités. Mon année avait commencé.

Tremblez mais osez, de Susan Jeffers, a été publié en 1987, à la grande époque des épaulettes, de Margaret Thatcher et du magazine *Cosmopolitan*.

En un temps où les manuels de développement

personnel étaient écrits par des hommes qui expliquaient aux femmes comment trouver l'amour et le garder, *Tremblez mais osez* était l'œuvre d'une femme qui disait à d'autres femmes qu'il leur suffisait de sortir de chez elles et de faire quelque chose – *n'importe quoi.* Non pas pour le bénéfice de quelqu'un d'autre, mais pour le leur. Le ton de l'ouvrage est enlevé, mais son propos est réfléchi, pragmatique, terre à terre, et en le relisant, pendant la semaine de jachère qui s'étire entre Noël et le jour de l'an, j'ai senti un élan familier de motivation. Tout le truc consistait à tirer profit de cette impulsion pour passer à l'action, comme je l'avais fait entre vingt et trente ans.

Le postulat de Susan, c'est que si on reste assise à attendre le jour où on se sentira assez courageuse pour faire ceci ou cela, on ne fera jamais rien.

Le secret des gens heureux et qui ont réussi, dit-elle, n'est pas qu'ils ont moins peur mais que – vous l'aurez deviné – ils tremblent, mais osent.

D'après Susan, la peur est un sentiment qui devrait nous accompagner chaque jour car elle est le signe qu'on se donne à fond, et qu'on avance. Sans la peur, impossible de se surpasser.

« En gros, je dois faire un truc qui fait peur par jour, ai-je résumé quand, de retour à l'appartement après la baignade, Rachel et moi nous sommes attaquées à la préparation de spaghettis bolognaise.

— Et quel serait pour toi le truc le plus effrayant ?

— Faire un sketch devant un public. Rien que d'y penser, j'en suis malade.

— Attends ! » Rachel a filé chercher un bloc-notes au salon, et me l'a tendu. « Note-le.

— Pourquoi ? Je ne vais pas faire le pitre sur une scène.

— Bien sûr que si.

— Arrête ! Je vais me faire trembler de peur, promis-juré, mais je n'ai pas besoin de pousser aussi loin. »

Mes protestations ont été vaines. Rachel avait déjà noté STAND-UP. « Quoi d'autre ? » a-t-elle lancé.

J'ai senti se lever un vent de panique.

« Euh… Proposer un rencard à un mec, ou le draguer, ou n'importe quoi d'autre qui implique un mec.

— Tu devrais proposer un rencard à un inconnu dans le métro à l'heure de pointe.

— Ça va pas, la tête ?

— Histoire de pimenter l'expérience.

— C'est hors de question. »

Elle a haussé les sourcils.

« Bon, d'accord », ai-je capitulé.

À la fin de la soirée, nous avions établi une liste de tous les trucs effrayants que je devais faire en janvier :

1. Un stand-up
2. Draguer un mec dans le métro
3. Proposer un rencard à un inconnu
4. Chanter devant une foule
5. Parler en public
6. Poser nue pour un photographe ou un artiste
7. Regarder un film d'horreur (ce à quoi je ne m'étais plus risquée après avoir été traumatisée par *Misery*, à treize ans)

8. Suivre un cours de spinning
9. Régler mes comptes avec quelqu'un qui m'a contrariée
10. Demander une remise ou marchander dans une boutique (totalement mortifiant)
11. Me faire poser les quatre plombages dont j'ai besoin
12. Faire contrôler le grain de beauté sur mon dos
13. Manger des abats (beurk) – au rayon viande, je fuyais devant tout ce qui était caoutchouteux, spongieux... ou d'aspect globalement douteux
14. Sauter en parachute ou autre défi casse-cou.
15. Faire du vélo dans Londres
16. Découvrir ce que les gens pensent de moi (en mal)
17. Exécuter un créneau
18. Conduire sur autoroute
19. Me mettre en colère (chose que je ne faisais jamais : j'étais trop inhibée, et j'avais trop peur qu'on me déteste ensuite)
20. Passer au moins un coup de fil par jour (j'ai le téléphone en horreur)

Cette nuit-là, j'ai eu un mal fou à trouver le sommeil. Mon idée géniale avait acquis des contours très concrets, et ça ne me plaisait pas. Je ne voulais pas sauter d'un avion en vol et jamais, en un million d'années, je ne serais prête à monter sur une scène pour amuser la galerie. Ce genre de défi, c'était bon pour les autres, pour des gens un peu barrés, en quête de sensations fortes, et masochistes de surcroît. Des gens auxquels il manquait peut-être une case.

Était-ce mon cas ?

J'ai débuté modestement le 2 janvier par une tentative de créneau. On peut juger que ce n'était rien de spectaculaire, mais je ne m'étais plus risquée à cette manœuvre depuis l'examen du permis de conduire, à dix-sept ans. Les rares fois où je prenais le volant, je préférais me garer à cinq kilomètres de ma destination plutôt qu'endurer le stress et l'angoisse de foirer un créneau pendant que les voitures s'agglutinaient derrière moi. Passer ma vie à redouter et éviter quelque chose d'aussi insignifiant, que les gens font chaque jour, ça semblait vraiment trop bête.

Susan Jeffers distingue trois « niveaux » dans chaque peur. Le premier niveau, c'est « l'histoire superficielle » – soit, dans le cas qui nous occupe, le fait que je déteste me garer. Cette peur-là prospère sur « la peur de niveau deux » – qui affecte le moi profond et nous fait craindre de passer pour une idiote. Les peurs de niveau deux, explique Susan, résultent plus de notre état d'esprit que des situations extérieures. Elles reflètent notre perception de nous-même et notre capacité à faire face au monde. Mais sous ces peurs-là se trouve la plus profondément enfouie de toutes, celle qui, d'après Susan, est la matrice de toutes les autres : la peur de ne pas supporter de se sentir nulle – parce que vous êtes infichue de faire un créneau. Ce à quoi Susan répond : VOUS LE SUPPORTEREZ.

Comme j'étais retournée chercher quelques affaires

chez ma mère, dans la banlieue de Londres, je lui ai emprunté sa vieille Peugeot 205 et je suis partie en ville.

Ma mère habite à Ascot, célèbre pour ses courses hippiques, et pas grand-chose d'autre ; j'ai grandi là, j'ai même travaillé dans le café du village. Je ne pouvais que compatir avec les malheureux touristes qui, quand ils me demandaient : « Où se trouve Royal Ascot[1] ? », s'entendaient répondre : « Vous y êtes. Ascot, c'est ça – une station-service, un café et un marchand de journaux – et pour le glamour, il vous faudra repasser. »

Bref – Ascot n'a rien d'une métropole mais les rues étaient étonnamment animées pour un 2 janvier. J'ai dû faire trois fois le tour du centre avant d'aviser une place de parking le long d'un trottoir. Elle était un peu courte, et le rouge m'est monté au visage lorsqu'une camionnette blanche est apparue derrière moi. J'ai braqué trop abruptement, et la roue arrière a buté contre le trottoir.

Mon cœur s'est mis à battre à toute allure. Mes paumes moites glissaient sur le volant.

Et en voulant rectifier mon angle d'attaque, je ne faisais apparemment que m'enferrer dans une position inextricable. J'avais peur que la camionnette blanche ne commence à klaxonner. J'ai imaginé que les deux hommes à son bord se moquaient déjà de moi. J'étais la proie d'un stress totalement disproportionné par rapport à la situation. Cédant à la panique, j'ai laissé

1. Nom de la manifestation hippique annuelle qui se déroule en juin à l'hippodrome d'Ascot.

la roue arrière monter sur le trottoir, et la camionnette blanche m'a dépassée.

La rue était maintenant dégagée. J'ai essayé de m'extraire de la place et de recommencer la manœuvre, par deux fois, sans succès. À chaque fois, la roue se retrouvait sur le trottoir.

Mais, bizarrement, je m'en fichais.

J'étais garée, plus ou moins parallèlement au trottoir, et d'après Susan : « Une tentative qui se solde par un échec ne fait pas de vous une ratée : avoir essayé est en soi une réussite. »

Et, très franchement, mon créneau me donnait bel et bien le sentiment d'avoir réussi – la roue sur le trottoir était un détail négligeable.

Susan dit qu'éviter de faire des choses d'apparence insignifiante peut avoir des conséquences inversement proportionnelles. En repoussant indéfiniment de conduire sur autoroute, d'ouvrir les relevés bancaires ou de décrocher le téléphone, on s'enferme toujours plus dans la croyance que le monde est effrayant et qu'on n'est pas de taille à l'affronter. Chaque manœuvre d'évitement accroît notre sentiment de faiblesse. *A contrario*, en affrontant une peur, même petite, on se sent forte, dynamisée et on en retire la sensation d'avoir le contrôle. Ce qui est exactement le but recherché. Pas simplement quand on est au volant, mais en toutes circonstances.

À mon retour au bercail, ce pas audacieux dans ma croisade contre la peur n'a pas suscité l'enthousiasme escompté.

« J'ai fait un créneau ! ai-je claironné en faisant tournoyer mes clefs avec l'assurance d'un as du volant.

— Ton bouquin dit que tu dois faire des créneaux ? a demandé ma mère en détachant les yeux de l'évier rempli de vaisselle.

— Non, l'objet, c'est de faire des trucs effrayants. D'affronter ses peurs. Faire un créneau, c'est flippant. »

Ma mère a eu l'air perplexe. Les créneaux ne la faisaient pas flipper. Elle réussirait à caser un camion sur un timbre-poste, et n'en ferait pas tout un plat.

À mon âge, elle avait trois enfants et une maison à faire tourner, elle ne se lançait pas des défis en garant sa voiture, ni en sautant dans des étangs aux eaux glacées. Elle n'avait pas de temps à consacrer à la découverte de soi, ou pour reprendre ses termes : « Mon éducation ne m'a pas appris à contempler mes ongles de pieds. » Curieusement, dans la ferme où elle a grandi, en Irlande, aînée d'une fratrie de sept, le développement personnel n'était pas très tendance. Quand je lui avais parlé de mon projet, à Noël, elle avait ouvert la bouche, une remarque sur le bout de la langue, et s'était ravisée. Mais après un, deux, trois temps d'hésitation, elle avait fini par lâcher :

« La plupart des gens trouveraient que tu as déjà une très belle vie, Marianne.

— Je sais, mais quel mal y a-t-il à vouloir être juste un peu plus heureuse ?

— Personne ne peut être heureux tout le temps. La vie, ça ne marche pas comme ça.

— Eh bien, c'est triste.

— Non, c'est réaliste. Peut-être te sentirais-tu

mieux si, au lieu de toujours espérer davantage, tu étais reconnaissante de ce que tu as déjà. »

Et la bonne vieille culpabilité catholique s'était déversée sur moi.

Aussi, le 5 janvier, lorsque j'ai repris le volant pour rendre visite à une ancienne camarade de classe et que j'ai emprunté la M25, la M3 puis la M4, j'ai passé mon exploit sous silence.

L'après-midi suivant, dans le métro qui me ramenait à la maison, je me suis souvenue qu'au lieu d'écouter Rihanna sur mon téléphone, j'aurais dû être en train de draguer des hommes.

Toute personne qui vit à Londres sait que, dans les transports en commun, il est socialement inacceptable de regarder les autres passagers droit dans les yeux, et plus encore de leur adresser la parole. Raison pour laquelle les couloirs du métro sont tapissés d'affiches publicitaires pour des sites de rencontre dont le message est, en substance : « Vous craquez sur ce type/cette fille en face de vous ? Inscrivez-vous sur notre site, et vous pourrez consulter des dizaines de milliers de profils dans l'espoir microscopique de le/la revoir ! »

Quant à l'option de se contenter d'un sourire, ce n'en était pas une. Jusqu'à maintenant.

J'ai fait mentalement l'inventaire de ma tenue : jean quelconque, mon beau manteau Whistles (150 £ en solde au lieu de 300), Converse cra-cra, cheveux sales.

Non.

Je ne pouvais pas draguer un inconnu avec des cheveux gras.

Ce n'était que partie remise. Quand j'aurais les cheveux propres.

Mais cet argument, je le savais, était une dérobade. Susan affirme qu'en remettant une action à plus tard, on ne trompe que soi-même. Elle appelle ça le jeu du « quand/alors » – on se persuade que *quand* on sera plus mince, *alors* on abordera le type qui nous plaît ; que *quand* on aura acquis plus d'expérience, *alors* on briguera une promotion… On imagine que la peur va disparaître si on attend le bon moment – sauf que, quand celui-ci se présente, on trouve toujours une nouvelle excuse. L'inconnu nous fera toujours peur. Et la seule façon de surmonter l'obstacle, c'est de le sauter.

J'ai cherché des yeux une cible.

Et avisé pile en face de moi un mec rasé en blouson de base-ball. Un puissant martèlement de basses résonnait dans son imposant casque audio et il hochait la tête en rythme avec le beat. Non, pas lui.

À ma gauche se trouvait un homme en costume bleu marine, avec une mallette en cuir marron usé. Il avait l'air d'un avocat, ou du moins de quelqu'un d'intelligent. Je me suis demandé si je serais trop bête pour lui. J'ai regardé ses mains. Il portait une alliance.

Je me suis embarquée dans un train de pensées toxiques – tous les bons partis étaient déjà pris et moi, à trente-six ans, j'avais loupé le coche…

Concentre-toi, Marianne. Concentre-toi.

Debout près des portes se tenait un grand type maigre et pâle, lui aussi en costume. Canon, mais pas trop. Et il avait cette expression qui semblait dire : « Je suis crevé et la vie me pèse. » Je ne sais quelle conclusion je devais en tirer, mais j'aimais bien les types à l'air crevé et blasé.

Normalement, sourire à un homme qui me plaisait – et *a fortiori* lui adresser la parole – était au-dessus de mes forces. Je préférais imaginer toutes les raisons pour lesquelles je ne l'intéresserais pas : trop grosse, trop rousse, trop mal sapée. Je m'amusais bien.

Mais il n'y avait plus de « normalement » qui tienne maintenant que j'avais déclaré la guerre à la peur. Je me suis donc rapprochée de lui. J'ai regardé ses mains. Pas d'alliance.

Bien. Fonce. Tu peux y arriver.

J'ai ouvert la bouche pour dire « Bonjour », mais aucun son n'en est sorti.

J'avais peut-être présumé de mes forces.

Je devrais préciser, à ce stade, que la rame, quoique bondée, était aussi étrangement silencieuse. Tous ces gens qui rentraient chez eux, accablés par leur journée de travail, étaient enfermés dans leur bulle, en train de lire ou d'écouter de la musique. Si j'engageais une conversation, tout le monde allait l'entendre.

Ressaisis-toi, Marianne. Dis quelque chose.

« Cette ligne est toujours aussi bondée ? » ai-je bredouillé.

M. Crevé-Blasé mais néanmoins Canon a détaché le regard de son téléphone, l'air égaré – comme si je venais de le réveiller.

« Euh… oui », a-t-il répondu.

Il avait des yeux bleu très clair, qu'il a aussitôt reportés sur son écran.

« En général, je ne prends jamais le métro à cette heure-ci », ai-je poursuivi.

Mon cœur battait à tout rompre. M. Crevé-Blasé a relevé la tête une fois de plus, et son expression disait cette fois : « Pourquoi me racontez-vous ça ? Pourquoi m'adressez-vous la parole ? Vous ne connaissez donc pas les règles ? »

« Vous habitez où ? » ai-je insisté.

À la seconde où la question a franchi mes lèvres, j'ai compris qu'il allait me prendre pour une traqueuse. Et j'ai réalisé que nous avions désormais un public : une femme en jupe crayon et baskets, à côté de nous, avait retiré un de ses écouteurs blancs ; un rictus flottait sur les lèvres de l'homme assis sur le siège le plus proche.

M. Crevé-Blasé avait maintenant l'air effrayé. Il était visiblement écartelé entre le désir de ne pas passer pour un type grossier, et l'angoisse d'être la cible d'une détraquée. La politesse l'a emporté, et il m'a informée qu'il habitait à Bermondsey.

« C'est sympa, comme quartier ? ai-je demandé.

— Euh… ouais.

— Ça fait longtemps que vous y habitez ?

— Oui, nous y vivons depuis deux ou trois ans », a-t-il répondu, en insistant lourdement sur le « nous ».

Message reçu cinq sur cinq. Il avait une petite amie. Mais, par souci d'enfoncer le clou, il a ajouté : « NOUS venons d'acheter une maison. »

Le type au rictus a carrément lâché un ricanement.

J'ai continué à lui sourire et à bavarder, bien résolue à faire savoir à M. Vanné-Canon que le fait qu'il ait une petite amie n'était pas pour moi la fin du monde – ce qui était la vérité. Du coup, il s'est détendu, on a un peu parlé des prix de l'immobilier, puis il est descendu à Waterloo.

Et voilà !

Je l'avais fait ! Je peinais à le croire, mais je l'avais bel et bien fait ! J'avais vu un homme séduisant dans le métro, et j'étais allée lui parler.

Ce n'était pas à proprement parler une tentative de drague réussie, mais qu'importe ! Et oui, c'était gênant, mais vous savez quoi ? La gêne ne tue pas !

J'étais subitement comme une pile chargée à bloc. D'électricité, ou d'adrénaline – mais peu importe ! Je me sentais briller de mille feux.

Jusqu'à ce que je croise le regard de M. Rictus, et son ébauche de sourire moqueur. Une bouffée brûlante de gêne, puis de fureur, m'a assaillie. Qu'il aille au diable, avec sa barbe et son jean de hipster ! Il n'avait pas la moindre idée de ce qui se jouait là, il ne savait pas que j'affrontais mes peurs, mordais la vie à pleines dents et livrais bataille pour montrer le meilleur de moi-même ! J'étais prête à parier que lui se serait dégonflé !

Ma colère a débouché sur une décision inattendue : j'allais lui montrer que je n'étais en rien gênée par ce qui venait de se passer…

« Que lisez-vous ? » ai-je demandé en m'asseyant à côté de lui.

Il a grimacé un autre sourire, déconcerté d'être maintenant la cible de mon attention.

« *L'Histoire du monde en 100 objets*. C'est tiré d'une série de documentaires de Radio 4.

— Sacré pavé.

— Oui, en effet. »

Il y a eu un silence. Je ne savais pas comment poursuivre cet échange. L'énergie que j'avais puisée dans ma nervosité était en train de décroître et je commençais à regretter d'être montée dans ce maudit métro…

« Je l'avais acheté pour l'offrir à mon frère, à Noël, et finalement je l'ai gardé », a ajouté le type.

Hourra ! Il avait comblé le silence. Et il lisait des livres intelligents !

« Ça m'a l'air d'un bouquin idéal pour lire aux toilettes.

— Euh, oui… sans doute ? »

Marianne, Marianne – quel besoin avais-tu de tomber dans la trivialité ?

« Et qu'avez-vous offert à votre frère, du coup ?

— Un tee-shirt.

— Cool. »

Je me déteste de dire « cool » à tout bout de champ. J'ai trente-six ans, j'aurais dû trouver une expression fétiche plus subtile, à l'heure qu'il est.

Nous avons continué à bavarder. Sans qu'il soit fait mention du « nous » de majesté. Je commençais à trouver que son rictus n'était pas dépourvu de charme.

« Vous allez où ? ai-je demandé.

— Je dois passer récupérer un truc chez un ami, et je rentre chez moi.

— Cool. Vous faites quoi, dans la vie ?

— Je suis assistant d'un artiste.

— Qui fait quel genre d'art ?

— Du conceptuel. »

J'ignorais en quoi consistait « le conceptuel », mais

j'ai imaginé que notre maison serait remplie d'œuvres d'art d'un goût exquis.

Je me suis aussi demandé quel effet ça ferait d'embrasser un homme avec une barbe aussi fournie, et si c'était vraiment un problème qu'elle tire sur le roux…

Une fois, j'étais sortie avec un roux, comme moi, et quand il s'était penché pour m'embrasser, j'avais paniqué, et protesté : « Les gens vont croire qu'on est frère et sœur ! » Le lendemain, par e-mail, je lui avais proposé de me teindre les cheveux en châtain. Il n'avait jamais répondu.

« Où travaillez-vous ? a demandé M. Rictus.

— Chez moi. Normalement, à cette heure-ci, je suis encore en pyjama tout taché d'œuf. »

Il ne m'a pas échappé, à son expression mi-figue, mi-raisin, qu'il ne savait trop comment réagir à cette information.

Pourquoi dis-tu des choses pareilles ?

« Je descends ici, ai-je annoncé quand la rame a pénétré dans la station Archway.

— Moi aussi », a-t-il répondu – avec un sourire.

Nous avons pris les escalators ensemble, passé les tourniquets, et marqué un temps d'arrêt.

« Bon, eh bien, salut, a-t-il dit.

— Salut… c'était sympa de vous rencontrer.

— Ouais, de même.

— Bonne soirée.

— À vous aussi. »

Il m'a décoché un dernier rictus/sourire, et a poursuivi son chemin.

Je ne lui plaisais pas – il n'a pas demandé mon

numéro de téléphone. L'espace d'une demi-seconde, je me suis autorisée à m'appesantir sur cette pensée, puis une autre part de moi a décidé que, peut-être, sa timidité l'en avait empêché.

Donc, même si je venais d'essuyer un rejet, curieusement, ça m'était égal, tant j'étais transportée de joie par mon éclatante démonstration d'HÉROÏSME.

Le lendemain matin, ivre de mon triomphe, j'ai fait des plans pour le restant du mois.

La vie semblait déjà différente. Susan dit qu'à chaque passage à l'acte, on établit le contact avec la puissance qui sommeille en nous, et elle a raison. Je me sentais puissante. Capable de tout. Mais quand j'ai lu « Stand-up », sur ma liste, mon sentiment de toute-puissance a immédiatement perdu de sa superbe et j'ai tranché par une décision sans appel : j'allais attendre la fin du mois avant de m'attaquer à ce défi-là. Et faire à la place un tour de chauffe avec le chapitre nudité.

J'ai trouvé *via* Google un cours de modèle vivant dans un atelier de quartier et, par e-mail, j'ai demandé si je pouvais y poser. Ensuite, j'ai lancé une recherche sur la prise de parole en public.

À en croire un de ces sondages qui refleurissent tous les ans, pour la majorité des gens, la peur de parler en public prime celle d'être enterré vivant. (Il semblerait qu'au palmarès des peurs les plus communément répandues figurent aussi les barbus et les bâtonnets de sucette en bois.)

Mes deux seules expériences de prise de parole

en public avaient eu lieu à l'occasion d'un mariage. À chaque fois, ma panique avait été telle que j'avais décidé qu'à l'avenir je préférerais payer une lune de miel à mes amis plutôt que passer derrière le pupitre pour lire un énième poème de circonstance. Même prendre la parole en tout petit comité me mettait le feu aux joues.

Quand Rachel a suggéré que je joue les oratrices au Speaker's Corner à Hyde Park, j'ai feint de ne pas entendre, et j'ai déniché à la place l'antenne locale d'une association qui entraîne les gens à parler en public. Les réunions se tenaient une fois par semaine. J'ai contacté le vice-président, Nigel, qui m'a répondu que laisser une nouvelle venue prendre immédiatement la parole enfreindrait tous les articles de leur règlement.

« Il y a un protocole, m'a-t-il expliqué au téléphone.

— Je n'en doute pas. »

Devant mon insistance, il a toutefois promis d'en toucher deux mots à sa présidente, pour voir si une exception serait de l'ordre du possible. Plusieurs coups de fil au sommet et quatre minutes plus tard, Nigel m'a rappelée :

« C'est d'accord ! Nous nous réunissons le jeudi soir, dans la salle paroissiale en face du restaurant indien. »

Un e-mail m'a précisé que mon temps de parole serait impérativement compris entre cinq et sept minutes, et chronométré par un dispositif de voyant lumineux semblable aux feux de circulation : le voyant passerait vert sitôt écoulées les cinq minutes obligatoires de parole, puis à l'orange pour me signifier que je parlais depuis six minutes et enfin au rouge pour me prévenir que je disposais de trente secondes pour conclure – ou être disqualifiée. Ma prise de parole serait attentivement suivie par un « Évaluateur » ainsi que par un « Grammairien » – qui compteraient le nombre de « euh ». J'étais libre de choisir mon sujet, mais ne serais pas autorisée à consulter de notes.

J'ai décidé de parler de ma mission de développement personnel.

Comme on était mardi matin, j'avais deux jours devant moi pour me préparer. Et par « préparation », j'entends « faire l'autruche ». Le jeudi matin, il m'a bien fallu sortir la tête du sable.

Pendant que je répétais mon laïus dans ma chambre, j'étais hantée par la crainte de tout oublier en montant sur l'estrade et d'être frappée de mutisme. Tout le monde me dévisagerait et j'aurais envie de disparaître sous terre. J'avais beau me marteler qu'il n'y avait aucun enjeu, que ce n'était pas grave si ça tournait au désastre, et que rien ne m'obligerait à revoir ces gens, j'étais terrorisée. Pourquoi ?

J'ai lu quelques articles en ligne. L'un d'eux expliquait que, à l'époque où nous étions des femmes des cavernes et où l'appartenance au groupe était la pierre angulaire de la survie, toute action susceptible de nous valoir une mise au ban nous inspirait un sentiment d'effroi – car comment se défendre contre un tigre à dents de sabre, une fois seule et livrée à soi-même ? Effectivement, je n'avais jamais considéré le problème sous cet angle… Un autre article me suggérait d'imaginer que j'avais le choix entre bâcler un petit discours et affronter un tigre à dents de sabre. Aux yeux de la plupart des gens, une prise de parole en public fait figure de moindre mal face à la perspective d'une mutilation sauvage.

Donc, en gros, tout se résumait à une question de tigre.

J'ai répété mon discours devant Rachel pendant qu'elle me chronométrait avec son téléphone.

Le speech que j'imaginais durer sept minutes en faisait à peine plus de trois.

« Mais ça donnait l'impression d'être plus long, a reconnu Rachel, qui craignait que j'aie attrapé froid.

— Non, je vais bien.

— Tu sembles enrouée et ta voix est un peu monocorde. Tu es sûre que tu ne couves pas quelque chose ?

— C'est ma voix normale quand j'ai la trouille.

— Marianne, tu vas prendre la parole dans une salle paroissiale devant probablement vingt personnes à tout casser. Ce n'est pas exactement un stade. »

OK. Bien vu. On gagne toujours à remettre les choses en perspective.

En traversant le cimetière, j'ai repensé à ce sketch de Jerry Seinfeld – la plupart des gens ont tellement la frousse de parler en public, raille-t-il, qu'à des obsèques ils préféreraient être dans le cercueil plutôt qu'au pupitre, à lire l'éloge funèbre. Sacrément vrai.

La salle était vivement éclairée et pas mal de monde bavardait debout à côté des chaises en plastique. Tout au fond se trouvait un pupitre à musique branlant, d'où pendait un fanion de satin bleu frappé du logo de l'association.

Trois prises de parole précédaient la mienne. Le premier exposé, fabuleusement surréaliste, évoquait la concurrence entre une usine de *custard creams* et les fabricants de biscuits Jammie Dodgers.

Le suivant s'attachait à démontrer pourquoi le quartier avait besoin d'un nouveau sex-shop.

« Songez combien nous serions tous plus épanouis si nous avions des fouets et des pinces à seins à portée de main ! » s'est enthousiasmé un homme aux cheveux blancs qui ressemblait au Captain Iglo.

Le troisième exposé vantait les bénéfices du tabac – « Les fumeurs préservent l'emploi des ouvriers qui fabriquent les bonbonnes d'oxygène, a fait valoir un jeune homme arborant un tee-shirt à l'effigie de Bob Marley. Que deviendraient-ils, sinon ? Veut-on vraiment acculer ces familles à la famine ? »

Ces intervenants rivalisaient de drôlerie avec n'importe quel humoriste sévissant sur les plateaux télé.

Mon tour est arrivé. En me dirigeant vers le pupitre, je m'excusais de buter contre les genoux des personnes assises et je sentais mon sang pétiller de trouille.

« Mon cœur bat si fort que vous allez sans doute tous l'entendre », ai-je commencé, et le public s'est fendu de sourires d'encouragement.

J'avais la sensation que ma langue avait triplé de volume.

« C'est la première fois que je fais ça, alors j'espère que vous serez indulgents… »

Les sourires étaient toujours là, mais j'ai senti

comme une pointe d'impatience dans l'air – *C'est bon, cocotte, jette-toi à l'eau.*

Les lumières me semblaient anormalement vives. J'ai battu des paupières plusieurs fois.

Allez, Marianne. Tu peux le faire. C'est juste sept minutes de ta vie. Vas-y. Vas-y !

« Combien, parmi vous, ont déjà lu des livres de développement personnel ? » ai-je demandé.

La question faisait l'effet d'une entrée en matière audacieuse, qui cherchait d'emblée la participation du public.

J'ai été sidérée de voir que presque tout le monde levait la main.

« Et combien parmi vous pensent que le développement personnel s'adresse aux ratés ? »

Un vieil homme dans le coin de la salle, et le jeune fan de Bob Marley.

« Eh bien, cette ratée, c'est moi, ai-je expliqué. Je suis cette âme en peine qui le soir, au lit, a pour seule compagnie un exemplaire des *Hommes viennent de Mars, les femmes viennent de Vénus*, celle qui conserve *Le Petit Livre du calme* sur son bureau en désordre… »

Ayant récolté quelques rires à la mention de ces deux titres, je me suis un peu détendue et j'ai fait part de quelques statistiques que j'avais trouvées : les ventes d'ouvrages de développement personnel étaient en plein boum depuis la crise financière de 2008 ; en Grande-Bretagne, elles avaient augmenté de vingt-cinq pour cent.

« En temps d'incertitudes, nous avons tous besoin

de conseils », ai-je assené, toute pénétrée de ma sagesse.

Puis j'ai argumenté que le développement personnel était la philosophie de nos temps modernes, en citant quelques noms – Aristote, Platon, Socrate… que je n'avais jamais lus.

« Et saviez-vous que, loin d'être une invention américaine, le premier livre de développement personnel est l'œuvre d'un Écossais, un certain Samuel Smiles, et qu'il date de 1859 ? »

Il me semblait parler depuis une minute à peine quand un voyant vert s'est allumé au fond de la salle. Très vite, il est passé au rouge. J'avais épuisé mon temps de parole. Il y a eu des applaudissements et j'ai regagné mon siège en hâte, les joues en feu, les genoux tremblants, le cœur battant à tout rompre.

Je l'avais fait !

Plus tard, devant les gobelets de thé et les biscuits au gingembre, tout le monde y a été de son petit mot gentil : J'étais faite pour ça ! Mon intervention était captivante et drôle ! Était-ce vraiment la première fois ? J'étais à deux doigts de prendre la grosse tête.

« Vous avez maintenu un contact visuel avec l'auditoire tout au long de votre exposé, ce qui est très rare de la part des néophytes, m'a félicitée Captain Iglo. On appelle ça la technique du phare, et elle est en général l'apanage des orateurs chevronnés. À ma première prise de parole, j'étais tellement nerveux que j'ai déclaré forfait avant la fin de mon exposé. Et lui, là-bas, a-t-il poursuivi en désignant le chroniqueur de la guerre des biscuits, il avait un zézaiement si prononcé qu'il était infichu de sortir un seul mot.

— Je n'ai pas remarqué qu'il avait un cheveu sur la langue…

— Il a travaillé pour le gommer. Il est venu ici pour la première fois il y a quatre ans, parce qu'il devait prononcer un discours au mariage de sa fille. Finalement, il est resté. On s'amuse bien. On forme une chouette équipe. »

Et c'était vrai. On sentait comme un rayonnement dans cette salle – de soutien et d'encouragement, d'entraide, afin que chacun parvienne à surmonter ses peurs. Ce groupe était aux antipodes de la faune que je croisais habituellement dans certains pubs, avec ses spécimens prétentieux et vaniteux qui ne daignaient se regarder que pour évaluer la concurrence.

À la fin de la soirée, on m'a décerné une récompense – celle de la meilleure novice. Jane, la présidente, m'a demandé de venir face au public.

« En général, nous offrons des chocolats, mais comme je sais qu'après les fêtes, tout le monde surveille sa ligne, à la place, j'ai choisi ça. »

Elle m'a tendu une boîte de barres Go Ahead.

« Seulement soixante-treize calories par barre ! a-t-elle précisé

— Génial ! » me suis-je exclamée, avec un sourire jusqu'aux oreilles.

J'ai aussi eu droit à un certificat d'honneur. Et à la photo. On se serait cru aux Oscars.

Dans le bus qui me ramenait à la maison, tout en essayant d'apprivoiser l'idée que l'épreuve s'était très bien passée, je me suis demandé quels étaient tous les autres domaines dont la peur m'avait tenue à l'écart, et dans lesquels je pourrais me révéler au final plutôt douée.

Peut-être que si j'affrontais mes peurs au lieu de les fuir, je deviendrais quelqu'un d'autre. Que si j'arrivais, par exemple, à surmonter ma peur de passer pour une conne, je pourrais vivre ma vie au lieu d'en rester spectatrice. Et peut-être que si je n'étais pas perpétuellement sur mes gardes, à redouter le verdict d'autrui, je pourrais m'apercevoir que les autres sont là pour me soutenir et m'aider… parce que, au fond de nous, tous autant que nous sommes, nous sommes habités par la peur.

Susan recommande, en plus d'affronter quotidiennement nos peurs, de constituer une bibliothèque d'ouvrages inspirants et une collection d'audiolivres à écouter en lieu et place des bulletins d'information. Les infos, apparemment, ne servent qu'à nous déprimer. Ce dernier point allait me poser un petit problème technique, vu que j'étais journaliste et que je démarrais chaque journée de travail par une revue de presse. Mais bon…

En plus des lectures qui nous aident à positiver, Susan nous invite à répéter tout au long de la journée des affirmations telles que « Je suis vivante et je déborde de confiance en moi ! » ou « Je peux faire tout ce que je veux ! » L'idée c'est que, à force de répétition, ces affirmations noient les pensées négatives qui nous harcèlent.

En outre, Susan recommande de les formuler au présent, et sur un mode positif. Plutôt que dire « Je vais définitivement arrêter de me rabaisser », mieux vaut tourner la phrase ainsi : « Je gagne en assurance à chaque jour qui passe. »

On peut enregistrer ces affirmations et les écouter, ou les répéter en boucle, ou encore utiliser le plus précieux des outils du développement personnel : le post-it.

La meilleure technique, selon Susan, consiste à écrire nos affirmations sur des post-it que l'on collera un peu partout – sur le miroir de la salle de bains, à côté du lit, du bureau… ou sur le tableau de bord.

« N'hésitez pas à trop en faire, recommande-t-elle. Collez-en à outrance, jusqu'à ce que votre entourage vous demande ce qui se passe. »

Voilà comment, au lieu de m'atteler à mon travail, j'ai employé mon assurance et ma positivité flambant neuves à griffonner de messages censés m'inspirer – « Je m'aime et je m'apprécie » ; « J'aime ma vie » ; « L'argent coule à flots vers moi » – et j'ai placardé ces post-it sur le mur derrière mon bureau.

Celui qui affirmait « Tout se passe à merveille » – le slogan préféré de Susan –, je l'ai collé sur le miroir de ma chambre. Selon Susan, faute d'avoir prise sur les événements, et même si on en bave sur le moment, mieux accepter qu'advienne que pourra.

« L'idée consiste à remplacer mes pensées négatives habituelles par des pensées positives, ai-je expliqué à ma mère qui a appelé au beau milieu de ma séance de griffonnage.

— Tu veux dire : te bercer d'illusions ?

— Non, tu essaies juste de te concentrer sur le bon plutôt que sur le mauvais, ai-je corrigé.

— Tu ne vas pas tomber dans ce travers américain, n'est-ce pas ?

— De quoi parles-tu ?

— Tu sais bien… être *heureuse*, a-t-elle répondu, en expulsant ce dernier mot comme un crachat. Ça ne plaît à personne, Marianne. C'est du cinéma. »

Dimanche 12 janvier. Mon jour de nudité était arrivé. Le jour du Seigneur, rien que ça.

Je me suis assise sous un abribus, devant la salle, en essayant de me motiver pour cette nouvelle expérience qui promettait de mettre sur la sellette. L'adrénaline qui m'avait portée jusque-là était retombée. Je ne voulais plus combattre de peurs. Il pleuvait – pour changer. Et il faisait déjà nuit. J'ai appelé Sarah.

« Tu fais quoi ?

— Je mange un curry devant *Sherlock*. Et toi ?

— Je vais me désaper devant des inconnus.

— Oh bon sang, c'est aujourd'hui ! Comment te sens-tu ?

— Terrorisée. En plus de la gueule de bois.

— Tu t'es fait épiler ?

— Ah, merde… Non, je n'y ai pas pensé. Dans mon esprit, ce n'était pas exactement un rencard…

— T'inquiète pas, ils apprécient probablement le réalisme.

— Je serais prête à payer un million de livres pour être avec toi, sur ton canapé, devant la télé.

— C'est toi qui voulais sortir de ta zone de confort.

— Je sais. Et maintenant, je veux juste rester au lit. »

Elle a éclaté de rire.

« Comme d'habitude ! »

Et c'était vrai.

Dormir était une de mes activités préférées. Un jour, j'ai écrit un papier sur un mouvement qui encourageait les femmes à pratiquer la promotion canapé – mais en dormant plutôt qu'en couchant. C'était une des meilleures idées que j'avais entendues.

« Arrête, c'est excitant, a repris Sarah. Pense à toutes les histoires sympas que tu vas pouvoir raconter au pub.

— Pas faux. »

Aller au pub compte aussi au nombre de mes activités préférées.

Donc, j'ai pris une grande inspiration, je me suis mise nue. Puis je suis rentrée chez moi. J'ai mangé un toast avec quatre tranches de fromage. Comme le font tous les meilleurs modèles.

Le mardi 14 janvier, ma liste de choses-à-faire atteignait des sommets d'incohérence :

- Stand-up !!! Où ???
- Regarder *L'Exorciste*
- Réserver saut en parachute / cours de spinning

Ajouter « Me laver les cheveux » n'aurait pas été un luxe. « M'atteler à un travail rémunéré » non plus. Cette bataille contre mes peurs semblait monopoliser mon temps.

Pour commencer la journée sur les chapeaux de roues, je suis sortie m'offrir une séance de marche rapide, tout en marmonnant : « Je fais tout facilement et sans effort… » Était-ce une ruse efficace pour reprogrammer mon inconscient, ou juste une nouvelle forme de procrastination ? Je n'en savais rien.

Le jeudi 16, j'avais le tournis. La vie avait pris une tournure trop bizarre.

J'avais accompagné Rachel à un cours de spinning, persuadée que ce serait une case facile à cocher sur ma liste. Grossière erreur. Au bout de vingt minutes, mes jambes ont déclaré forfait et j'ai passé le restant du cours assise dans un coin, amorphe, pendant que les autres filles, avec leurs mollets en granit et leurs tenues en lycra hors de prix, pédalaient à fond la caisse. C'était humiliant, et pire que poser nue.

Quand Rachel m'a promis que ça devenait plus facile avec l'expérience, je lui ai promis que j'avais *tremblé*, *osé*, et qu'on ne m'y reprendrait plus.

En rentrant, je me suis effondrée sur le canapé et j'ai regardé *L'Exorciste*. Alors que je suis transie de peur devant des épisodes d'*Arabesque*, je suis restée de marbre devant les coulées de vomi vert et les meubles qui volent, et je n'ai éprouvé aucune satisfaction en rayant cette épreuve de ma liste. Peut-être parce que, tout en regardant le film le plus horrifique du monde, je cherchais sur Google des adresses de scènes ouvertes pour apprentis humoristes. À la perspective d'être chahutée dans une arrière-salle de pub londonien au plancher poisseux, supporter quelques images de possession démoniaque fait figure de jeu d'enfant. Ma vie commençait à ressembler à un jeu télévisé nippon, et ça ne me ravissait pas.

Pendant les quatre jours qui ont suivi, j'ai renoncé à combattre ma peur. J'en ai profité pour regarder de vieux épisodes des *Kardashian* (ceux où Kim se refait faire quelques injections de Botox), et écrire un article sur les collants thermiques.

Au mur de ma chambre, les post-it de pensées positives tombaient comme les feuilles en automne.

Le lundi 20, je suis remontée sur le ring, contrainte et forcée puisque j'avais rendez-vous ce jour-là à l'hôpital *et* chez le dentiste. Qui a dit que l'univers n'a pas le sens de l'humour ?

À dix-huit ans, j'ai découvert sur mon mollet gauche un grain de beauté suspect, qui s'est avéré un mélanome malin – soit un des types de cancer de la peau parmi les plus graves. Pile au moment où j'étais censée commencer mes études, je suis entrée à l'hôpital pour me faire charcuter. On a délesté mon mollet d'un morceau de chair de la grosseur d'une balle de tennis et les mots « cancer » et « chimiothérapie » ont flotté dans l'air. Ce type de mélanome est fatal dans trente pour cent des cas.

Les docteurs ont jugé que l'opération avait été un succès mais pendant cinq ans, régulièrement, il a fallu contrôler que la tumeur n'était pas réapparue. C'était une époque effrayante.

Chaque fois que je me déshabillais pour m'allonger sur une table d'examen recouverte de papier, et pendant qu'un spécialiste me palpait, à la recherche de grosseurs et de bosses, ma poitrine se serrait et je pensais : « Et si cette fois ils trouvent quelque chose ? Que se passera-t-il ? Je ne veux pas mourir ! »

Par chance, au terme de cette période d'observation, les médecins m'ont assuré que j'étais tirée d'affaire. J'avais vingt-trois ans et, en cinq ans, la vie avait repris ses droits – plus ou moins.

Juste avant Noël, j'avais remarqué une tache sombre sur mon dos et donc, au beau milieu du mois consacré à combattre la peur, je me suis présentée à l'accueil de ce même hôpital, je me suis allongée sur la même table recouverte de papier, j'ai regardé le même plafond de dalles, et je me suis souvenue de ce que c'était qu'avoir dix-huit ans et de ne pas vouloir mourir.

J'en avais trente-six, et je ne voulais toujours pas mourir.

Je n'étais pas prête pour le grand départ. J'avais gâché trop d'années de ma vie à me faire du souci ! Et je n'avais pas encore remédié à ce problème !

Pourquoi me rongeais-je les sangs pour des broutilles ? Franchement, pourquoi ? Et pourquoi n'avais-je pas appris la leçon la première fois, à dix-huit ans ? Après avoir frôlé la mort, mon mantra n'aurait-il pas dû être : « La vie est courte, alors *carpe diem* » ?

Eh bien non. La leçon que j'avais tirée de cette expérience, c'est que la vie pouvait vous jouer des sales tours – et ne s'en privait pas.

Cette fois-ci, j'avais rendez-vous avec un spécialiste différent. Un type qui paraissait avoir dix ans.

« Je ne peux rien affirmer avant d'avoir les résultats des analyses, mais je suis confiant », m'a-t-il dit.

Ma gratitude était telle que j'avais envie de le serrer dans mes bras. Vous imaginez, devoir chaque jour annoncer aux gens s'ils vont vivre ou mourir ? Quel métier de chien ! Surtout pour un môme de dix ans.

En sortant de l'hôpital, j'étais exactement dans le même état qu'après chaque rendez-vous de contrôle toutes ces années auparavant – soulagée, mais ébranlée. Je me suis assise sur un banc, dans le parc, et j'ai versé quelques larmes. Puis je me suis juré d'apprécier tout ce que la vie m'offrait et de ne plus jamais me mettre martel en tête pour des trucs sans intérêt. Je me suis également promis de redoubler de gentillesse à l'égard de ma mère, et d'être une amie plus bienveillante. Je me suis acheté un roulé à la cannelle.

Après toutes ces histoires de vie et de mort, les quatre plombages, c'était presque une partie de plaisir. J'ai refusé l'anesthésie. L'assistante du dentiste m'a félicitée pour mon courage. Et je me suis remise à pleurer.

J'aimerais pouvoir dire qu'après ce rendez-vous à l'hôpital, la perspective de faire le pitre devant un public paraissait un jeu d'enfant – mais ce n'était pas le cas. Le bon côté du cancer, c'est qu'il vous dispense de faire des vannes à son sujet. Et qu'en général le public n'ose pas vous huer.

Mais je n'avais pas de cancer, merci mon Dieu – ou merci à quiconque se trouve là-haut. Ce que j'avais, en revanche, c'était un stage d'un week-end pour humoristes en herbe dans un pub de Paddington.

Ce même week-end, dans une tentative ultime pour cocher un maximum de cases de mon programme « Tremblez mais osez » avant la fin du mois, j'avais pris mes dispositions pour faire un karaoké, et manger des abats.

À 10 heures du matin le dernier samedi de janvier, j'ai rejoint quatre autres personnes dans le sous-sol du Mitre, en espérant que le bon génie du spectacle comique ne se laisserait pas décourager par les relents de bière éventée et les effluves citronnés du désodorisant.

Ian, notre prof, nous a demandé de nous présenter et d'expliquer ce qui nous avait poussés à nous inscrire. Le premier à se lancer était un Finlandais ; sa femme lui avait offert ce stage à Noël – « Elle me reproche de ne plus être aussi drôle », a-t-il dit. Après lui, un Woody Allen grec a expliqué qu'il s'était inscrit au stage à la faveur d'une cuite. Le troisième s'est présenté comme « une pédale de Liverpool d'un mètre quatre-vingt-dix-huit » (ses mots, pas les miens), puis est arrivé le tour de Jenny, une chef de pub de Manchester, qui, dans ses bonnes résolutions de nouvel an, s'était juré de s'amuser davantage. Et pour finir, moi.

Quand Ian nous a demandé qui étaient nos comiques préférés, je me suis creusé la cervelle pour trouver au moins un nom. La vérité, c'est que je détestais les humoristes. Même lorsqu'ils étaient bons, ils me mettaient mal à l'aise. Cela tient à leur besoin exacerbé d'attention – Riez ! Appréciez-moi ! Aimez-moi !

Ça m'épuise.

Je n'ai rien dit de tout ça, évidemment. Je me suis contentée de répondre : « Joan Rivers. »

Je leur ai déroulé mon baratin sur la peur et parlé de la guerre que je lui menais, et ils ont ri. Je leur ai raconté l'épisode de la drague dans le métro et la séance de pose nue ; là aussi ils ont ri. J'ai commencé à réviser mon opinion sur le spectacle comique. De toute évidence, j'étais née pour ça.

L'exercice suivant s'intitulait « Coup de gueule » et consistait à vider son sac pendant trois minutes à propos de cinq trucs qui nous rendaient dingues. Je me suis lâchée sur les enterrements de vie de jeune fille et la condition d'invitée célibataire à un mariage, en mode Bridget Jones tragi-comique, puis j'ai vitupéré sans grande conviction contre cette manie si répandue de dire : « On prend date ! »

« Vu que je travaille chez moi, je ne rate pas une occasion de mettre le nez dehors, ai-je expliqué. Mais autour de moi, c'est à croire qu'ils ont tous un agenda aussi surchargé que celui d'Obama. »

Ce n'était pas drôle. Mes camarades de cours étaient perplexes, et moi gênée. J'ai quitté le cours à 17 heures, aussi abattue qu'une condamnée à mort, pour aller manger de la cervelle de génisse avec Rachel au St John – un restaurant souvent présenté comme l'enfer des végétariens. Et comme j'avais bu des baquets de vin pour faire passer le cerveau de vache, en arrivant au Bird Cage, un pub-karaoké de l'est de Londres, j'étais dans un état d'ébriété idéal : je tenais toujours debout et je pouvais encore lire les paroles, mais j'étais trop ivre pour me soucier du ridicule.

Rentrée à la maison vers 2 heures du matin au son de « Baby Don't Hurt Me » qui tournait en boucle dans ma tête, je me suis réveillée trois heures plus tard, encore ivre, déjà migraineuse, et en panique.

Il me fallait écrire un sketch comique à présenter le soir même sur scène, devant un public. Cette perspective me donnait envie d'être malade. Ce que j'étais, d'ailleurs.

De retour au sous-sol du pub, mes camarades de stage se sont montrés unanimes : j'avais quelques bonnes tirades, mais je devais encore travailler mon élocution. Ian m'a demandé de m'exprimer « en y mettant du chien », mais en voyant que je n'étais capable que d'un seul registre d'expression – celui de la fille terrifiée –, il a baissé les bras.

« C'est pas grave, même avec ce débit raplapla, tu récolteras quelques rires, m'a-t-il consolée. Ton désespoir transparaît. On sent bien la vibration femme-au-bord-de-la-crise-de-nerfs. »

Génial. Je visais donc l'autodérision.

J'ai répété le sketch avec Rachel avant le début du spectacle. Elle n'a pas ri une seule fois.

« Mais je compatis, a-t-elle dit. Aller à un mariage, c'est vraiment dur quand tu es célibataire… »

J'ai commandé un grand verre de chardonnay et commencé à tourner comme un fauve en cage devant le comptoir. Mes membres étaient curieusement engourdis et j'entendais un bourdonnement aigu dans ma tête.

J'ai commandé un deuxième verre de vin. L'acidité du breuvage n'a rien arrangé à mes aigreurs d'estomac. Je me sentais encore plus nauséeuse.

Je me suis dit que dans une heure ou deux je serais de retour à la maison, sur le canapé, que je pourrais regarder la télévision et manger un toast. Personne n'était en train de mourir, rien ne dépendait de ma prestation et, aussi mal qu'elle se passe, ça resterait gérable.

La salle s'est remplie de spectateurs qui avaient payé leur place.

Mes yeux tressautaient de nervosité et de fatigue. Mes aisselles étaient moites.

Le Woody Allen grec a ouvert le bal. Il a parlé de son psy qui, chaque semaine, lui posait les mêmes questions. Il avait d'abord cru qu'il s'agissait d'une technique thérapeutique mais en fait, non – le type était atteint d'Alzheimer. Jenny a raconté comment un homme s'était pointé à leur premier rencard avec des feuilles de calcul. Quant au géant de Liverpool, il s'en est merveilleusement bien tiré – il s'est avéré que son papa était un prêtre catholique qui avait quitté les ordres lorsqu'il avait rencontré sa mère ! Et regardez comment Dieu lui avait rendu la monnaie de sa pièce – « avec une pédale géante ! » De l'or en barre pour un sketch.

Mon tour est arrivé.

Le bourdonnement dans ma tête a repris.

Je me suis avancée sous la lumière blanche du spot, j'ai saisi le micro.

Merde. Ça y est. Tu vas vraiment le faire. Tu es sur scène et tu dois faire rire un public.

J'ai inspiré un grand coup et regardé la haie de têtes qui se découpait devant moi. J'attendais la vague de panique mais, bizarrement, elle ne venait pas. La fatigue aidant, j'avais passé un cap. Advienne que pourra.

Je me suis lancée et j'ai dit en préambule que je consacrais le mois de janvier à combattre mes peurs. J'ai embrayé sur le cours de modèle vivant, poses de petit rat à l'appui, et j'ai entendu quelques rires. J'ai raconté comment M. Pull marine m'avait dessiné un popotin plus grand que l'Australie, comment ma mère redoutait que tous ces trucs de développement personnel ne me transforment en Amerloque. D'autres rires. Pas des rires incontrôlables qui m'auraient valu le prix de comique de l'année, mais des rires sincères, spontanés.

J'ai raconté ensuite qu'à un repas de mariage, on m'avait placée à la table des enfants.

« Rien de tel que faire tapisserie au milieu d'une bande d'ados qui s'excitent sur *Angry Birds* pour se demander à quel moment on a foiré dans sa vie. » La remarque m'a valu un autre rire. De pitié, peut-être bien, mais je m'en fichais.

Et puis, en un flash, c'était terminé. Mes débuts dans le spectacle comique : fait ! J'ai regagné ma chaise d'un pas flottant. Rachel avait l'air ébahi.

« C'était drôle ! Vraiment ! »

Je n'ai rien répondu, hébétée, tandis que les spectateurs autour de nous commençaient à rassembler leurs affaires, prêts à rentrer chez eux.

Je suis allée aux toilettes et je me suis regardée dans la glace. Ma peau luisait d'un film gras de transpiration mais mes yeux rayonnaient d'éclat. Je l'avais fait ! Le truc le plus terrifiant auquel je pouvais penser, auquel la plupart de mes semblables ne se frotteraient jamais dussent-ils vivre un million d'années… je l'avais fait.

Dans le taxi qui nous ramenait à la maison, j'ai raconté mon exploit au chauffeur.

« Non ! s'est-il exclamé.

— Si, je vous le jure.

— Racontez-moi une blague, alors.

— Ce n'était pas ce genre de sketchs – je parlais juste de ma vie.

— Ah bon ? Votre vie est rigolote à ce point ?

— On peut dire ça comme ça… »

Je lui ai brossé un bref tableau de mon mois de janvier, et quand la conversation a dérivé sur les situations susceptibles de nous paralyser de peur, il a raconté qu'il détestait les fêtes entre amis depuis qu'il était séparé de sa femme.

« Mais tout ça c'est dans la tête, pas vrai ? a-t-il conclu. Parce que, si je m'oblige à y aller, tout se passe bien et je me demande de quoi j'avais peur. »

À destination, il a refusé que je lui paie la course.

« Je trouve que ce que vous faites c'est formidable, ma jolie », a-t-il dit.

Et vous savez quoi ? J'étais entièrement d'accord avec lui. Jamais, de toute ma vie, je ne m'étais à ce point sentie fière de moi.

J'imaginais que, comparé aux précédents, mon dernier challenge – sauter d'un avion en vol – serait plutôt facile. Il n'y avait là rien que je puisse rater, ni rien qui puisse me mettre dans l'embarras – mes deux principales peurs. Je ne risquais pas non plus d'essuyer un rejet – mon autre principale peur. Il me suffisait d'aller au rendez-vous, de m'attacher à un inconnu et de me laisser dégringoler dans le ciel. Franchement, rien de bien sorcier là-dedans.

Le saut était programmé à 7 heures du matin dans un aérodrome du Suffolk, à quatre heures de route de Londres. La veille, je suis partie en voiture (encore d'autres autoroutes, coche, coche, coche) et je suis descendue dans une chambre d'hôte pour la nuit.

Tout en barbotant dans la baignoire, je voyais défiler par flashes la folie du mois écoulé, à la façon d'un best-of d'une sitcom. Le bain dans l'étang glacé, le karaoké, la séance de pose nue… j'avais fait en ce seul mois de janvier plus de choses dingues que durant une vie entière.

Mais tout cela m'avait-il aidée ? Transformée ?

Eh bien, oui. Un jour, j'avais lu quelque part que notre grande peur, ce n'est pas que la vie soit courte, c'est qu'on la vive sans se sentir vivant. Or, pendant ma croisade contre la peur, je me sentais vivante. Tellement vivante que c'en était même exténuant. Chaque jour donnait la sensation que quelque chose pouvait, et allait, arriver.

J'avais également beaucoup appris. En sautant dans l'étang glacé, j'avais pris conscience que la vie commence à l'instant où on décide d'éteindre la télé et de se bouger les fesses. En prenant la parole devant un public et en faisant un stand-up, j'avais découvert en moi bien plus de ressources que je ne le soupçonnais. Du karaoké, j'avais retenu une leçon : la vie est mille fois plus drôle quand on se détend. Et j'avais été surprise par les élans de confiance en soi que provoquent les minuscules gestes du quotidien – se garer, rouler sur une autoroute, répondre au téléphone – quand on cesse de les éviter. Ce sentiment était l'exact contraire de celui que nourrissaient inquiétude et stagnation, ces deux compagnes de route qui me collaient aux basques et sapaient mon énergie.

J'avais toutefois conscience de n'avoir pas coché certaines cases de ma liste. Je n'avais rien fait concernant ma peur de la confrontation. Je ne m'étais pas mise en colère, je n'avais pas cherché à savoir ce que les gens pensaient de moi – mais peut-être qu'en réalité ils ne pensaient pas à moi, ni en bien ni en mal.

Le lendemain matin, je me suis réveillée à 6 heures et j'ai gagné l'aérodrome. Le ciel était gris comme la pierre et la radio annonçait une tempête, mais j'étais étrangement sereine en signant la décharge de responsabilité (si jamais j'y laissais ma peau, ce ne serait pas leur faute) et en embarquant à bord du petit coucou qui donnait l'impression d'être un assemblage de boîtes de thon recyclées. Je n'ai même pas cillé lorsque l'instructeur nous a dit de hurler à pleins poumons en sautant – pour nous aider à respirer, a-t-il précisé.

Ce n'est qu'une fois assise face au vide, jambes ballantes dans les nuages et le visage fouetté par le vent, que mon calme en a pris un coup. La terreur m'a assené un direct dans les tripes, mais il était trop tard pour me défiler, pour expliquer que tout ça n'était qu'une épouvantable erreur : j'étais en train de dégringoler dans le ciel, attachée à un homme dont je n'avais pas retenu le nom.

La température de l'air et du vent m'a causé un choc d'une force inédite. En comparaison, les étangs de Hampstead Heath ressemblaient à un jacuzzi. On nous avait prévenus que la température extérieure était de moins quinze, mais que, à cause du vent, celle ressentie serait infiniment plus glaciale.

Ce n'est qu'à ce moment-là que la réalité m'a rattrapée : je venais de me jeter dans le ciel à treize mille pieds d'altitude. À *quatre kilomètres* de la terre.

Aucun corps humain n'est conçu pour encaisser pareille dégringolade.

Nous sommes tombés à pic pendant quarante secondes. À deux cent cinquante kilomètres-heure.

C'était l'enfer.

Très franchement, j'ai pensé que j'allais faire une crise cardiaque. C'est un risque avéré, quand on saute en parachute, non ? Mais la chute continuait, et mon cœur battait toujours. Puis le parachute s'est ouvert, et nous avons été brutalement aspirés vers le haut. À partir de là, la descente a ralenti. C'était ce moment paisible que la plupart des gens apprécient, celui où l'on profite du paysage vu du ciel et qui procure la sensation de ne faire qu'un avec la beauté du monde. J'ai contemplé le patchwork de champs détrempés qui s'offrait à ma vue, et j'ai été prise d'une bouffée de rage. À quoi bon sauter d'un avion, si c'est pour voir de l'herbe ! Je suis Irlandaise ! Je suis pour ainsi dire née dans un champ ! Enfin, pas vraiment – en vrai, je suis née dans le Surrey, non loin d'une route nationale, mais j'ai passé tous les étés de mon enfance à m'enfoncer jusqu'aux genoux dans les bouses de vache.

D'après les psychologues, toutes nos peurs s'alimentent à deux sources. La première a trait à notre sécurité physique – et c'est la raison pour laquelle l'altitude, les serpents et le feu nous effraient : ils peuvent nous tuer. La seconde concerne l'isolement social, et c'est pour cela que nous redoutons le ridicule, ou que nous craignons d'être rejeté.

Pendant que je dégringolais comme un poids mort dans le ciel, j'ai compris que je n'avais aucune récompense à attendre pour avoir affronté mes peurs dictées par l'instinct de survie. Mon vertige, qui était naturel, et n'était pas extrême au point de me handicaper dans mon quotidien – je n'avais nul besoin de le mater.

Mes premiers mots lors de mon atterrissage sans douceur sur le derrière, dans un pré boueux ? « Jamais plus. »

J'ignorais, en rentrant à la maison sous une averse de grêlons, que, comparé à ce qui m'attendait, tomber du ciel avait tout d'une promenade bucolique.

2

L'argent, une histoire d'amour

de Kate Northrup

« Notre relation à l'argent est le reflet direct de notre estime de soi. »

Les billets d'une livre virevoltent dans l'air et ma tâche consiste à les attraper avant qu'ils ne touchent la moquette rose pêche. Mais que se passera-t-il si je n'y arrive pas ? Ou si je lâche ceux que j'ai déjà récupérés ? Si je gâche cette occasion qui ne se présente qu'une fois dans une vie ?

Sheila est là elle aussi, à faire des bonds pour essayer d'attraper les billets au vol. Bien qu'elle soit ma cadette d'un an, elle est plus grande que moi et, par conséquent, elle est avantagée. C'est une injustice criante – comme l'est le fait qu'elle gagne toujours à la bataille, qu'elle a des cheveux châtains soyeux (et non des frisottis roux) et qu'elle a échappé aux taches de rousseur.

Je bondis sur le canapé blanc cassé pour égaliser le

niveau du terrain de jeu. Si jamais maman trouve une trace de semelle sur les coussins, ça va barder, mais j'essaie de ne pas y penser. J'ai beau n'avoir que neuf ans – bientôt dix –, j'ai parfaitement compris que le jeu en vaut la chandelle.

J'ai l'impression d'être dans un film, ou dans une épreuve du *Crystal Maze*[1] – celle où les candidats, enfermés sous un dôme de verre équipé d'une soufflerie, doivent amasser un maximum de billets dorés tandis que le chronomètre tourne.

C'est exactement pareil, sauf que ça se déroule dans notre salon, en fin d'après-midi, un jour d'école.

La télé est probablement allumée – c'est l'heure des feuilletons pour ados, *Biker Grove* ou *Grange Hill* –, on a sans doute mangé des spaghettis bolognaise au dîner, mais je ne me souviens pas de ces détails. Je ne me souviens pas non plus si Helen, notre sœur cadette, se trouvait dans la pièce. Tout ce que je revois, c'est mon père qui pousse la porte du patio, ouvre son portefeuille et lance tous ces billets en l'air.

« Tous ceux que vous attrapez sont à vous, mais s'ils touchent terre, c'est perdu. »

Oh la la ! Quelle pression ! On aurait dit que des millions de livres pleuvaient dans notre salon. Voire des milliards. Mais au moins cinquante livres, en tous les cas.

Nous nous sommes jetées dans l'action avec frénésie.

Cela n'avait forcément duré que quelques secondes mais elles avaient semblé une éternité.

---

1. Jeu télévisé qui a servi de modèle à *Fort Boyard*.

Combien de billets serrais-je dans mes petites mains lorsque la fête a pris fin ? Je ne sais plus. En revanche, presque trente ans plus tard, je n'ai pas oublié la chute de l'histoire : mon père nous avait annoncé qu'il blaguait, et qu'on ne pouvait pas garder les billets. Nous avions dû les lui rendre.

Je me souviens de ma déception, vite balayée par la fureur face à tant d'injustice. Cependant, cette colère était aussi dirigée contre moi ; je m'en voulais d'être tombée dans le panneau. Évidemment que nous n'allions pas pouvoir garder cet argent ! Nous avions été idiotes d'imaginer le contraire.

Si j'en croyais ma bible de développement personnel pour le mois de février – *Money, a Love Story*, de Kate Northrup – ce souvenir était la clé qui me permettrait de comprendre ma relation, désastreuse, à l'argent.

Découverts, cartes de crédit – je cumulais tout. Avec l'argent, je ne me contentais pas de me montrer irresponsable : je le jetais activement par les fenêtres. Vous auriez pu me donner cent livres que j'aurais trouvé le moyen de les dépenser, de les perdre ou de les boire dans l'heure.

Vous voyez ces couples qui entretiennent la flamme amoureuse en ne laissant pas la porte des toilettes ouverte ? Eh bien, je faisais montre de la même pudeur avec mon compte bancaire. Je ne regardais jamais son solde. Les seuls moments où je savais quelle somme s'y trouvait – ou pas –, c'est quand ma carte était refusée. Cela signifiait que j'avais atteint les trois mille livres de découvert – ma limite autorisée.

Qu'est-ce que tout ça avait à voir avec mon souvenir de la pluie de billets ?

Kate Northrup, mon gourou financier pour le mois, pose la question dans le premier chapitre de son livre.

1) Quel est votre premier souvenir lié à l'argent ?
2) Quelle est aujourd'hui votre frustration financière numéro un ?
3) Discernez-vous un lien entre votre premier souvenir et votre situation actuelle ?

Je n'avais plus pensé à la pluie de billets depuis le jour où elle avait eu lieu, mais j'ai immédiatement compris combien cet épisode avait profondément affecté mon rapport à l'argent.

Je pensais a) qu'il était fait pour être dépensé sans compter à tort et à travers et b) qu'il filait quoi qu'il arrive entre les doigts. En outre, tout ce qui avait trait à lui me stressait. Que j'en aie ou que j'en manque, penser à l'argent me provoquait des crampes dans la poitrine, comme celles que j'avais ressenties le soir de la fameuse pluie – raison pour laquelle j'approchais de mes quarante ans sans être propriétaire, sans avoir d'économies ni d'épargne retraite.

Kate avait indubitablement levé un lièvre. J'ai poursuivi ma lecture.

Je m'étais enfin décidée à ouvrir *Money, a Love Story* le 14 février, après quinze jours de procrastination. Au pays du développement personnel, je crois qu'on appelle ça « faire de la résistance ».

Je savais que je voulais consacrer une part de

mon programme à l'argent – enfin, « vouloir », c'est beaucoup dire ; que j'avais besoin de lire un ouvrage consacré à ces questions serait plus juste – mais j'avais du mal à arrêter mon choix sur un titre.

Quand j'avais entré « développement personnel + argent » dans la barre de recherche d'Amazon, j'avais obtenu 3 125 réponses. Il y avait des livres qui me promettaient de me rendre riche, tel l'incisif *Get Rich, Lucky Bitch !* de Denise Duffield Thomas, et d'autres qui enseignaient l'art de maîtriser un budget – *The Money Diet*, par exemple (en passant, remercions Martin Lewis pour ce deux-en-un qui combine les deux grands motifs de haine de soi de la plupart des femmes – les dettes et la taille de leur postérieur). Enfin, il y avait des guides pour apprendre à gagner autre chose que des clopinettes (*Overcoming Underearning*, de Barbara Stanny) et d'autres pour apprendre à « changer de logiciel » afin de devenir un aimant à fric[1]. Sans oublier ceux – *Pennies from Heaven*, par exemple – qui choisissaient l'angle religieux. Amen.

Dans cet océan de sagesse budgétaire et de grandes promesses, surnageaient quelques classiques ayant fait leurs preuves et résisté à l'épreuve du temps : *Réfléchissez et devenez riche*[2], de Napoleon Hill, publié en 1937, reste à ce jour un de ceux qui font autorité en matière de richesse et de réussite.

Je l'avais téléchargé sur mon Kindle mais il m'était

1. Marie-Claire Carlyle, *Attirez l'argent comme un aimant*, Dauphin blanc, 2011.

2. Napoleon Hill, *Réfléchissez et devenez riche,* J'ai lu, 2011.

tombé des mains à mi-parcours. Il était inspirant, mais un peu chiche en conseils pratiques.

J'avais également commencé à lire *Père riche, père pauvre*[1] de Robert Kiyosaki. Il affirme que l'idée selon laquelle il faut travailler dur, épargner et prendre sa retraite est une belle ânerie. Notre seul objectif devrait être d'investir notre argent, et de vivre des intérêts de notre capital. Étant donné que j'étais perpétuellement dans le rouge, cela serait revenu à mettre la charrue avant les bœufs.

Je lui ai donc préféré *Money, a Love Story,* de Kate Northrup, un ouvrage dédié à la « finance personnelle » qui caracolait en tête des ventes ce mois-là. Kate, une femme de ma génération, puisait dans son expérience et racontait comment, à vingt ans et des poussières, elle avait accumulé 20 000 dollars de dettes mais s'en était sortie.

Nous pensons tous, dit-elle, qu'avoir plus d'argent va résoudre nos problèmes, or c'est faux. Elle en veut pour preuve ces gagnants du Loto qui se retrouvent sur la paille en quelques années.

Elle affirme que, de même que les régimes éclairs seront sans effet tant qu'on n'aura pas compris pourquoi on mange trop, toute tentative pour économiser ou respecter un budget restera vaine si on ne comprend pas pourquoi on est un panier percé – et pour le comprendre, il faut en général regarder dans le rétroviseur.

Si vous avez été élevé par des parents qui disaient

1. Robert Kiyosaki, *Père riche, père pauvre*, Un monde différent, 2001.

que « l'argent est la source de tous les maux », cette croyance vous poursuivra toute votre vie. Si *a contrario* vous avez grandi dans une maison où on jetait l'argent par les fenêtres – ou, me concernant, dans le salon –, cela aura également des retombées.

Mais surtout, Kate dit que notre relation à l'argent est « fidèlement calquée sur celle que nous entretenons avec nous-mêmes ».

Si on s'aime, affirme-t-elle, on veille sur son argent. Ceux qui ne le font pas – qui dépensent trop, s'endettent ou s'ingénient à ne jamais faire leurs comptes –, loin d'être des « esprits libres », ces gens-là en réalité se sabotent.

Ah.

« Tu es sûre que tu ne peux pas venir ? » Rachel était en train d'appliquer du gloss dans les toilettes d'en bas. Nous étions le soir de la Saint-Valentin et elle se rendait à une soirée « *Trash and Treasure* » – où chacun(e) vient accompagné(e) d'un(e) ami(e) célibataire du sexe opposé qu'il ou elle ne trouve pas séduisant(e), mais qui pourrait faire le bonheur d'un(e) autre convive.

« Certaine.

— Qui sait ? Tu pourrais rencontrer l'homme de tes rêves.

— Hautement improbable. »

Je suis allée me servir un verre de vin dans la cuisine et je me suis plongée dans mon bouquin.

Kate commence par un questionnaire pour nous permettre d'identifier les obstacles à notre désir d'abondance, et nous apprendre ce que notre relation actuelle à l'argent dit de nous. Les gourous du développement personnel adorent les questionnaires. Ils adorent aussi le mot « abondance ». Le développement personnel à l'ancienne promettait un enrichissement rapide ; celui des temps modernes préfère parler d'« abondance » et d'« état d'esprit propice à la prospérité ». Du coup, vouloir s'enrichir n'est plus une démarche dictée par l'avidité, mais par la spiritualité.

Kate pose trente-neuf questions, auxquelles je me suis attelée avec méthode :

1) *Savez-vous combien vous avez dépensé le mois dernier, et pour quoi – à cent dollars près ?*

Non, je ne sais pas. Ni en dollars, ni en livres.

2) *Savez-vous combien vous avez gagné le mois dernier – à cent dollars près ?*

Oui : rien, ou presque, puisque mon programme de développement personnel m'a occupée à plein temps.

3) *Possédez-vous plus de mille dollars d'économies ?*

Très drôle.

4) *Possédez-vous au moins un compte épargne retraite ?*

Kate, Kate – tu me fais mourir de rire !

Après une ribambelle de questions du même acabit – possédez-vous des biens immobiliers ? des actions ? des parts d'intéressement ? – j'ai enfin pu répondre par l'affirmative :

Cela vous angoisse-t-il de penser à l'argent ou d'en parler ? Oui.

Les soucis d'argent vous empêchent-ils de dormir ou vous réveillent-ils tôt le matin ? Oui.

Vous surprenez-vous à dire, par exemple, « Ce n'est pas dans mes moyens » au moins une fois par semaine ? Oui.

Évitez-vous d'ouvrir vos relevés bancaires ou tout courrier relatif à vos finances ? Oui, oui, oui.

À la fin du questionnaire, en additionnant les oui et les non, j'obtenais un score de six oui sur trente-neuf.

Verdict de Kate : « Vous avez toujours entretenu avec l'argent une relation tumultueuse qui n'a rien d'une histoire d'amour, il se pourrait qu'il vous fasse peur. Mais cela peut changer, et ce dès aujourd'hui. » « Relation tumultueuse », ça me plaisait bien, ça avait un petit côté excitant. Et là, peut-être, résidait une part du problème.

L'étape suivante consistait à écrire mon « histoire d'amour avec l'argent », c'est-à-dire coucher sur papier absolument tout ce que j'avais pu faire, dire ou ressentir à son sujet.

En général, dans un livre, c'est la partie que j'ai tendance à sauter, mais Kate insiste : cette étape est cruciale. J'ai donc attrapé un cahier et, telle une ado, commencé à rédiger le Journal intime de mes finances, par Marianne Power, trente-six ans et demi.

Le souvenir de la pluie de billets dans le salon a servi de préambule, et j'ai enchaîné :

J'ai grandi dans un foyer marqué par les extrêmes. Mon Irlandais de père a débarqué à Londres sans un sou à seize ans et, quand mes sœurs et moi sommes nées, il avait déjà fait fortune dans l'immobilier. Enfants, nous faisions des virées shopping chez Harrods et Hamleys. On partait en vacances à Disneyland et en Europe.

Pour mon neuvième anniversaire, j'ai eu droit à un goûter au Ritz. Ma première gorgée d'alcool, je l'ai bue au goulot d'une carafe en cristal, à l'arrière de la Bentley paternelle. Sheila, qui a toujours été plus intrépide que moi, était plus attirée par la conduite que par le minibar – et ce dès l'âge de quatorze ans.

Un jour, un bang retentissant a ébranlé les murs de la maison, et nous avons retrouvé notre Jaguar verte étincelante garée dans le hall d'entrée. Sheila avait confondu la pédale de l'accélérateur avec celle du frein, et foncé en marche arrière dans la maison. Véridique.

La réaction de papa ? « C'est des bagnoles solides, pas vrai ? »

En deux mots, nous étions riches.

Assez, du moins, pour ne pas faire tout un drame si une Jaguar venait se garer dans l'entrée.

Mais, comme vous le dira n'importe quelle pauvre petite fille riche, tout n'était pas parfait pour autant. À un très jeune âge, j'avais déjà compris deux ou trois choses au sujet de l'argent (et des voitures bling-bling).

Les gens qui ont de l'argent (et des voitures bling-bling) ne sont pas aimés. Un jour, dans le centre de Londres (j'avais environ neuf ans et nous étions coincés dans les embouteillages avec la Bentley), des passants nous avaient apostrophés en nous traitant de « yuppies », et ils avaient martelé le capot à coups de poing. Je ne savais pas ce qu'étaient les yuppies, mais je voyais bien la haine qui brillait dans les yeux de ces gens. Quand j'ai demandé à mon père ce que signifiait ce mot, il a répondu qu'il désignait « une jeune personne », mais je savais qu'il mentait. Papa n'avait plus rien d'un jeune homme.

L'argent (et les voitures bling-bling) fait de vous quelqu'un de différent. Petite, je n'aspirais qu'à être normale. Mon plus grand rêve était de me prénommer Sarah, d'avoir des cheveux châtains et un papa qui conduisait une Ford.

L'univers dans lequel nos parents nous élevaient était à des années-lumière de celui qu'eux-mêmes avaient connu enfants. Mon père avait manqué de tout et il était déterminé à combler tous nos désirs et nos caprices. Ma mère, à l'inverse, détestait nous voir grandir dans cette opulence excessive, et elle veillait à nous le faire savoir.

J'ai appris à me sentir coupable d'avoir de l'argent, et à avoir honte d'être qui nous étions. Des gens riches.

Alors sans doute n'était-ce pas plus mal d'apprendre assez vite une autre leçon : l'argent ne dure pas.

À la fin de mon adolescence, entre les problèmes de santé de mon père et la crise des années quatre-vingt-dix, l'argent s'est tari de façon pour le moins spectaculaire. L'année de mes dix-sept ans, maman a annulé les festivités de Noël. Et quand ma sœur et moi avons abordé la vingtaine, tout était parti en fumée – la maison, les voitures, l'argent.

Voilà ce que m'a appris le fait de ne PAS *avoir d'argent :*

Le tout premier enseignement, et quiconque est passé par là le sait : ne pas pouvoir payer ses factures et être confronté à la perspective de perdre sa maison est terrifiant. L'argent ne fait peut-être pas le bonheur, mais il assure notre sécurité et nous garantit un toit. Et quand on perd ça, tout le reste suit. Mais on se débrouille pour surmonter l'épreuve. La vie continue. Et il y a des côtés positifs. Selon ma mère, sans cette faillite, mes sœurs et moi n'aurions pas travaillé aussi dur ni si bien réussi professionnellement. Elle dit aussi que les revers de fortune ont fait de nous des personnes plus bienveillantes.

J'ai regardé le réveil. Il était 21 heures 30. J'écrivais depuis deux heures. J'avais mal au poignet.

En couchant tout ça noir sur blanc – les voitures, les vacances, la pluie de billets – je voyais pour la première fois combien cette expérience avait été extrême.

Il était inévitable qu'elle affecte ma vie.

Je me suis mise au lit avec l'ordi et j'ai regardé l'émission de Graham Norton, qui recevait ce soir-là Bill Murray et Matt Damon. Je me suis surprise à penser que ce bon vieux Matt, avec son indécrottable sérieux, gérait probablement ses sous en bon père de famille, quand Bill Murray, un peu plus dingue et farfelu, devait être un gestionnaire calamiteux. Dans ma tête, les gens rigolos étaient forcément des paniers percés. Cela faisait partie de notre charme.

Mouais… Joyeuse Saint-Valentin à moi.

Quand je me suis levée le lendemain, Rachel dormait encore. Ses cuissardes gisaient telles des limaces au pied du canapé. Je suis partie petit-déjeuner au Bread and Beans, un de mes repaires du quartier. Une fois commandés un café et des œufs brouillés, j'ai fait ma petite revue de presse – alerte inondations, scandale à la Sécu, une histoire concernant Simon Cowell – avant de me souvenir que les médias « négatifs » étaient désormais proscrits de ma vie. Qu'à cela ne tienne. Pour me déprimer, j'avais une autre histoire sous le coude – la mienne. J'ai entrepris de raconter par écrit comment je me comportais avec l'argent dans ma vie d'adulte. J'utilisais le mot « adulte » dans son sens le plus large.

Quand j'ai quitté l'université après mon diplôme, la brit pop était au sommet de sa gloire, Londres était redevenue la ville la plus cool du monde et je n'étais pas du tout au diapason. Pour essayer de remédier à cette dissonance, je claquais des sommes folles pour des Nike dernier cri qui me donnaient l'air ridicule et des jeans taille basse qui comprimaient mon ventre rempli de bière. Je vivais au-dessus de mes moyens – shopping dans les boutiques de Covent Garden la première moitié du mois, et régime céréales la seconde.

À vingt-neuf ans, j'ai décroché mon premier gros poste – rédactrice pour les pages Style et Loisirs d'un quotidien – et mon salaire a augmenté. La belle vie a commencé. Je me déplaçais en taxi ; je mangeais tout le temps dehors ; et maintenant que j'étais une journaliste en vue, je m'habillais chez les créateurs et j'avais toujours l'air de sortir de chez le coiffeur (et pour cause), parce qu'il me semblait important d'avoir la tête de l'emploi.

Mais sous l'attirail – le sac, le brushing, les robes – je me sentais un imposteur. Je trimais pour garder la tête hors de l'eau. J'ai donc démissionné du poste de rêve et renoncé au salaire qui allait avec pour me remettre en free-lance. Les dépenses liées à mon train de vie ont pris un tour encore plus erratique. Dès que je recevais un chèque, je sortais fêter ça, m'amuser, et une semaine plus tard je me retrouvais fauchée et stressée. Chaque année, je faisais le vœu de mieux gérer mes finances, de me comporter enfin en adulte – mais ça restait toujours un vœu pieux.

J'ai relevé la tête. Le café était rempli de couples et de groupes d'amis en train de bavarder. Je me sentais ébranlée. Comment n'avais-je pas vu plus tôt que l'argent occupait une énorme place dans ma vie ?

J'avais toujours pensé que mon principal problème, c'était de ne pas en gagner assez, or je voyais bien maintenant qu'il résidait ailleurs. Je venais de payer 14,75 £ pour deux cafés et des œufs. À ce train-là, tout l'or du monde n'allait jamais suffire.

Quand je suis rentrée, Rachel ouvrait son courrier dans la cuisine. Elle n'avait pas comme moi la phobie des factures et des relevés bancaires.

« Alors, c'était bien, ta soirée ? lui ai-je demandé.

— Quelqu'un a fait des martinis Turkish Delight.

— C'est quoi ce truc ?

— J'en sais rien, mais c'était fort. Ma bouche est restée paralysée la moitié de la nuit. Et toi – ton tête-à-tête torride avec tes relevés bancaires, c'était comment ?

— Pas mal », ai-je menti. J'étais trop gênée pour parler d'argent avec Rachel. Elle gérait super bien le sien, elle savait toujours où elle en était des rentrées et des dépenses. Elle était généreuse, mais discrètement.

Je suis montée dans ma chambre et j'ai appelé Sheila.

Je lui ai demandé quel était son premier souvenir lié à l'argent.

« Je me souviens que maman piquait une crise si on oubliait d'éteindre les lumières ou le chauffage.

— En quoi ce souvenir influe sur ta vie actuelle ?

— Je surveille mes factures. Et toi ? Quel est ton premier souvenir ?

— La fois où papa est arrivé dans le salon et a lancé de l'argent en l'air.

— Oh la la, j'avais oublié ! Mais tu crois que ce souvenir est réel ? Parfois, je me dis qu'on a inventé toute cette histoire.

— Comment aurions-nous pu l'inventer et nous en souvenir l'une et l'autre ?

— Je ne sais pas. Que veut-il dire pour toi ?

— Il explique pourquoi je jette l'argent par les fenêtres.

— Faites des gosses ! Ils trouveront toujours un truc à te reprocher et t'accuseront d'avoir gâché leur vie. »

Sauf que je ne reprochais à personne d'être comme j'étais. Je n'étais plus une enfant. Je pouvais faire mes choix. Le problème, c'est que je m'obstinais à faire les mauvais.

Kate suggère de noter par écrit nos schémas de comportement et nos croyances concernant l'argent. J'ai ressorti mon cahier et, en me pliant à l'exercice, j'ai découvert que j'étais prisonnière de quantité de ces schémas dont j'ignorais jusqu'à l'existence.

En premier lieu venait la culpabilité. Je culpabilisais d'être mieux lotie que d'autres, donc, dès que j'avais de l'argent, je m'en débarrassais, en payant tournée sur tournée et en insistant pour régler l'addition au restaurant. Mais la culpabilité n'était pas seule en cause : je voyais bien que, par ce biais, je cherchais aussi à me faire aimer. Si j'étais disposée à payer, les gens seraient plus enclins à sortir avec moi. Je n'étais pas la fille la plus marrante ni la mieux sapée, mais je savais me montrer généreuse.

D'un point de vue philosophique, l'avarice était pour moi un des pires repoussoirs. Se soucier des questions d'argent, c'était le fait des gens ennuyeux, avides et toujours prompts à servir leurs propres intérêts. Je valais mieux que ça ! En griffonnant sur mon cahier, assise sur le lit, j'ai eu une révélation perturbante : je traitais l'argent comme s'il était indigne de moi.

En outre, j'avais toujours eu à son égard un comportement infantile. Kate dit que beaucoup de femmes attendent qu'un homme (un mari) vienne tout arranger ; elle appelle ça l'effet prince charmant – était-ce mon cas ? Cette idée avait beau m'arracher une grimace, le fait est que j'avais passé ma vie à jouer les victimes. Je dépensais l'argent à tort et à travers, puis je me lamentais sur mon sort quand j'étais fauchée et que soudain je ne pouvais plus me payer un ticket de bus. Je ne sais plus combien de fois Sheila avait dû me dépanner.

Et enfin, pour boucler la boucle avec mon premier souvenir, j'avais la conviction que l'argent ça va, ça vient, et qu'il était par conséquent inutile de s'y attacher, de veiller sur lui ou d'échafauder des projets.

J'avais peut-être claqué beaucoup d'argent mais je m'étais bien amusée. J'étais contente d'avoir fait ces expériences – m'offrir des séjours à New York, acheter des sacs de créateurs, manger dans des restaurants à la mode. La belle vie n'avait pas duré, et j'en avais bien profité. Et quand était arrivée la période des vaches maigres, j'avais pris conscience, aussi cliché que cela semble, qu'une belle garde-robe ne fait pas le bonheur – elle donne juste le change quand votre vie se craquelle, le temps de dissimuler les fissures sous le papier peint.

D'après Kate, rien n'est plus toxique que la peur qui s'insinue en nous quand on se refuse à connaître l'état de nos finances. Il me fallait donc m'atteler à classer mes relevés bancaires des six derniers mois afin d'y voir clair. Kate prévient que ce sera un moment pénible. Elle n'avait pas tort.

Le lendemain, un de ces dimanches sinistres inventés pour zoner sur le canapé, au lieu de rester vautrée, j'ai pris le train pour aller chez ma mère et j'ai exhumé tous mes vieux relevés bancaires.

Une expérience horrifique.

Au bout de quatre heures, la réalité de ma situation a commencé à émerger – et le montant de mes dettes avec.

C'était la toute première fois que je procédais à ces additions et j'ai découvert que j'avais au total 15 109,60 £ de dettes. Je devais 5 000 £ à Sheila, j'étais à découvert de 7 000 £ sur mon compte professionnel et de 2 109,60 £ sur mon compte courant. J'ai été prise de nausée. Comment avais-je pu être aussi irresponsable ? Comment avais-je pu ignorer que j'avais coulé si bas ?

Quinze mille livres de dettes sans remboursement de prêt immobilier, ni enfant à charge. C'était inexcusable. Quinze mille. Le chiffre tournait sans fin dans ma tête.

Kate dit que, quand le mal est fait, il ne sert à rien de s'autoflageller. Ça n'aide pas. Mais comment aurais-je pu m'en empêcher ? Je m'en voulais tellement ! Et j'avais tellement honte !

Je ne voyais plus les aspects positifs ni les leçons philosophiques de ces dépenses. Examiner mes finances, c'était comme regarder à travers une loupe ultra-grossissante qui faisait ressortir tous mes défauts : j'étais irréfléchie, idiote, vaniteuse, négligente, je me berçais d'illusions. Je me comportais en sale gosse pourrie-gâtée.

Je me suis regardée dans le miroir de la salle de bains, je me suis assise sur les toilettes pour pleurer, puis j'ai fait couler un bain. J'ai versé dans l'eau quelques gouttes de l'huile que j'avais offerte à ma mère pour Noël – Pomegranate Noir, de Jo Malone, 40 £ – et je me suis remise à pleurer. Ce bain me coûtait probablement 5 £.

Lundi 17. Comme la veille, trombes d'eau audehors, et des larmes au-dedans. Je n'avais qu'une envie : réenfouir la tête dans le sable. Mais je ne pouvais pas le faire – je devais mener cette entreprise à bien. Arracher le sparadrap d'un coup sec.

Kate nous suggère d'étudier attentivement nos

relevés bancaires pour trouver la source de ce qu'elle appelle les « fuites d'énergie financière » – soit les dépenses qui minent notre confort plutôt que de l'améliorer. L'objectif, c'est de réduire la déperdition.

En épluchant mes relevés, il apparaissait clairement que j'aurais pu me dispenser d'avoir une cuisine. Voire une bouilloire. Environ la moitié de mes dépenses avaient été réalisées au Starbucks, au Costa, au Caffè Nero, au Strada, au Wagamama. Sans même parler des pubs…

Venaient ensuite les transactions afférentes au volet beauté. Brushings à 25 £ ; manucures à 25 £ également ; 42 £ chez Boots pour Dieu seul sait quoi ; 22 £ de vitamines à la noix chez Holland & Barrett ; nettoyages de peau à 70 £ ; épilations à 60 £. J'étais un exemple typique de la génération « Parce que je le vaux bien – même si c'est au-dessus de mes moyens ». Sur le moment, je m'étais dit que toutes ces dépenses étaient des investissements : si je présentais bien, je me sentirais bien dans ma peau et du coup… Du coup quoi ? J'allais rencontrer l'homme de mes rêves ? Décrocher une promotion ?

Et je ne m'étais pas encore penchée sur le chapitre fringues. Je n'en achetais pas beaucoup, mais celles que j'achetais n'étaient jamais bon marché. Par exemple, ce pull à 150 £, que je serais trop flemmarde pour laver à la main et qui croupirait par conséquent au fond du panier à linge.

En épluchant les relevés, j'ai également découvert que ma facture de téléphone était en moyenne de 143 £ par mois. 143 livres ! Je n'aime même pas parler au téléphone !

Venaient ensuite 14 £ mensuelles pour l'abonnement d'un magazine que je ne recevais plus, deux ou trois prélèvements impossibles à identifier et qui devaient probablement délester mon compte depuis des années, et enfin de mystérieux retraits d'espèces : cent livres ici, cent autres là… Comment je les avais dépensées ? Aucune idée.

Après des années à gagner confortablement ma vie, j'avais tout cramé en talons hauts, gueules de bois et litres de café. J'étais nauséeuse, gênée, honteuse. Quelle idiote, quelle foutue idiote !

Tandis que je me livrais à cet exercice, je pensais à ma mère. Elle, elle ne claquait pas 150 £ dans des pulls en cachemire qu'elle aurait la flemme de laver à la main. Elle s'habillait chez Marks & Spencer et ça ne l'empêchait pas d'être superbe, et elle connaissait le prix de chacun de ses vêtements : « Tu aimes bien mon haut ? Pure soie. 20 £ en solde au lieu de 60. Et le pantalon ? Cent pour cent lin. 15 £ au lieu de 60 ! »

Elle ne sortait pas dépenser 2,50 £ dans un café qu'elle pouvait boire pour quelques pennies à la maison. Pour remplir le frigo, elle faisait bon usage des promotions. Elle se nourrissait probablement pendant une semaine avec ce que je dépensais pour un toast à l'avocat dans un café branché.

Ce soir-là, elle a toqué à la porte de la chambre d'amis dans laquelle je me trouvais, cernée de paperasses.

« Ça va ? Tu veux une tasse de thé ?

— Non merci.

— Comment ça se passe ?

— Pas très bien. » Ma voix s'est fêlée. J'ai commencé à pleurer. « J'ai vraiment fait n'importe quoi.

— À ce point ?

— Je te passe les détails mais, oui – à ce point.

— Tu vis depuis longtemps au-dessus de tes moyens, Marianne.

— Je sais ! me suis-je récriée.

— Tu dis toujours ça, mais tu continues.

— Je sais.

— Tu te sentiras infiniment mieux, si tu réduis tes dépenses. Maintenant, je prends plus de plaisir à économiser qu'à dépenser. La sécurité procure un sentiment agréable. Tu dois reprendre le contrôle.

— Je sais », ai-je répété mais, en fait, je n'en savais rien. L'argent ne m'avait jamais procuré un sentiment de sécurité, et je n'avais jamais appris comment contrôler quoi que ce soit.

Gemma a appelé.

« Qu'est-ce qui t'arrive ?

— Rien, ça va.

— Ça m'étonnerait. Je l'entends à ta voix. »

Je lui ai servi la version courte – sans chiffre à l'appui.

« J'ai la sensation d'être une mauvaise personne.

— Ne dis pas de bêtises. Tu es généreuse, et c'est une qualité. Mais peut-être que tu pourrais lever le pied, et laisser les additions aux autres pendant un petit moment. »

J'entendais à l'arrière-plan les pleurs de James, son bébé, et j'ai eu honte d'accaparer son temps alors qu'elle devait s'occuper d'un nouveau-né.

Pour le second soir d'affilée, j'ai pleuré jusqu'à ce que le sommeil me cueille.

Le lendemain, j'étais un peu rassérénée – le genre de sérénité qui vient quand on n'a même plus assez d'énergie pour s'autoapitoyer. Je devais m'accorder un certain crédit pour avoir affronté le monstre caché dans le grenier. L'important, maintenant, c'était de continuer sur cette lancée.

Kate dit qu'il est important d'organiser ses finances dans des boîtes de rangement résistantes.

Elle recommande d'utiliser des classeurs cartonnés rouges – d'après le feng shui, le rouge est la couleur de la prospérité – et de les étiqueter joliment avec une « étiqueteuse ». Elle suggère en outre de les décorer au pistolet à paillettes.

J'ai fait l'impasse sur les paillettes, mais j'ai acheté quatre classeurs à anneaux blanc uni – 4,50 £ pièce – chez Paperchase.

« Tu ne pouvais pas recycler de vieux classeurs ? s'est étonnée ma mère.

— Ils doivent être assortis et jolis à regarder, pour que j'aie du plaisir à m'en servir tous les jours. »

Ma mère n'a rien dit.

J'ai rangé tous mes relevés de la Barclays dans un classeur étiqueté « Barclays la Belle » et ceux de HSBC dans un autre étiqueté « HSBC la Bienheureuse ». J'ai regroupé tous les documents fiscaux dans un troisième classeur étiqueté IMPÔTS, et j'ai dessiné des cœurs autour des lettres. J'avais l'impression d'être dans un cours de dessin pour les nuls mais c'était étrangement thérapeutique.

Kate dit aussi qu'il faut prendre soin de son argent liquide : on ne doit pas fourrer négligemment des billets dans une poche, ni lâcher la petite monnaie au fond du sac, comme je l'avais toujours fait. Elle, elle classe ses billets par valeur faciale et tous dans le même sens. Je trouvais ça un peu exagéré, mais en passant en revue les fonds de poche, de tiroir et de sac, j'ai réussi à réunir 23,53 £, que j'ai soigneusement rangées dans mon portefeuille. De l'argent tombé du ciel.

En rentrant à Londres, j'étais secouée mais je me sentais plus forte. Durant tout le mois que j'avais consacré à trembler mais oser, il ne m'était jamais venu à l'esprit que l'argent était l'une de mes peurs. Je me trompais, lourdement, et tout comme le disait Susan, affronter sa peur est libérateur et cela nous donne de la force. Il fallait maintenant que je persévère dans cette voie.

Kate explique que pour garder mes finances sur les rails, je dois m'acquitter chaque matin de deux tâches : consulter en premier lieu le solde de mon compte, puis penser à trois motifs de gratitude. Selon Kate, ce sur quoi on se concentre s'accroît. Si on se concentre sur ses dettes, on va s'endetter encore plus ; si on se concentre sur tous les merveilleux bienfaits dont on jouit déjà – un chèque en route, des amis adorables, une bonne tasse de café, etc. –, d'autres suivront. Je ne comprenais pas vraiment comment ça marchait, mais j'étais prête à essayer.

Elle dit également que former des pensées aimables chaque fois qu'on regarde le solde de son compte crée une sorte de réflexe pavlovien – on associe sa banque au bonheur. Même quand votre compte à la Barclays affiche un découvert de 3 122,87 £.

Donc, de retour chez Rachel, j'ai consulté le solde de tous mes comptes – tous dans le rouge – et j'ai rendu grâce à la vie qui m'avait donné des biscuits pour accompagner ma tasse de thé et un radiateur pour me tenir chaud. C'était tout bête, et ça paraissait pourtant énorme. Je ne consultais jamais le solde de mes comptes. Jamais. Mais voir le montant me procurait un bien-être. Au moins, je savais où j'en étais.

Le lendemain, ma rédac chef m'a demandé d'écrire un papier sur un complément alimentaire à base de supervitamines que venait de lancer Elle Macpherson. Ce cocktail de quarante-cinq ingrédients vendu 100 £ était conçu pour « faciliter l'assimilation des nutriments au niveau cellulaire et optimiser le fonctionnement de onze systèmes du corps ». Achetez-le, et vous ressemblerez vous aussi à un top model. L'ancienne Marianne en aurait acheté deux flacons. La nouvelle était juste reconnaissante de gagner de l'argent en écrivant à leur sujet.

Le 22 février, j'ai fait une méga-sortie de route. C'était l'anniversaire de Sarah, et après toute cette bonne conduite, je me disais que je n'avais pas volé une soirée en ville. Le seul hic, c'est que la soirée s'est transformée en dix-huit heures de folie dépensière.

La petite bande s'est retrouvée pour un brunch à

King's Cross. L'addition pour le café, les œufs et les bulles ? 22 £ 50. En sortant, Sarah a tenu à faire un tour dans Oxford Street pour s'acheter une tenue en vue de la soirée. Elle a déniché chez TopShop un petit haut à 29 £ qui lui allait super bien. J'ai craqué chez Whistles sur un pull imprimé léopard qui coûtait quasi le triple. Il ne me plaisait même pas tant que ça, mais je me sentais vieillotte dans mon pull gris tout bête. Je voyais bien par quels arguments habiles mon esprit justifiait cette dépense. *C'est important d'avoir fière allure. On ne sait jamais qui on va rencontrer. Et puis c'est l'anniversaire de Sarah – c'est sympa de tout faire pour qu'elle passe une bonne journée –, ne sois pas rabat-joie.*

La culpabilité m'a instantanément assaillie, mais je l'ai noyée dans le vin rouge quand nous avons déjeuné chez Cote en milieu d'après-midi.

« Laisse, c'est pour moi », a dit Sarah quand l'addition est arrivée.

J'ai refusé : « Non, je m'en occupe. C'est ton anniversaire.

— Certes, mais tu es fauchée en ce moment.

— Non. J'ai du fric qui arrive, ai-je menti. S'il te plaît, j'insiste. » Mais en tendant ma carte pour régler la note de cinquante livres, j'ai eu peur qu'elle soit refusée.

Pourquoi faisais-je ça ? Pourquoi insistais-je toujours pour payer ? Kate dit que si on veut avoir de l'argent, on doit apprendre à recevoir autant qu'à donner. Par exemple, si on balaie les compliments, ou si on refuse de se laisser inviter à dîner par une amie, on « bloque le flux de l'abondance ». Ce genre de langage me hérissait le poil, mais peut-être y avait-il du vrai. Je refusais toujours les compliments et j'insistais systématiquement pour payer.

Ensuite, on s'est offert une manucure (25 £) puis on est rentrées se changer, avant de filer retrouver la bande au Shoreditch House.

Je déteste ce bar. C'est un endroit snob et prétentieux, une sorte de club dont il faut être membre et où tout est conçu pour vous donner un sentiment d'infériorité. Sentiment qui ne peut être soulagé que a) en se conduisant à son tour comme une conne snobinarde ou b) en faisant chauffer la carte bleue. J'ai choisi cette dernière option. Le lendemain, les reçus dans ma poche montraient que j'avais claqué 79,85 £ pour quatre espresso martinis et une bouteille de prosecco – que je me souvenais à peine avoir commandés. Ce dont je me souviens, en revanche, c'est de m'être sentie grosse et hideuse dans mon pull imprimé léopard débile, et d'avoir éprouvé des bouffées de haine à l'égard de tous les clients. Je me souviens d'avoir pensé, « Rentre à la maison, maintenant, arrête les frais, et file », mais je ne l'ai pas fait. Je me suis acharnée à investir en pure perte, dans l'espoir que la soirée soit un succès. Après quoi j'ai déboursé 25 £ pour rentrer en taxi. Total des dépenses en vingt-quatre heures : 246,35 £.

Je me dégoûtais.

Dans mon ancienne vie, jamais je n'aurais fait ce total, et j'aurais ignoré jusqu'à la fin des temps ce que pouvait me coûter un samedi entre copines. J'ai pensé à toutes les fois où j'avais dépensé de l'argent pour des vêtements qui ne me plaisaient qu'à moitié, juste pour essayer et me sentir bien. À toutes les soirées où j'avais essayé d'acheter de l'amusement dans des bars prétentieux qui me donnaient la sensation d'être une moins que rien.

J'ai passé mon dimanche à regarder des gens montrer le pire d'eux-mêmes dans *House of Cards*. C'était un peu comme au Shoreditch House, mais avec moins d'espresso martinis.

« Que se passe-t-il ? Ça va ? » Rachel semblait paniquée.

« Oui, ça va. Pourquoi ? ai-je répondu sèchement.

— Pour rien. » Elle contemplait le chaos à l'intérieur de ma chambre depuis le seuil. Des tas de vêtements. Des chaussures qui dépassaient de sacs du supermarché. « Tu es debout depuis quelle heure ?

— Je ne sais pas. Un petit moment. »

Je m'étais levée à 6 heures, un lundi matin, investie d'une mission : faire pénitence pour mes péchés financiers. J'allais commencer par laver à la main chacun des vêtements en train de croupir dans le panier à linge, puis je m'attaquerais à un rangement par le vide de mon dressing. Kate dit qu'il faut impérativement revendre les vêtements qu'on ne met jamais parce que, en plus de générer une rentrée d'argent liquide, c'est également feng shui – le désordre, c'est mauvais, il bloque notre capacité à obtenir de nouvelles choses.

J'ai donc empilé mes vieux vêtements jamais portés sur le lit.

Quand je dis vieux, ce n'est pas l'exacte vérité. Il y avait dans le lot des robes auxquelles pendait encore l'étiquette du magasin, achetées pour des occasions spéciales et reléguées sans avoir été portées. Il y avait deux jeans TopShop trop petits (j'avais pris la taille en dessous de la mienne dans l'espoir qu'ils m'amincissent) et une paire de sandales à talons Marni, dénichées dans une braderie, qui étaient trop grandes et que je déchaussais à chaque pas.

J'en aurais probablement tiré un meilleur prix sur eBay, je le savais, mais, par paresse, j'ai apporté le tout dans un dépôt-vente du quartier, avec la quasi-certitude que les vendeuses allaient sauter de joie à la vue de ma panoplie. Je les voyais déjà émerveillées de mon bon goût et incrédules à l'idée que je veuille me débarrasser d'aussi belles pièces.

Ça ne s'est pas du tout passé comme ça.

« On ne prend pas de TopShop », a dit la vendeuse aux cheveux peroxydés et lissés en sortant les jeans du sac Ikea.

Elle a tiré sur la taille d'une robe à pois L.K. Bennett. « Il y a un point qui a lâché, ici. Et là, il y a une tache », a-t-elle ajouté en désignant une trace quasi invisible de fond de teint sur l'encolure d'une autre robe.

Ensuite, elle a déplié une robe longue en soie verte, que j'avais portée pour les IFTA, l'équivalent irlandais des Oscars. Elle m'avait coûté 700 £ et c'était le vêtement le plus cher que j'avais acheté à ce jour.

« Ce n'est pas la bonne saison pour les vêtements de soirée, a-t-elle tranché en l'écartant. Rapportez-la nous en novembre, si vous voulez. Ça, en revanche, on peut le prendre », a-t-elle enchaîné en montrant du doigt la robe couleur pêche que j'avais achetée pour un mariage, et les sandales Marni trop grandes.

Ça montre que tu as un goût de merde, avais-je envie de hurler. Cette robe est hideuse ! Je ne l'avais achetée que par désespoir.

« On va mettre les chaussures à 50 £ et voir ce que ça donne. Pareil pour la robe. Les articles resteront cinq semaines en rayon. S'ils ne sont pas partis au bout d'un mois, on les solde, et s'ils ne trouvent toujours pas preneur, on les donne aux bonnes œuvres. Nous prenons cinquante pour cent de commission. »

En résumé, ma belle vie d'antan valait cent livres dans le meilleur des cas.

J'ai remballé les vêtements mis au ban et j'ai quitté la boutique, le feu aux joues.

Le temps d'arriver à la maison, je fulminais.

« Quelle sale conne coincée !

— Tu parles de qui ? a voulu savoir Rachel.

— La nana de ce dépôt-vente. Elle a snobé tous mes vêtements.

— Mets-les sur eBay, ou accompagne-moi à un vide-dressing. Ça sera plus avantageux pour toi.

— Ce n'est pas la question !

— Et c'est quoi, alors ? Pourquoi laisses-tu une bonne femme que tu ne connais pas t'énerver autant ? »

Le problème, ce n'était pas la femme du dépôt-vente, mais moi.

Déjà que la démarche de revendre mes vêtements me semblait indigne de moi, les voir ainsi méprisés ajoutait l'insulte à l'injure.

Je me sentais avilie, gênée, déchue du statut auquel

j'étais habituée en tant que cliente, et dont j'ignorais jusque-là à quel point je l'appréciais. Quand j'entrais dans une boutique et que j'achetais un pull en cachemire, la vendeuse l'emballait avec soin. Quand il pleuvait, au lieu de poireauter à l'arrêt du bus, je hélais un taxi. Quand je déjeunais dehors, plutôt que d'acheter des plats cuisinés au supermarché.

Je n'aimais pas ce que ces sentiments disaient de moi.

« J'ai vraiment fait n'importe quoi… ai-je lâché.

— Comment ça ? » a demandé Rachel.

C'est ainsi que, pour la toute première fois, j'ai avoué mon vilain petit secret : j'ai raconté à Rachel que j'étais criblée de dettes, que j'avais fait n'importe quoi, que mes parents étaient pleins aux as quand j'étais gamine, et qu'ils avaient tout perdu. Rachel m'a préparé une tasse de thé et m'a serré la main.

« Mais maintenant que tu connais la situation, tu peux y remédier, n'est-ce pas ? »

J'ai hoché la tête.

Rachel avait raison. Je pouvais y remédier. Les choses allaient changer. À compter de maintenant.

Et pour marquer la fin de ce mois consacré à mes finances, j'ai fêté, comme le préconise Kate, mon Jour de Libération.

Kate souligne l'importance de prendre un moment, chaque semaine, pour suivre le flux des dépenses et des recettes – et ce moment n'en sera que plus agréable si on met de la musique qu'on aime, si on enfile un beau vêtement, si on allume une bougie…

Cela devient un rituel, une sorte de manifestation d'amour pour l'argent. Elle a même une playlist pour cette occasion sur Spotify – avec beaucoup de morceaux de country, ce que je trouvais incompréhensible. Les paroles du répertoire country exsudent une tristesse qui me donne envie d'aller faire du shopping. Mais bon, je pourrais dire ça de beaucoup de choses.

J'ai opté pour « Gold Digger » de Kanye West.

Je n'ai pas allumé de bougie : après des années à – littéralement – faire partir l'argent en fumée avec des bougies hors de prix, j'avais décidé de me sevrer d'un coup. En outre, comme je ne voulais pas non plus allumer le chauffage (économies sur tous les fronts, tel était mon nouveau mot d'ordre), j'ai aussi fait l'impasse sur la petite robe noire – et enfilé deux pulls l'un sur l'autre.

En premier lieu, il me fallait éplucher, comme les désigne Kate, mes « factures pour des bienfaits déjà reçus ». Plutôt que de ne voir là que de l'argent qui sort, dit-elle, on devrait se féliciter des avantages dont on a joui en échange de cet argent, et éprouver de la gratitude. Donc j'ai contemplé le montant (astronomique) de ma dernière facture de téléphone, en la remerciant pour toutes les charmantes conversations que j'avais eues avec mes merveilleuses amies.

Ma plus sincère gratitude et mon amour le plus profond, je les ai réservés à Netflix qui, pour la modique somme de 5,99 £ par mois, m'offrait d'innombrables heures de divertissement (bien plus nombreuses que je ne souhaitais l'admettre) et se montrait de surcroît un fidèle compagnon de soirée. Je sentais qu'entre Netflix et moi, c'était un amour parti pour durer.

Ensuite, j'ai fait le compte de ce que j'avais gagné. Ce volet-là était vite vu : j'avais écrit un article ce mois-là – contre, en général, deux par semaine. Le développement personnel me prenait trop de temps.

Enfin, j'ai fait quelques corvées d'intendance générale. J'ai résilié l'abonnement à *Vogue* souscrit trois ans plus tôt et que je continuais de payer chaque mois alors que le magazine m'était expédié à une adresse où je n'habitais plus depuis deux ans. Au lieu de me flageller trop durement, j'ai laissé couler et appelé *The Times*, à qui je lâchais 17,99 £ par mois pour, visiblement, le package de luxe : version imprimée/version numérique. À quoi bon ? Je n'avais pas d'iPad.

J'ai appelé dans la foulée mon opérateur téléphonique pour demander pourquoi mes factures étaient aussi élevées. J'ai découvert que, chaque fois que j'appelais Gemma à Dublin pour discuter de sujets majeurs – savoir, par exemple, si elle avait regardé *X Factor* –, la conversation me coûtait dans les 20 £. Or, il existait une option à 5 livres avec appels illimités vers l'Irlande.

« Pourquoi ne l'avez-vous pas remarqué plus tôt ? s'est étonné mon interlocuteur.

— Parce que je suis idiote.

— Je suis comme vous : ça entre dans une poche, ça sort de l'autre. »

Tandis que The Notorious B.I.G. commençait à marteler « Mo Money, Mo Problems » sur ma playlist, j'ai soudain songé que nous étions drôlement nombreux à avoir des problèmes avec l'argent que nous passions sous silence.

Ce soir-là Rachel avait invité des amies à dîner.

L'une d'elles m'a raconté qu'elle avait contracté 40 000 £ de dettes sur sa carte de crédit entre trente et quarante ans.

Elle avait rompu avec l'homme qu'elle pensait épouser et s'était laissé entraîner dans une spirale. « J'étais cloîtrée chez moi, je me faisais livrer à manger, je buvais du vin et j'achetais des fringues en ligne. La moitié du temps, je n'ouvrais même pas les colis ; quand ils arrivaient, je les fourrais au fond de l'armoire. »

Et c'est là le truc. Kate dit que chaque fois que nos finances échappent à notre contrôle, et en dépit parfois des apparences, on ne s'amuse pas, loin de là : on s'autodétruit. Cette autodestruction peut nous être soufflée par différents démons mais, dans sa vision du monde, tout nous ramène toujours au même et unique problème : on ne s'aime pas assez.

J'avais vraiment du mal à adhérer à cette injonction un peu trop abstraite du « Aime-toi toi-même », mais il y avait là-dedans une certaine vérité. En ce qui concernait l'argent, j'avais grandi en prenant de très mauvaises habitudes, qui ne m'avaient jamais plus quittée. Cependant, mes sœurs n'étant pas dans le même désarroi financier, il y avait forcément une autre explication. Et aussi cliché que ça puisse paraître, je pense qu'elle se résumait à ça : je ne me sentais jamais à la hauteur.

Je ne me sentais jamais assez jolie, donc je dépensais de l'argent en vêtements. En dépit de toutes les promotions, je ne me sentais jamais à la hauteur dans mon boulot, donc je gaspillais l'argent que je gagnais au lieu d'en tirer fierté. Je ne voyais vraiment pas pourquoi les gens m'appréciaient, donc j'essayais de les couvrir de cadeaux. Quand je ne savais pas quoi faire d'autre, je sortais dépenser de l'argent, dans l'espoir de trouver le bonheur. Pour ne trouver, à l'arrivée, qu'un découvert encore plus profond. Mes dettes devenaient alors une bonne raison d'en rajouter dans l'autoflagellation et la haine de soi – et la spirale continuait.

Kate dit que les soucis d'argent nous empêchent d'être entièrement présents dans d'autres domaines de notre vie. Se réveiller à 2 heures du matin en pensant à notre découvert (ce qui était mon cas) tuera notre créativité, ou minera notre efficacité au travail. À cause de ces tracasseries qui nous rongent l'esprit en sourdine, on ne peut rien apprécier correctement. C'est archivrai. Je pensais que se tracasser pour l'argent était la norme. Je n'avais pas conscience du fait qu'il existait une alternative.

Or il y en avait une. Et le livre de Kate m'a aidée à la voir. Il m'a également fait comprendre que régler mes problèmes d'argent ne serait pas l'affaire de quinze jours, loin de là : la tâche nécessiterait, commençais-je à suspecter, des années.

Une part de moi se demandait si je ne devrais pas continuer de suivre à la lettre les enseignements de ce livre pendant un mois supplémentaire, juste pour aller au fond de tout ce que j'avais appris. En y consacrant le mois de mars, je pourrais même finir par maîtriser le sujet. J'allais vendre ce truc sur eBay, peut-être même faire un budget…

3

Le Secret
de Rhonda Byrne

« Vous pouvez avoir tout ce dont vous rêvez. »

Sauf que je n'ai rien fait de tout ça. Je n'ai pas mis mes fringues en vente sur eBay, ni établi de budget. À la place, je me suis jetée sur un bouquin qui me disait que, loin de devoir vendre mes robes, j'avais besoin d'en acheter de nouvelles. Qui suggérait que seuls les perdants pleurent en ouvrant leurs relevés bancaires, et que les gagnants, eux, se rédigent à eux-mêmes des chèques factices et imaginent que l'argent arrive par la voie des airs jusque dans leur boîte aux lettres. Un bouquin qui affirmait que je pouvais avoir tout ce que je voulais, et même plus, sans lever le petit doigt.

Ce livre soutient qu'il existe un Grand Secret, que se sont transmis les plus brillants esprits de l'histoire de l'humanité – Platon, Léonard de Vinci, Einstein… et Rhonda Byrne – une productrice australienne d'émissions télé pour femmes au foyer. Quel est donc ce secret ?

On peut avoir tout ce qu'on veut dans la vie, il suffit d'y croire.

L'homme de vos rêves, la maison de vos rêves, le boulot de vos rêves, des millions… tout cela sera à vous, pour peu que vous adoptiez une pensée positive. Nul besoin de travailler ou d'étudier, à vrai dire nul besoin de faire quoi que ce soit – il suffit de souhaiter ce qu'on désire.

Je sais, c'est merveilleux, n'est-ce pas ? À quoi bon se compliquer et s'empoisonner la vie ?

Et au cas où vous seriez sceptique (ou cynique !), d'après *Le Secret*, tout se résume à ce que l'auteure appelle la « loi de l'attraction », en vertu de laquelle « les pensées se concrétisent ». Donc, si vous pensez à l'argent, il va en pleuvoir des tonnes. Pensez aux dettes, et c'est elles qui s'accumuleront.

« Les pensées sont magnétiques, et elles ont une fréquence, affirme Byrne. Lorsque vous pensez, vous envoyez un signal dans l'univers, qui va attirer comme un aimant des pensées jumelles se trouvant sur la même fréquence. »

Hm hm.

J'ai eu une coloc qui était obsédée par *Le Secret*. Elle s'endormait devant le DVD (à l'origine, *Le Secret* était un film) et elle a distribué des exemplaires du livre à toutes ses amies, moi incluse. Je n'avais jamais dépassé les premières pages ; j'avais des objections d'ordre esthétique. Le bouquin était imprimé sur du papier brun, je trouve ça vilain, on aurait dit que quelqu'un l'avait noyé dans son café, et je détestais la police tarabiscotée qui cherchait à donner au texte un air ancien et savant, mais n'arrivait qu'à le faire paraître ringard et nul.

Et même si je ne l'avais pas acheté, ça m'agaçait sincèrement que ce petit livre moche ait coûté 14,50 £. Rhonda Byrne avait à l'évidence découvert le secret pour devenir riche, puisque ce best-seller, qui s'est paraît-il vendu à 19 millions d'exemplaires de par le monde, a rapporté 300 millions de dollars et qu'il a fait des petits : *Le Pouvoir* et *La Magie*. Détail qui soulève une question : si *Le Secret* apporte une réponse à tous les mystères de notre époque, pourquoi diable aurait-on besoin d'acheter les deux suivants ?

Je n'étais pas la seule à développer une réaction allergique aux écrits de cette auteure. Certains se sont inquiétés du message matérialiste qu'ils véhiculent – vu que le bonheur s'y jauge systématiquement en argent et en voitures. D'autres ont critiqué avec plus de virulence l'idée que, selon la loi de l'attraction, on est seul responsable de tous nos malheurs.

Ensuite, Byrne s'est brouillée avec deux de ses principaux contributeurs, Esther et Jerry Hicks, et en 2011 un des soi-disant experts cités dans le livre, James Arthur Ray, a été inculpé d'« homicide par négligence » après que trois personnes eurent trouvé la mort dans le sauna d'une de ses résidences.

Ce livre était un dangereux ramassis de sottises – le pire du pire du développement personnel.

Alors, pourquoi le lisais-je ?

À cause des réactions de mon entourage depuis que je m'étais lancée dans ce projet : soit les gens me regardaient d'un air interloqué, soit leurs yeux se mettaient à briller et ils me demandaient si j'avais lu *Le Secret* – avant de me raconter comment ce livre avait changé leur vie.

Une de mes amies pensait que c'était grâce à lui qu'elle était tombée enceinte. Elle essayait en vain de procréer depuis cinq ans. Ils allaient entamer leur troisième et ultime FIV quand sa mère lui avait offert le livre. Et neuf mois plus tard, elle avait eu des jumeaux.

« Quelque chose s'est enclenché, avait-elle dit. J'avais la conviction absolue que ça allait arriver, et c'est arrivé. »

Une autre amie jurait sur sa tête que l'appartement dans lequel elle habitait maintenant était, au centimètre carré près, celui qu'elle avait visualisé cinq ans plus tôt : « Je dessinais souvent les plans de mon appartement idéal – la taille du salon que j'aimerais avoir, la chambre avec une fenêtre donnant sur un jardin… Tout ça, c'est grâce au *Secret* – sans l'ombre d'un doute. »

Une ancienne collègue, célibataire depuis des années, croyait dur comme fer devoir une demande en mariage à ce livre. Un 31 décembre où elle était seule chez elle, elle avait lu *Le Secret*, qu'elle avait reçu pour Noël, et elle avait couché par écrit la liste de tout ce qu'elle voulait dans la vie, avec au premier chef « me fiancer avant la fin de l'année ». Elle n'avait pas eu à attendre jusque-là. Elle avait rencontré quelqu'un le week-end suivant, et cet homme lui avait fait sa demande deux mois plus tard. Malheureusement, la belle histoire avait tourné court. « La prochaine fois, je préciserai quel genre d'homme je veux – et ça exclut les alcooliques torturés. »

Quand j'entendais ces témoignages, je me moquais. Il existait toujours une explication plus réaliste. Selon moi, Jo était tombée enceinte parce qu'elle était plus détendue et que, par conséquent, tout marchait mieux. Ou peut-être tout simplement son heure était-elle venue. Si Lucy avait trouvé cet appartement, ce n'était pas par la grâce des pouvoirs de l'univers mais parce que sa grand-mère était morte, et qu'elle avait hérité d'une somme suffisante pour payer la caution. Quant à Sam, elle avait rencontré quelqu'un parce qu'elle avait cherché.

Cela dit, croyez-le ou pas, voilà plus d'un siècle que l'idée de la loi de l'attraction est dans l'air – on la trouve aussi bien dans *La Science de l'enrichissement*[1], un ouvrage écrit par Wallace Wattles en 1911, que dans *Réfléchissez et devenez riche*[2], de Napoleon Hill et *La Puissance de la pensée positive*[3] de Norman Vincent Peal, publiés dans les années 1950.

Et elle aurait même des fondements scientifiques, d'après Byrne : la loi de l'attraction, affirme-t-elle, est « une loi de la nature » et elle est étayée par la physique quantique.

« Les découvertes de la physique quantique et des sciences nouvelles sont en totale harmonie avec les enseignements du *Secret*, explique-t-elle. Moi qui n'ai jamais étudié les sciences ou la physique à l'école,

---

1. Wallace Wattles, *La Science de l'enrichissement,* Dauphin blanc, 2006.

2. Napoleon Hill, *Réfléchissez et devenez riche*, J'ai lu, 2011.

3. Norman Vincent Peal, *La Puissance de la pensée positive,* Marabout, 2013.

lorsque j'ai lu des ouvrages complexes traitant de physique quantique, je les ai parfaitement compris… » Moi non plus je n'ai pas étudié la physique à l'école, Rhonda, alors je te crois sur parole.

Mais aussi tiré par les cheveux que cela semblait, une minuscule part de moi ne pouvait s'empêcher de se demander… Et si je pouvais vraiment avoir tout ce je veux, n'importe quoi, juste en modifiant ma façon de penser ? Et s'il y avait bel et bien à l'œuvre des forces que je ne comprends pas ?

En dépit de mon cynisme, au tréfonds de moi-même, je voulais que Rhonda ait raison. Je voulais croire que tous mes problèmes pouvaient s'évanouir d'un claquement de doigts. Que je pouvais obtenir tout ce que je voulais, et plus encore. Je voulais croire à la magie.

J'avais également besoin de souffler un peu.

L'année avait démarré à un train d'enfer : aux sensations fortes de janvier avait succédé le mois des finances, avec son cortège de larmes et de honte. La réplique de Jack Nicholson dans *Des hommes d'honneur* tournait en boucle dans ma tête : « Tu ne peux pas supporter la vérité ! » Bien vu, colonel. Ce n'était effectivement pas pour contempler la vérité que je m'étais tournée vers le développement personnel.

Aussi, début mars, ayant le choix entre continuer à affronter la réalité de mes finances, ou remettre la tête dans le sable… j'ai choisi le sable. Des tonnes de sable.

Et j'ai rouvert mon vieil exemplaire du *Secret*.

J'ai lu un jour un article qui soutenait que tout ouvrage de développement personnel promet de nous révéler – au choix – comment s'envoyer en l'air plus souvent, comment devenir riche ou comment perdre dix kilos. Celui qui combine les trois promesses est un best-seller garanti. J'en veux pour preuve *Le Secret*.

La recette de base du livre se résume à : « Demandez, croyez et recevez. »

En premier lieu, on devrait toujours « demander » ce que l'on veut. Ensuite, on doit absolument « croire » que l'objet de notre demande est d'ores et déjà en route et… Ta-dam ! Sans même avoir le temps de se morfondre, on « reçoit » des hommes et de l'argent comme s'il en pleuvait, et un corps de top model.

Mon ambition pour mars était très simple : l'heure était venue pour moi de devenir affreusement riche. Apparemment, rien de plus facile.

Le livre raconte l'histoire d'un type qui avait l'habitude de recevoir de nombreuses factures par la poste, jusqu'au jour où il a décidé d'imaginer que le facteur déposait dans sa boîte aux lettres non pas des factures, mais des chèques. Eh bien devinez quoi ? En l'espace d'un mois, les chèques ont afflué.

Donc le lundi 10 mars, au lieu d'écrire un article sur les pouvoirs magiques des baies de goji, j'ai fermé les yeux et je me suis efforcée d'imaginer qu'en lieu et place des factures et des menus de pizzerias, des chèques volaient jusqu'à ma porte, atterrissaient sur le paillasson. Je les voyais dégringoler comme les pièces dans le bac d'une machine à sous. Il y en avait tellement qu'ils formaient une petite montagne en papier.

C'était ridicule, certes, mais néanmoins sympa : qui n'aime pas rêver éveillé qu'il devient riche ?

Ensuite, sur le site Internet du *Secret,* j'ai téléchargé un chèque en blanc de « l'univers ». Il suffit d'inscrire le montant désiré, et celui-ci viendra à vous par magie dans la vraie vie.

Pendant que le chèque s'extrayait à une allure d'escargot de l'imprimante, j'ai hésité : combien allais-je demander ? D'après le livre, « demander un million de dollars n'est pas plus compliqué qu'en demander un seul ». Je ne voulais pas que l'univers me juge avide, mais je répugnais tout autant à laisser passer ma chance. Je me suis donc décidée pour 100 000 livres – montant qui m'a aussitôt effrayée. *Tu te prends pour qui ?* et autres pensées du même tonneau m'ont traversé l'esprit, mais j'ai inscrit les six chiffres et libellé le chèque à mon nom. Puis je l'ai contemplé et, l'espace une seconde, j'ai palpité d'excitation. *Imagine que ça marche…*

Rhonda dit que je dois y croire mordicus et me sentir dès à présent en possession de ce magot.

Elle conseille aussi, pendant les trente jours suivants, de regarder tout ce qui nous fait envie en disant : « C'est dans mes moyens ! Je peux me le payer ! » Je suis allée faire un tour sur le site Net à porter. Saviez-vous qu'une paire de jeans peut coûter 300 £ ? Moi non plus. Mais si j'en crois *Le Secret*, c'était « dans mes moyens » ! Je me suis donc visualisée en jean taille haute Victoria Beckham et blouse fleurie, et, tant qu'à s'amuser, mince comme une brindille dans ce pantalon hors de prix.

Visualiser est important car, ce faisant, « on émet une

fréquence puissante. La loi de l'attraction s'emparera de ce signal puissant et vous renverra ces images exactement comme vous les avez vues dans votre esprit. »

Et pour m'assurer que l'univers reçoive le message cinq sur cinq, *Le Secret* me suggérait également de falsifier mes relevés bancaires afin que le solde corresponde à la somme que je désirais avoir, plutôt qu'à celle dont je disposais en réalité. J'ai sorti un relevé faisant apparaître que j'étais dans le rouge de 1 238,00 £. J'ai transformé le moins en plus, passé du Tipp-Ex sur la virgule, et le tour était joué : +123 800 £!

À la fin de la journée, je n'avais toujours pas terminé d'écrire cet article qui aurait pu me faire gagner de l'argent réel, mais j'avais choisi ma garde-robe de rêve pour ma vie rêvée. Et au cas où, pour ne pas risquer d'affaiblir la puissance de mon signal, je me suis bien gardée de vérifier quel était le vrai solde de mon compte.

Il s'était écoulé à peine une semaine depuis la confrontation avec la réalité de mes finances et déjà je m'en retournais aux pays des rêves.

Comme si elle avait senti que je me trouvais sur une pente glissante, ma mère a appelé.

« Je viens de me faire un chèque de 100 000 £, lui ai-je annoncé.

— Quoi ?

— Mon livre du mois dit qu'on doit se rédiger un faux chèque et imaginer qu'on va le recevoir – et si on y croit assez fort, l'argent apparaîtra.

— Pour l'amour de Dieu !

— Je sais, c'est idiot.

— Alors, comme ça, nous avons tous un bon génie dans une lampe ?

— Oui ! D'ailleurs, *Le Secret* dit que dans l'histoire originale, Aladin n'a pas eu droit à trois vœux, mais à une quantité illimitée.

— Très bien. Et quand vas-tu recevoir cet argent ?

— Rhonda dit que nos rêves ne se réalisent que si on y croit sincèrement – et s'ils ne se réalisent pas, c'est qu'on n'y a pas cru assez fort.

— C'est pratique, a raillé ma mère.

— Elle dit aussi que "le temps n'est qu'une illusion".

— Ça ne m'étonne pas. »

Silence sur la ligne.

« Marianne – tu n'y crois pas vraiment, n'est-ce pas ?

— Non, pas vraiment, mais des tas de gens ne jurent que par ce livre. Et peut-être est-ce bien de penser positivement, au lieu de toujours imaginer le pire. Qui sait ? Peut-être vais-je écrire un best-seller, gagner des millions et partir vivre à L.A. dans un bungalow sur la plage ? Là, tu aurais envie de venir me voir, n'est-ce pas ?

— Il n'y a pas des tremblements de terre, à L.A. ?

— Je ne sais pas.

— Bon, au moins, quand tes chevilles seront à l'étroit dans tes bottes, tu pourras t'en acheter une nouvelle paire… Tu pourrais aussi fêter ça en t'offrant une retouche des racines. Ou en te faisant redresser les dents. »

Je ne sais pas si le cynisme de ma mère valait mieux que la pensée magique du *Secret*. Je savais en revanche lequel était le plus drôle.

Ce soir-là, je me suis endormie devant une vidéo YouTube – une interview du jeune Jim Carrey par

Oprah. Il racontait que, du temps où il n'était encore qu'un acteur débutant et fauché, il s'était rédigé un faux chèque de dix millions de dollars. Il l'avait rangé dans son portefeuille et, quelques années plus tard, il avait bel et bien été payé dix millions pour *Dumb and Dumber*.... Je sais que ça va paraître dingue mais, en regardant cette vidéo, je me disais : « Pourquoi ça ne pourrait pas m'arriver ? Nous arriver à tous ? Après tout, qu'est-ce qui différencie les gens qui réussissent, sinon qu'ils ont cru pouvoir faire mieux ? » Quelle est la phrase de Henry Ford, déjà ? Quelque chose comme : « Que vous pensiez pouvoir ou ne pas pouvoir, vous avez probablement raison. »

J'ai songé combien ce serait agréable de n'avoir plus de dettes mais 100 000 £ sur mon compte en banque, d'être propriétaire de mon appartement et de me sentir en sécurité. Je pourrais sauter dans un avion pour aller où bon me semble – rendre visite à ma sœur à New York, ou à mon amie en Espagne... Je serais une personne riche vraiment chouette. Je ferais des dons aux bonnes œuvres et resterais très terre à terre malgré mon immense fortune...

Quand j'étais à l'école, notre prof de gym avait un vieux coupé Mercedes bleu. J'adorais cette voiture et j'avais toujours rêvé de posséder la même. D'après *Le Secret*, quand on connaît la voiture de nos rêves, il faut absolument s'offrir un tour d'essai – cela nous aidera à croire qu'elle est déjà à nous. Après avoir écouté Jim Carrey, j'étais toute disposée à croire qu'en tous les cas ça ne coûtait rien d'essayer.

J'en ai déniché une en vente dans un garage d'East Finchley et j'ai proposé à Sarah de m'accompagner. Nous nous sommes donné rendez-vous au métro.

« J'ai l'impression que je ne t'ai pas vue depuis une éternité, a-t-elle dit.

— Je sais, désolée, j'étais débordée.

— Comment ça se passe ? Tu as la sensation d'avoir fait peau neuve et d'être mieux qu'avant ?

— Je ne sais pas. En janvier, je me suis fait une peur bleue, et en février, j'ai pleuré sur mes relevés bancaires – mais ça faisait du bien. Plus intense que je ne m'y attendais, mais assurément pas ennuyeux.

— Alors, que dit *Le Secret* ?

— Que dans la vie, on peut avoir tout ce qu'on veut, il suffit d'y croire.

— Selon moi, c'est vrai.

— Sincèrement ? » J'étais ravie de l'entendre, et il me tardait d'en avoir la preuve.

« Ouais, je pense que si tu te fixes un objectif, que tu bâtis un plan et que tu travailles dur, rien n'est impossible.

— Dans le bouquin, il n'est question ni de plan ni de travail. Il est juste dit que tu dois décider de ce que tu veux, croire que tu vas l'obtenir, et l'univers te le livre. C'est magique.

— Tu n'as rien à faire du tout ?

— Bon, à un moment donné, il te faudra peut-être faire "une action inspirée", mais tu n'auras pas l'impression de travailler pour autant – ce sera jouissif. L'idée générale, c'est que ça tombe du ciel.

— Donc, si je veux une grande maison à Hampstead, il me suffit de l'imaginer ?

— Non, tu ne te contentes pas de l'imaginer, tu dois croire qu'elle est déjà à toi. Sans ça, tu peux faire une croix dessus.

— Comment je peux croire qu'une maison que je n'ai pas encore achetée m'appartient ?

— J'en sais rien, mais tu le fais. Tu dois avoir la foi.

— Et je peux aussi rester chez moi et attendre de gagner au Loto, c'est ça ?

— Oui.

— Je n'ai même pas besoin de jouer ?

— Bon, tu peux, sous le coup d'une inspiration, te faire la joie de jouer.

— Et il se passe quoi, quand je ne gagne pas ?

— Si tu ne gagnes pas, c'est que tu n'y croyais pas vraiment.

— C'est des conneries. »

J'avais beau savoir que Sarah avait raison, j'étais sur la défensive.

Elle a enchaîné : « Et que se passe-t-il quand les tuiles tombent de partout ? En Syrie, ils ont tous demandé à ce que leur pays soit ravagé par la guerre, ou bien ils n'ont pas pensé de façon assez positive ?

— C'est ce que laisse entendre le livre, ai-je concédé. Que des pensées imparfaites sont la cause de tous les maux de l'humanité, y compris la maladie, la pauvreté et le malheur.

— C'est ignoble.

— Je sais. »

Nous avons marché en silence, puis Sarah a demandé, comme l'avait fait ma mère : « Tu ne crois pas vraiment à tous ces trucs, n'est-ce pas ?

— Non. » Non, je n'y croyais pas. Pas vraiment. Juste un peu. Peut-être. Oh, je ne sais pas !

Nous sommes arrivées au garage, un temple furieusement années 80 tout de chrome, de verre et de canapés en cuir noir.

Gary, le vendeur, nous a conduits au showroom où se trouvait le coupé Mercedes bleu ciel. J'ai demandé combien il avait de miles au compteur, histoire d'être plus convaincante dans ma démarche, mais la réponse ne m'a guère éclairée – était-ce peu ? Beaucoup ? Quand Gary m'a assuré que c'était « très rare pour une voiture de cet âge », j'ai opiné, comme si j'étais à même de juger, mais je me sentais mal. Je me doutais que cet homme était payé à la commission. Je lui faisais perdre son temps.

« Malheureusement, vous ne pourrez pas l'essayer aujourd'hui, mais voulez-vous vous asseoir au volant pour vous faire une idée ? » a-t-il proposé.

Sarah et moi nous sommes installées, en essayant de rester de marbre. C'était un peu comme avoir quinze ans et réussir à se faire servir à boire au pub.

La voiture était un cocon rassurant – portières massives, sièges en cuir crème souple.

« Que c'est beau ! » s'est extasiée Sarah en caressant le tableau de bord en acajou.

J'ai posé les mains sur le volant. La sensation était agréable. Très agréable.

J'ai fait tourner le volant, comme quand j'étais môme, et je me suis reprise avant que Gary ne me surprenne.

« Alors, tu crois que cette voiture t'appartient ? a demandé Sarah.

— Bizarrement, oui. Pourquoi pas ? » Assise au

volant, j'avais bel et bien l'impression que j'étais destinée à conduire un jour cette voiture.

« En ce cas, dis-lui que tu la prends. Et demande à l'univers de sortir son chéquier », a conclu Sarah.

Je me suis fendue d'un rire sarcastique et nous sommes allées retrouver Gary.

« Je vais réfléchir, ai-je annoncé. Elle est vraiment superbe, mais je dois en voir une autre le week-end prochain. »

Je me sentais rougir.

En sortant, nous sommes allées dans un restau italien du quartier, où nous avons commandé le plat le moins cher du menu – des spaghettis à la sauce tomate.

« Je suis fauchée, a dit Sarah.

— Moi aussi, mais interdiction de le dire. Si tu dis que tu es fauchée, tu le seras encore plus. C'est la loi de l'attraction. »

Elle a levé les yeux au ciel, mais j'ai poursuivi : « Plus on est positif, plus il nous arrivera de bonnes choses. Raison pour laquelle on devrait répéter en boucle des affirmations telle que "Je suis un aimant à fric".

— Je suis un aimant à bouffe, a répliqué Sarah en mordant à pleines dents dans le pain à l'ail. Je mange tout ce qui me tombe sous les yeux. J'aimerais tellement être de ces gens qui arrêtent de manger quand ils stressent. »

Elle a commencé à me raconter qu'elle croulait sous le boulot et que sa boss venait de torpiller ses vacances.

« Elle dit n'avoir jamais reçu le mail dans lequel je demandais à poser des jours en juin, et maintenant qu'elle a pris ces jours pour elle, je ne peux plus partir.

— Elle n'a peut-être pas vu ton mail.

— Je reçois une notification quand les messages sont ouverts.

— Peut-être qu'elle l'a ouvert mais qu'elle était débordée et qu'elle a oublié de noter tes dates dans le planning ?

— Non, elle fait tout le temps ce genre de plans… »

Le Secret déconseille vivement les propos négatifs et les jérémiades. À se plaindre, on ne gagnera que d'autres motifs de plainte – c'est la loi de l'attraction. Il faut donc impérativement inverser la polarité de nos pensées, trouver tout le monde beau et gentil et déborder de gratitude tous azimuts parce que ces pensées-là créent une vibration qui attirera un surcroît de bienfaits. À force de se lamenter qu'on n'a pas assez, on envoie un signal de disette, et le sentiment de manque nous poursuivra.

De la même façon, quand vos copines commencent à se plaindre, mieux vaut changer de sujet, ou s'en aller. Or ça, c'était un problème car, depuis des années, toutes mes amitiés s'étaient cimentées sur cette base-là : se lamenter et boire. Pour une fois, cependant, je n'étais pas d'humeur aux lamentations. J'avais déjà gâché trop de temps à me plaindre de ci ou ça, à m'énerver contre telle ou tel et à remâcher ensuite mon amertume.

« Je vais retrouver Steve et ses amis à Camden. Tu veux venir ? a proposé Sarah.

— Non, merci, je pense que je vais rentrer. »

Elle a semblé froissée. En temps normal, je l'aurais suivie et je serais rentrée à 4 heures du matin, même un soir de semaine.

« Ça va ? s'est-elle inquiétée.

— Oui, très bien. »

J'ai pris le bus et je suis rentrée.

Au cours des quelques jours qui ont suivi, je me suis repassé notre conversation. Naturellement, Sarah avait raison. Tout ça n'était que des théories échevelées. Encore que… Être positif, c'était une bonne chose, non ? Et des miracles, il s'en produisait tout le temps, pas vrai ? Si autant de gens ne juraient que par ce livre, c'était bien qu'il ne racontait pas que des sornettes. Pas vrai ?

J'ai décidé d'aller plus loin en essayant de me faire un corps de top model tout en mangeant des glucides. Les gogos vont à la gym et mangent sainement, mais les initiés au *Secret* ne s'embêtent pas avec ça. D'après Rhonda, la nourriture ne fait grossir que si on pense que c'est le cas. Donc, si on veut perdre du poids – facile ! On mange des barres Mars mais on pense maigre.

Voici le plan en trois étapes que Rhonda propose pour perdre du poids :

1) On demande : visualisez-vous au poids que vous voulez atteindre. Si ce poids a déjà été le vôtre par le passé, exhumez une vieille photo et ne la quittez plus des yeux. Sinon, la photo de quelqu'un ayant votre poids de rêve fera l'affaire.
2) On y croit : croyez dur comme fer que vous avez d'ores et déjà atteint ce poids rêvé, et notez le chiffre sur un bout de papier que vous collez sur l'aiguille de la balance.
3) On reçoit : savourez votre nouveau poids ! Rhonda dit : « Pensez perfection et le poids parfait suivra. »

J'ai extrait la balance poussiéreuse du placard sous le lavabo. J'ai retiré mon jean et mes chaussures (c'était toujours ça de pris), et je me suis juchée sur le carré de plastique gris. L'aiguille a hésité, avant de se stabiliser entre 75 et 76 – soit près de quatre kilos de plus qu'à ma dernière pesée. Voilà pourquoi j'évitais de monter sur la balance – c'était déprimant. Un flot d'affreuses pensées adipeuses a commencé à m'assaillir, mais j'ai vite fermé les vannes.

Pense aux jambes d'Elle Macpherson. Imagine que tu as le derrière de Kate Moss. Le ventre plat de Heidi Klum...

Je suis allée chercher une des étiquettes blanches que j'avais utilisées pour les classeurs de relevés bancaires et je l'ai collée sur la fenêtre de la balance. Bien, combien voulais-je peser ? Douze ou treize kilos de moins, ce serait pas mal, non ? J'ai écrit « 63 » au gros feutre, puis j'ai regardé ce chiffre, non sans inquiétude – n'allais-je pas ressembler à un sac d'os ?

La porte d'entrée s'est ouverte. Rachel a lancé un « bonsoir », et je me suis empressée de ranger la balance dans le placard.

« Si on le mange en pensant maigre, on ne grossira pas, ai-je expliqué ce soir-là à mon amie – nous étions attablées devant un risotto.

— Comment ça fonctionne, exactement ?

— D'après *Le Secret*, on grossit uniquement parce qu'on pense gras – rien à voir avec les calories, la crème ni le parmesan. »

Je me suis resservie de risotto crémeux, mais Rachel a sagement décliné. Sa méthode pour garder la ligne était franchement dépassée – elle n'aurait pas fait vendre un seul livre.

« Ce livre a changé ma vie. »

J'ai levé la tête, et en voyant ces dents blanches et régulières, ces cheveux châtains lisses et brillants, j'ai immédiatement su que cette femme et moi ne serions jamais amies.

J'étais au Bread and Beans en train de travailler (en vrai, de consulter Facebook) et *Le Secret* était posé sur la table.

« Une amie me l'a offert l'an dernier, quand j'ai rompu avec un sale con. J'ai écrit la liste de tout ce que je voulais chez un homme, puis je l'ai oubliée dans un tiroir, jusqu'à ce que je déménage. Le type avec lequel je sors en ce moment coche toutes les cases de la liste, sauf une – il ne fait pas de plongée ! Mais il peut encore apprendre. »

Pourquoi tout le monde avait-il une anecdote de ce genre à raconter ?

« Vous êtes célibataire ? a poursuivi la femme, au mépris manifeste des règles de savoir-vivre britanniques qui interdisent d'adresser la parole aux inconnus.

— Oui.

— Et vous avez fait le portrait-robot du petit ami idéal ?

— Non, mais je viens de passer deux jours à faire de la place dans mon placard, et je veille à dormir d'un seul côté du lit. »

Le Secret évoque le cas d'une femme qui, comme

moi, était abonnée au célibat. Cette femme avait longuement visualisé les qualités attendues de son partenaire idéal, mais celui-ci se faisait attendre. Un jour, en rentrant chez elle, elle a compris pourquoi elle était toujours célibataire : elle garait sa voiture au milieu du garage.

« Elle s'est aperçue que ses actions contredisaient ses attentes. En garant sa voiture au milieu du garage, elle ne ménageait pas de place pour celle de son partenaire idéal ! » explique Rhonda.

Cette femme a donc déplacé la voiture, mais elle a également fait de la place dans sa penderie pour les vêtements de son « partenaire idéal », et dans le même ordre d'idée elle a arrêté de dormir en travers du lit. Après quoi, elle a rencontré l'homme de ses rêves, et ils vécurent heureux jusqu'à la fin des temps.

La femme aux cheveux brillants a souri. « Oh, moi, je ne me suis pas donné tout ce mal. J'ai juste dressé la liste de tout ce que je voulais – quel genre d'homme, de maison, de boulot, quels voyages… puis j'ai fait un tableau de visualisation sur lequel j'ai épinglé des photos de tout ce que je voulais attirer. Avez-vous fait un tableau de visualisation ?

— Non.

— Vous devriez.

— Vous croyez vraiment que ça marche, ce genre de truc ?

— Je *sais* que ça marche, mais il faut y croire.

— D'accord, mais… comment s'oblige-t-on à croire en quelque chose en quoi on ne croit pas ?

— Faites semblant, jusqu'à y croire sincèrement. »

Ce week-end-là, j'ai donc entrepris de créer un tableau de visualisation, qui consiste en un grand panneau d'affichage sur lequel on épingle des images ou des mots dépeignant notre avenir rêvé. J'étais résolue à prendre la tâche au sérieux. J'allais mettre mon scepticisme en sourdine et tout mon cœur à l'ouvrage. Fini le cynisme – que d'aucuns nomment aussi raison.

Lorsque je me suis installée avec une pile de magazines et une paire de ciseaux, le premier problème n'a pas tardé à se faire jour : que voulais-je de la vie ? Être plus mince, plus riche, mieux réussir… mais au-delà de ces désirs vagues, je n'avais jamais réfléchi à mes attentes parce que a) comment diable allaient-elles se concrétiser et b) pour qui te prends-tu ?

Le Secret cite Jack Canfield, auteur de *Bouillon de poulet pour l'âme : des histoires qui réchauffent le cœur et remontent le moral*[1] : « La plupart d'entre nous se défendent de vouloir ce qui nous tient à cœur, faute de voir comment ces désirs vont se concrétiser. » Ce à quoi Rhonda répond : ce n'est pas votre problème de savoir comment vos désirs se concrétiseront. Laissez donc l'univers œuvrer pour vous.

Donc, s'il n'existait pas d'obstacles – que d'aucuns nomment aussi réalité –, que voulais-je ?

J'ai décidé de commencer par une belle maison.

John Assaraf, « métaphysicien, spécialiste en marketing et auteur », raconte qu'il a découpé la photo d'une gigantesque demeure dans un magazine pour

1. Jack Canfield, *Bouillon de poulet pour l'âme : des histoires qui réchauffent le cœur et remontent le moral*, J'ai lu, 2004.

son tableau de visualisation et que, cinq ans plus tard, contre toute attente, il y habitait.

Depuis que j'étais allée à Los Angeles pour faire un papier sur une convention de zumba, je rêvais de vivre là-bas. Avec cette idée en tête, j'ai fait du lèche-vitrine sur des sites d'agences immobilières. Je n'arrivais pas à me décider entre une villa à Hollywood Hills ou un petit quelque chose près de la plage. Un bungalow de style hispanique, ou une maison ultramoderne tout en verre ?

Ensuite, j'ai passé vingt minutes à choisir le carrelage de salle de bains d'une maison que je n'avais pas, dans un pays où je ne vivais pas. Bleu-vert ou vert ? Violet ou bleu ? J'ai fait de même avec les coussins destinés à mon canapé blanc cassé qui n'existait pas davantage. Et – non, je ne me moque pas de vous – tout ça m'a stressé. Et si je faisais les mauvais choix ? Et combien toutes ces fantaisies allaient-elles me coûter ? Étais-je déjà en pleine banqueroute dans ma vie rêvée ?

Devant ces centaines d'images de gens parfaits dans leur maison tout aussi parfaite, j'éprouvais ce sentiment familier de ne pas être à la hauteur de mes ambitions. Je n'étais pas assez jolie pour vivre à L.A. ! Et avec qui serais-je amie, là-bas ? J'allais être comme une âme en peine dans une grande maison pour moi toute seule.

J'ai trouvé une photo du fameux coupé Mercedes, mais ça ne m'a pas inspirée non plus. Une voiture ne changerait pas ma vie.

Je me suis préparé du thé et un toast au fromage, avant de me souvenir que les filles de L.A. super minces et super souples ne mangent pas de glucides.

J'étais déjà en train de rater ma vie rêvée ! Je ne voulais pas choisir un avenir qui impliquerait de renoncer aux toasts au fromage.

Le soir, en rentrant, Rachel m'a trouvée attablée à la cuisine. J'étais entourée de montagnes de papier et j'avais descendu une demi-bouteille de vin rouge. Elle s'est assise et a pioché la photo d'une villa de Hollywood Hills.

« C'est quoi ?

— Ma future maison.

— Ah bon ? Elle ne te ressemble pas vraiment.

— Pourquoi ?

— Je ne sais pas. Ce n'est pas toi. Pourquoi veux-tu vivre aux États-Unis ? Tu ne connais personne, là-bas. Pourquoi ne peux-tu pas être heureuse ici ? »

Bonne question. Pourquoi pensais-je toujours que le bonheur se trouverait forcément ailleurs, et en étant une autre que moi ?

Dans mon esprit, depuis toujours, le bonheur devait se manifester par une aisance financière, des vêtements de luxe, une belle maison, mais peut-être me trompais-je ? Peut-être pouvais-je le trouver ailleurs. Avais-je vraiment envie que ma vie ressemble à une gigantesque liste de courses ? Non.

Mince alors ! Il y avait bel et bien du changement dans l'air.

J'ai décidé de modifier mon approche. Il était temps de faire place à une nouvelle vision ! Foin de l'argent et de la maigreur ! Mon nouveau moi allait être heureux, libre, drôle ! J'ai épinglé sur mon tableau des photos de temples indiens et de mosaïques marocaines (pour symboliser un voyage en Afrique, pas pour décorer quelque hypothétique salle de bains). J'ai ajouté celle d'un bureau ancien disposé devant une fenêtre haute, où le futur moi écrirait des pages merveilleuses, fabuleuses, ainsi qu'une photo réunissant une femme en pleine séance de méditation et une autre en train de faire du yoga, un verre de jus vert (le futur moi boit des jus verts), et une salade de courgettes. Sur ce cliché, il y avait encore une autre femme, qui exécutait un équilibre. Je n'ai pas refait d'équilibre depuis le cours élémentaire – mais cette femme me plaisait bien. Elle respirait la joie de vivre, dans sa posture inversée.

Rachel, à côté de moi, épinglait quant à elle des photos de pique-nique au soleil, de maisonnettes à la campagne, de tablées d'amis en train de rire. Son tableau de visualisation ressemblait à sa vie actuelle, une succession de plaisirs simples, de bons petits plats et d'agréable compagnie, sans l'ombre d'un sac de créateur en vue.

« Il ne nous reste qu'à trouver un homme », a-t-elle dit.

Pour ce volet du shopping, je me suis tournée vers une pile de suppléments dominicaux. Cela aurait dû être un travail amusant mais, en regardant ces charmants hommes souriants, je ne pouvais m'empêcher de les imaginer en train de se dire : « Tu peux toujours rêver ! »

J'ai commencé par découper la photo du designer auquel on doit les nouveaux bus londoniens. Son interview brossait le portrait d'un homme intelligent, modeste et drôle. Et il avait de beaux cheveux bouclés. Une recherche sur Google m'a appris qu'il avait une femme. Je ne pouvais pas avoir le mari d'une autre sur mon tableau de visualisation.

« Tu te prends trop la tête, a dit Rachel.

— Je sais, mais ça ne me convient pas.

— Que cherches-tu chez un homme ?

— J'en sais rien. Qu'il soit sympa ?

— OK. Quoi d'autre ?

— Gentil, intelligent, drôle… et pétillant.

— Pétillant ?

— Oui, qu'il brille d'un éclat particulier. Il doit aussi avoir les pieds sur terre et avoir réussi dans la vie, mais pas trop. Et les connards sont exclus d'office.

— Pourquoi as-tu l'air aussi flippée ? »

C'était ridicule, mais ne serait-ce que *penser* au genre d'homme que je désirais rencontrer était flippant, puisque je savais d'ores et déjà qu'il ne voudrait pas de moi – pourquoi diable voudrait-il de moi ? Il pouvait prétendre à bien mieux. Alors pourquoi risquer un rejet et la souffrance qui va avec ? Mieux valait ne pas le vouloir du tout.

Même dans ma vie fantasmée, je me rejetais moi-même.

Et c'était là le nœud du problème : en pensant ne pas mériter qu'il nous arrive de bonnes choses, on se met effectivement en travers de leur route.

Gemma me reparle souvent de la fois où un type m'a baratinée dans un pub. Il cochait toutes les cases : grand, brun, des yeux bleus, souriant et architecte. Et qu'ai-je fait, quand mon futur mari nous a adressé la parole et m'a demandé s'il pouvait m'offrir un verre ? J'ai répondu : « Non merci. »

Je sortais d'une journée de boulot de douze heures

et j'avais l'air d'une souillon – pas maquillée, le cheveu gras, une tenue de bureau pas vraiment flatteuse ; qu'un homme comme lui puisse sérieusement s'intéresser à moi, je n'y croyais pas une seule seconde.

« Il est soûl et il tente sa chance avec tout le monde, avais-je dit à Gemma.

— Mais pas du tout ! Tu es idiote ! » Elle avait raison – j'étais idiote. Et je le suis toujours.

Rhonda dit qu'en s'autodénigrant, on fait barrage aux trésors d'amour et de bienfaits que l'univers a à nous offrir.

Voilà longtemps que je bloquais quantité de choses. Pour me protéger. Mieux valait ne pas rêver du tout que rêver et être déçue. Je devais dépasser cette peur.

J'ai donc lancé une recherche sur Google, « hommes souriants beaux et barbus ». Je reluquais des barbus parfaitement banals depuis vingt bonnes minutes quand je me suis souvenue de cet e-mail que Sarah m'avait envoyé quelques mois plus tôt, et qui s'intitulait : VOICI L'HOMME QUE TU VAS ÉPOUSER. Le lien indiqué dans le message menait à l'interview du chanteur du groupe Snow Patrol, que je ne connaissais pas. Cet homme racontait qu'il était nul avec le sexe opposé et qu'il buvait trop. Mon jumeau, pour ainsi dire. Et il vivait à L.A. ! J'ai imprimé sa photo et je l'ai ajoutée à mon tableau. Ça peut paraître insensé, mais j'avais l'impression de me mettre à nu en épinglant une photo d'homme – et en énonçant par ce geste mon désir d'en avoir un dans ma vie.

Après le dîner, j'ai posé le tableau de visualisation par terre à côté de mon bureau et je me suis allongée sur le lit pour contempler ma vie rêvée. Elle avait l'air chouette. Et au cours des quelques jours suivants, plus je la regardais, plus je me mettais à croire qu'elle était à portée de main.

Là, peut-être, réside le vrai secret de ce livre ; il nous autorise ce que la plupart d'entre nous s'interdisent passé la maternelle : rêver tout éveillé à son avenir – comme quand on annonçait, enfant, sans la moindre inhibition, qu'on voulait devenir astronaute, ballerine ou ambulancière. Il nous empêche de chercher sempiternellement de nouvelles excuses et de nous retrancher derrière la prétendue « réalité », ce que nous commençons à faire sitôt que nous nous heurtons aux premières déceptions de l'adolescence.

C'est vrai, caresser de grands rêves était effrayant, car c'était s'exposer à des déceptions s'ils ne se réalisaient pas. La démarche avait cependant le mérite de clarifier mes vraies attentes. J'avais cru vouloir une belle voiture et une grande maison quand, en vérité, j'aspirais à trouver la paix de l'esprit, je voulais avoir des amis, voyager. Mais bon, soyons honnête, je voulais aussi des tonnes d'argent – le chèque de 100 000 livres se trouvait d'ailleurs en bonne place sur mon tableau. Et plus je la contemplais, moins cette vie rêvée me semblait ridicule.

Mais comment ces rêves allaient-ils se concrétiser ? *Le Secret* nous invite à ne pas nous préoccuper de ce détail qui n'est pas de notre ressort, mais qu'il fasse à ce point l'impasse sur la notion de « travail » continuait à me faire tiquer. Je ne croyais pas à l'intervention d'un bon génie. Pour que la magie opère, j'étais convaincue que, même avec force pensées positives, il me fallait mettre la main à la pâte.

Les athlètes croient à leur succès et visualisent

l'instant où ils franchissent la ligne d'arrivée, mais ils s'entraînent quotidiennement pour que cette vision devienne réalité. Je me souviens d'un documentaire sur Usain Bolt : quand il battait des records, ce sprinteur donnait peut-être l'impression de ne disputer qu'une compétition amicale, mais le film montrait qu'il s'entraînait si dur qu'il vomissait.

Ses succès résultaient-ils d'une « action inspirée » et de la loi de l'attraction ? Ou de la méthode éculée qui consiste à se retrousser les manches et se donner à fond ?

Ensuite, il s'est passé quelque chose d'étrange : quatre jours après avoir réalisé mon tableau de visualisation, ma rédac chef m'a proposé d'écrire un article sur le bien-fondé de l'engouement pour le chou kale : je devais ne manger et boire que du kale pendant une semaine, et rendre compte de l'expérience – sans doute depuis les toilettes.

Quelques jours à peine après avoir punaisé une photo de jus vert sur mon tableau de visualisation, on me proposait de me payer pour en boire ! J'écrivais régulièrement des papiers sur les sujets bien-être, donc cette proposition n'avait rien d'extraordinaire, mais… deux jours plus tard, la même rédactrice en chef m'a demandé de chroniquer un cours de yoga aérien qui impliquait de se suspendre tête en bas. Univers, est-ce là un signe ? Peut-être la magie fonctionne-t-elle bel et bien ? Maintenant, si quelqu'un pouvait m'envoyer un chèque de 100 000 livres, je serais définitivement convaincue.

4

La thérapie du rejet

avec Jason Comely

« Il faut essuyer un rejet au moins une fois par jour. »

J'avais huit ans et je flânais dans la cour de récréation, seule – pourquoi seule ? Où était ma meilleure amie, ou mes autres copines, d'ailleurs ? – et la pause-déjeuner s'étirait devant moi comme un dimanche après-midi.

Il avait plu, ce matin-là. Le béton gris était humide, de lourds nuages plombaient le ciel, un autre déluge était imminent. Le monde semblait menaçant.

Les filles étaient éparpillées par petits groupes dans la cour. Quelques-unes, la jupe plissée bleu marine rentrée dans la culotte, étaient suspendues tête en bas aux barres de la cage à poules. D'autres jouaient à la marelle sur des cases peintes en jaune banane. Il y avait aussi un groupe qui sautait à la corde. *À la salade, quand elle poussera, on la mangera…*

J'avais balayé la cour de récré des yeux, en quête d'une camarade de jeu – n'importe laquelle, une autre âme en peine, peut-être ; une cible sans risque. Mais il n'y en avait aucune en vue. J'avais alors avisé deux filles de ma classe, qui discutaient sur un banc, jambes croisées, comme elles avaient vu leurs mères le faire. L'une grignotait des chips et l'autre des raisins secs. Je les enviais. Moi, je n'avais droit qu'à un fruit et celui du jour, une banane, était trop mûr et tout mou. Je connaissais un peu ces filles mais nous n'avions jamais joué ensemble. Je m'étais approchée d'elles.

« Oui ? » m'avait lancé la fille avec les chips en me voyant rôder autour d'elles. Elle s'appelait Lucy ; nous avions quatre Lucy dans la classe, et celle-ci, Lucy T., était la plus intelligente. En outre, elle avait une grande sœur dans l'école, ce qui lui conférait un certain statut. Elle avait des cheveux ternes, frisés et indomptables, si épais qu'elle ne pouvait faire qu'un seul tour avec son élastique. La fille à côté d'elle était une des autres Lucy – Lucy J., qui parlait très doucement et avait une chevelure auburn soyeuse. En plus d'avoir elle aussi des grandes sœurs, elle avait des cahiers introuvables en Angleterre, qu'elle rapportait de ses vacances en Italie et en France. Cela lui conférait un double statut. Ces cahiers à petits carreaux étaient le comble du glamour dans notre classe.

« Je peux jouer avec vous ? » avais-je bafouillé, et immédiatement j'avais craint que ma question ne leur semble désespérée et puérile. À huit ans, on est trop vieille pour « jouer ». Pourquoi n'avais-je pas plutôt demandé : « Est-ce que je peux m'asseoir avec vous ? » ou « Est-ce que je peux discuter avec vous ? » Mon faux pas était resté en suspens. Les deux filles avaient échangé un regard.

« On doit y réfléchir, avait répondu Lucy Raisins secs.

— Pourrais-tu s'il te plaît t'éloigner un peu pendant qu'on en discute ? » avait ajouté Lucy Chips.

Je m'étais exécutée et j'avais feint de contempler un chêne gigantesque. Au trimestre précédent, nous avions cueilli ses feuilles et tracé leur contour avant de les mettre à sécher dans un livre. Nous avions également dessiné des glands et caressé l'écorce de l'arbre. Si seulement j'avais pu jouer avec l'arbre !

« Tu peux revenir, avait annoncé Lucy Raisins secs et j'avais obéi.

— Tu ne peux pas jouer avec nous aujourd'hui, avait tranché Lucy Chips, d'un ton sans appel.

— Mais demain peut-être, avait ajouté Lucy Raisins secs, avec un sourire pâlot qui suggérait que cette situation la mettait mal à l'aise.

— D'accord, merci. » Pourquoi les avais-je remerciées ? Je n'en sais trop rien. Pour avoir pris le temps de réfléchir à ma requête, j'imagine.

En m'éloignant, les yeux rivés sur mes Clarks grises, j'avais les joues en feu et des picotements dans les yeux. *Ne pleure pas, ne pleure pas, ne pleure pas.* Peine perdue. J'avais filé m'enfermer aux toilettes, et j'avais pleuré jusqu'à la sonnerie.

C'est mon tout premier souvenir d'un rejet, et même si je n'y avais guère repensé depuis, j'avais probablement passé le plus clair de ma vie à éviter de demander à quelqu'un de jouer avec moi par crainte de m'entendre répondre « non » – une simple syllabe qui suffisait en général à me remettre dans la peau d'une gamine de huit ans.

« Tu es folle ! C'est quasi de l'automutilation ! s'est alarmée Sarah lorsque je l'ai appelée au boulot pour lui parler de mon nouveau défi.

— Ceux qui l'ont tenté disent que ça a changé leur vie et, de toute façon, après les T.P. du *Secret*, mes pieds ont besoin de retoucher terre.

— Ils vont retoucher terre et tu vas les y clouer ! »

Ma mission pour le mois d'avril consistait en une forme extrême de développement personnel intitulée la Thérapie du Rejet. Je me permettais ici une légère entorse au règlement en ce sens que la Thérapie du Rejet n'était pas un livre mais un jeu.

L'objectif était simple : je devais essuyer un rejet d'une personne par jour. Un rejet *en bonne et due forme* – toute tentative ou effort nul et non avenu ne compte pas. La première fois que j'avais entendu parler de cette technique masochiste de développement personnel, deux ou trois ans plus tôt, je l'avais trouvée complètement dingue. Franchement, qui pourrait avoir envie de s'infliger un truc pareil ? La vie n'est pas assez dure comme ça ? Mais l'idée s'était logée dans un coin de ma tête et avait fait son bonhomme de chemin. En outre, après un mois passé à me bercer de fantasmes et à rêver de faux chèques, je sentais que c'était pile ce dont j'avais besoin : une bonne douche bien froide de réel. Et si j'avais tiré une leçon de ces quelques derniers mois, c'était sans nul doute que plus je répugnais à faire quelque chose, plus j'avais besoin de le faire.

« Mais je ne comprends pas en quoi essuyer un rejet par jour va t'aider, a insisté Sarah.

— L'idée, c'est qu'on vit tous avec la hantise d'être rejeté. On renonce à la moitié de ce qu'on voudrait faire par peur de s'entendre répondre non. Avec cette méthode, tu apprends que oui, un rejet peut être blessant, mais pas mortel. Et ceux qui ont joué le jeu rapportent qu'il est bien plus difficile qu'on ne l'imagine d'essuyer un rejet. Que très souvent on te répond oui alors que tu étais persuadée d'encaisser un non. »

Du moins à en croire l'expérience d'un informaticien canadien, Jason Comely, qui avait eu l'idée du jeu après s'être fait plaquer par sa femme. Alors qu'il vivait en reclus dans son studio et s'isolait de plus en plus, il s'était aperçu que ce qui le retenait de sortir – et l'avait toujours freiné en tout – n'était autre que la peur du rejet. Du coup, il s'était mis au défi d'essuyer un rejet par jour.

Jason avait inversé les règles de la vie en société et érigé le rejet en objet non plus de crainte, mais de désir.

Il utilisait là, sans le savoir, un outil de psychothérapie baptisé désensibilisation. Ce procédé, qui consiste à se forcer à affronter ses peurs dans le but d'y devenir à la longue insensible, sert à traiter par exemple la phobie des serpents et le vertige.

Jason essayait par tous les moyens de se faire rejeter : en cherchant à resquiller dans la queue au supermarché, en demandant à des inconnus de l'ajouter à leur liste d'amis sur Facebook, en sollicitant des ristournes dans les magasins, et même en participant à une émission de télé-réalité.

Et le plus souvent, on lui répondait oui, ce qui avait ouvert la porte à des rencontres et des opportunités qu'il n'aurait jamais faites ni eues sans cela. Les gens avaient pris le parti de rire de ses audaces – sauf dans le cadre de l'émission de télé-réalité.

« Donc tu vas te porter candidate pour une émission de télé-réalité, a conclu Sarah.

— Ça va pas, la tête ?

— Je plaisantais. Ne stresse pas.

— Mais je suis stressée. C'est super stressant de faire tous ces trucs. Je suis épuisée et je n'ai plus un neurone vaillant.

— En ce cas, pourquoi ne fais-tu pas une pause ? Viens passer le week-end chez moi – on sortira, on racontera des âneries, on boira trop, et on passera le dimanche à se détester sur le canapé.

— Je ne peux pas. Je dois m'organiser et dresser la liste des mille et une façons de me faire envoyer sur les roses.

— Tu ne peux pas prendre un week-end ? J'ai l'impression que je ne te vois plus, et tu en as déjà tellement fait.

— Euh… non, pas vraiment.

— Si, et c'est génial, mais ça ne peut rien t'apporter de bon, de changer d'avis comme de chemise. Il y a quelques jours, tu testais des voitures et maintenant ça… c'est comme si tu enchaînais les régimes – un mois, Atkins, et vegan le suivant. Zut ! Désolée, faut que je te laisse. »

Elle avait raccroché. Sans doute sa patronne était-elle de retour dans le bureau. Je me suis représentée mon amie dans l'univers normal du bureau, des e-mails et des collègues…

Je me suis assise à ma table, dans ma chambre, et j'ai contemplé les nuages par la fenêtre. Nos voisins faisaient des travaux et la perceuse me tapait sur les nerfs. J'aurais volontiers bu un verre. J'ai regardé mon téléphone – il était à peine midi passé.

Je n'avais pas envie de tester la Thérapie du Rejet. Pas du tout envie.

Sans compter que je ne savais pas comment procéder. Devais-je descendre dans la rue et tenter de taper un billet de dix aux passants ? Aller au pub et réclamer un verre à l'œil ? J'aurais voulu demander des idées à Sarah mais mon entreprise semblait ridicule comparée aux angoisses de la vraie vie. Pour finir, j'ai posté une requête sur Facebook pour voir si quelqu'un aurait des pistes, et voici les suggestions que j'ai reçues :

Va au Claridge et demande-leur de faire une petite sieste dans une chambre – à l'œil !

Appelle Buckingham Palace et demande une invitation à la garden-party.

Passe une audition pour *X Factor* ou un spectacle de music-hall.

Va à la boutique Chanel et demande si leurs sacs sont des contrefaçons.

Va dans une agence de mannequins et dis que tu veux un contrat.

Demande une interview à Kate Moss.

J'ai décidé qu'il n'était finalement pas trop tôt pour un verre.

Trois jours plus tard, après un week-end entier consacré à boire et rester au lit, je me suis prise en main et j'ai dressé une liste de seize scénarios de rejet à mettre en œuvre d'ici la fin du mois :

1) Demander une remise dans une boutique
2) Demander un café gratuit
3) Demander un repas gratuit
4) Sourire à toute personne que je croise pendant une journée entière
5) Saluer cinq inconnu(e)s dans la rue
6) Proposer un rencard à un inconnu
7) Demander à un inconnu son numéro de téléphone
8) Demander à griller tout le monde dans une file d'attente
9) Demander à un inconnu de me joindre à lui dans un bar/restaurant/café
10) Demander à ma banque de baisser les intérêts de ma carte de crédit/mes frais bancaires
11) Démarcher trois nouveaux magazines
12) Demander à une banque de me donner 100 livres, sans raison
13) Proposer à quelqu'un que j'admire de prendre un café
14) Demander à un(e) inconnu(e) de m'ajouter à sa liste d'amis Facebook
15) Demander une chambre à l'œil au Claridge
16) Demander un sac à l'œil chez Chanel

Jason suggère de commencer modeste – en demandant un café gratuit par exemple. Mon café habituel à Tufnell Park était de ces lieux tolérants où les travailleurs indépendants comme moi pouvaient rester plusieurs heures à bosser en ne consommant qu'un ou deux cafés. Donc, le 3 avril, j'ai bouclé mon papier (j'y expliquais comment vos frisottis sont à mettre sur le dos de votre code postal – de la qualité de l'eau du robinet au volume des gaz d'échappement, le quartier où vous habitez affecte votre apparence) avant d'aller payer à la caisse.

« Tu as bien bossé, aujourd'hui ? s'est enquis le patron.

— Oui, ai-je menti.

— L'addition ?

— Eh bien, non, justement, ai-je répondu avec un sourire. Tu peux me faire cadeau du café ? »

Il a éclaté de rire.

J'en ai fait autant.

« Non, sérieux, tu me l'offres ? »

Il a continué à rire mais j'ai eu l'impression qu'il ne me trouvait plus drôle du tout.

Et même si je me sentais affreusement mal, j'ai insisté. « Alors ? Tu me l'offres ? »

Il m'a décoché un sourire affligé et fatigué, puis il a frictionné son crâne chauve. Il ne comprenait pas trop à quoi je jouais, mais son expression suggérait qu'il aimerait bien que la partie s'arrête.

« Ça aide, si tu payes. On n'a pas grand monde, aujourd'hui… » a-t-il dit en balayant la salle des yeux.

Ensemble, nous avons contemplé avec tristesse la clientèle clairsemée : trois personnes voûtées au-dessus de leur ordi, devant une tasse vide ; une femme en long cardigan violet, blottie contre le radiateur. Sur sa table, il n'y avait pas d'ordinateur portable, juste un vieux journal et un verre d'eau du robinet, comme si elle avait passé la journée là sans dépenser un penny. Il y avait aussi une jeune fille aux cheveux orange et en Doc Martens, qui lisait *Défense des droits de la femme* de Mary Wollstonecraft et prenait quantité de notes dans un cahier A4, et un type d'une vingtaine d'années que j'avais déjà vu là, en tee-shirt et jean noirs, qui dégommait des ennemis sur son ordi, un énorme casque sur les oreilles.

Le patron était trop gentil. Ce n'était pas comme ça qu'on faisait tourner une affaire.

« Pourquoi est-ce si calme, aujourd'hui ? lui ai-je demandé. À cause de la pluie tu crois ?

— J'en sais rien. Peut-être. Et avec tous ces nouveaux endroits qui ouvrent partout… Peut-être que, maintenant, ils vont tous au Costa, de l'autre côté de la rue.

— Les gens sont idiots. Cet endroit est beaucoup plus sympa qu'un Costa.

— Merci. Mais la concurrence est rude. Quand Costa s'installe dans un quartier, tous les loyers grimpent. Bientôt, il n'y aura plus un seul café indépendant dans cette ville. Rien que des Costa, ou des Starbucks. »

Nous avons contemplé en silence cette apocalypse annoncée.

« Combien je te dois ?

— 1,60 £, s'il te plaît. »

J'ai posé 2,50 £ sur le comptoir ; en sortant, je

m'en voulais à mort d'avoir tenté de le priver de son gagne-pain. Je l'avais insulté. J'ai noté dans un coin de ma tête de ne plus faire de thérapie du rejet dans les petits commerces.

Au nom de l'équité, j'ai traversé la rue et je suis allée demander un café gratuit au Costa.

« Je viens très souvent et je me demandais si vous aviez des cartes de fidélité – vous savez, celles qui donnent droit à un café gratuit au bout d'un certain nombre de tampons.

— Non, nous ne faisons pas ça, m'a répondu l'adolescente derrière le comptoir, très aimablement.

— Alors vous pourriez juste m'offrir un café ?

— Non, ça ne va pas être possible. Souhaitez-vous en *acheter* un ? a-t-elle enchaîné, sans se départir de son calme, comme si elle était accoutumée à ce genre de requête.

— Non merci ! » ai-je répondu avec un sourire, avant de tourner les talons.

Prends ça dans les gencives, Costa ! Le Grand Capital fera ses profits sans moi ! Moi, je défends les petits ! Je lutte à leurs côtés !

Sauf que, après l'incident, j'avais trop honte pour retourner dans mon petit café habituel, et j'ai passé le reste du mois à écrire au Costa.

Le lendemain, je suis entrée dans la boutique de téléphonie. Il me fallait un nouveau chargeur – j'avais égaré le mien. J'ai pris l'article en rayon et je l'ai tendu au jeune boutonneux de dix-huit ans derrière la caisse.

« J'en achète tellement que j'ai arrêté de compter !

lui ai-je dit tandis qu'il scannait le code-barres. Je n'arrête pas de les oublier ici ou là. »

Le regard rivé sur sa caisse, le type n'a pas répondu mais son expression parlait d'elle-même – *Madame, je me fiche pas mal de savoir où vous les oubliez, pourquoi me racontez-vous votre vie ?*

« Bref, je suis une très bonne cliente, ai-je poursuivi. À tout hasard, vous ne pourriez pas faire un petit geste ? »

Cette fois, il a détaché les yeux de la caisse, l'air perplexe, désarçonné. Après une hésitation, il a cherché des yeux son collègue, qui était occupé.

« Euh… malheureusement, je n'ai pas la possibilité de faire ça, madame.

— Vous êtes sûr ? ai-je insisté avec un grand sourire. Je suis vraiment une très, très bonne cliente. J'ai des factures de folie, chaque mois… »

Le regard qu'il m'a décoché laissait entendre que mes factures n'étaient pas les seules à être folles, et qu'il allait peut-être devoir appeler son responsable.

« Non… je regrette.

— Pas même une ristourne d'une livre ?

— Non ! » Il y avait maintenant une note de panique dans sa voix et ses grands yeux marron allaient et venaient frénétiquement entre la caisse et son responsable. À ce moment-là, je me suis souvenue que je n'avais pas besoin de faire durer le plaisir – l'objectif, c'était d'essuyer un rejet.

« OK ! Merci. Pas de souci ! » ai-je lancé avec un sourire de possédée.

Le jeune homme a semblé soulagé. Je lui ai tendu ma carte bleue, j'ai pianoté le code. Nous avons échangé un dernier sourire – nerveux pour lui, un brin forcené en ce qui me concerne.

Fin de l'histoire.

Je me sentais mal d'avoir placé ce type dans une situation inconfortable. C'est un peu le problème du rejet : il est douloureux pour les deux parties concernées.

Avec ce premier succès à mon actif, j'ai filé à un rendez-vous professionnel, merveilleusement inconsciente de la splendide opportunité de rejet qui m'attendait. La chaîne de parapharmacie Superdrug venait de relancer divers produits de maquillage des années 1960, et on m'avait chargée de comparer, avec le concours d'une maquilleuse professionnelle, les fonds de teint en stick et les poudres compactes d'autrefois et les sérums et illuminateurs de teint high-tech d'aujourd'hui.

J'ai parlé à la maquilleuse du projet qui m'occupait depuis le début de l'année.

« Quel courage ! s'est-elle extasiée.

— Bah… ai-je fait avec modestie, mais intérieurement je rayonnais.

— Non, vraiment ! Tash, tu as entendu ça ? » Elle a entrepris de raconter à l'assistante du photographe que je consacrais une année au développement personnel.

Du coup, je me suis lancée dans un récit détaillé de mes faits d'armes – les meilleurs (le stand-up et la prise de parole en public) comme les pires (sauter d'un avion et éplucher mes relevés bancaires). Les deux femmes buvaient mes paroles, et moi du petit-lait. J'attendais cette reconnaissance depuis le début de mon aventure, qui jusque-là avait spectaculairement failli à impressionner mes amies et ma famille. Mais peut-être faut-il le regard d'inconnus pour apprécier à sa juste mesure tant d'insondable courage.

J'ai régalé mon auditoire d'un vrai cours magistral sur l'importance de sortir de sa zone de confort, j'ai expliqué comment se colleter avec ses peurs nous rendait plus fort et nous apprenait à ne plus nous tracasser pour des broutilles…

« Imaginez un peu tout ce qu'on tenterait, si on n'avait pas peur d'essuyer un rejet ! étais-je en train de m'enflammer, après leur avoir dévoilé la nature de mon challenge du mois – et c'est à partir de là que j'ai maudit ma grande gueule.

— Dans quinze jours, avec une amie, on va se présenter aux auditions pour *X Factor*, a dit Tash. Tu devrais venir avec nous !

— Oh. Eh bien, euh…

— Tu sais chanter ?

— Non.

— Parfait ! Tu te feras jeter ! Les portes ouvrent le samedi mais la queue commence le vendredi soir. On a rendez-vous à minuit et on file là-bas. Où habites-tu ?

— À Archway.

— Moi, je viens de Peckham mais on peut se donner rendez-vous à un endroit pratique pour nous trois. »

Quoi ? Non ! Ne changez rien à vos projets pour moi ! Je ne vais pas passer une audition pour *X Factor* !

Je ne le pouvais pas – je serais la risée de tous.

J'étais cependant écartelée entre ma répugnance et la certitude que, en plus de tomber fort à propos, une si belle occasion de me faire envoyer sur les roses ne se représenterait pas de sitôt, et que je devais la saisir.

« Donc, c'est oui ? a demandé Tash.

— Euh…

— Allez !

— D'accord », ai-je lâché, et j'ai filé aux toilettes.

Je me suis pris la tête dans les mains. Ma vie était en train de dérailler.

Ce soir-là, j'ai descendu une bouteille et demie de vin rouge pendant que Rachel s'employait à me calmer.

« Je vais entrer dans les annales des auditions risibles de pathétiques.

— Mais non. Vous serez des milliers de candidats et, au final, tu chanteras deux minutes dans une arrière-salle devant un producteur.

— Tu en es sûre ?

— Certaine. Jamais tu n'arriveras devant une caméra. C'est réservé aux très bons, ou aux très nuls. Contente-toi d'être moyennement mauvaise et abstiens-toi de tout effet vestimentaire. »

Et le compte à rebours avant la date fatidique a commencé.

J-10. Je me réveille avec la gueule de bois et cherche sur Google « les pires auditions pour *X Factor* ». J'avale deux capsules de Night Nurse et je dors toute la journée.

J-9. Panique à l'état pur. Quelle chanson choisir ? « Manic Monday » ? N'est-ce pas trop vieux ? Ou bien « Fast Car » de Tracey Chapman ? Je rédige un texto à l'intention de Tash pour annuler, mais je ne l'envoie pas.

J-8. La seule façon de tenir le coup, c'est de faire l'autruche, et de me concentrer sur d'autres opportunités de rejet, en commençant petit : sourire à des inconnus dans le métro… J'offre à un couple entre deux âges un sourire larmoyant. La femme me fusille du regard, puis se tourne vers son mari, l'air courroucé : « Tu la connais ? » lui demande-t-elle d'un ton comminatoire.

J-7. Je sors me balader. Je dis bonjour à trois inconnus sur le chemin de la poste. Un homme âgé me sourit et me répond, ce qui est sympa, mais deux femmes me dévisagent comme si j'étais barge. J'ai l'impression d'être un monstre de foire. Franchement, qu'est-ce qui déconne chez nous, les humains, que nous ne puissions même pas nous saluer ? Pourquoi tant de suspicion réciproque ? Songeons aux dégâts qu'elle provoque ! Des études l'ont montré : chaque fois que quelqu'un nous snobe (même s'il s'agit d'un parfait inconnu), on se sent déconnecté, et ce sentiment sert de terreau à la dépression, à l'hypertension et à la démence. Nous nous entretuons à force de cultiver cette distance les uns à l'égard des autres. Gandhi a eu beau nous dire d'être le changement qu'on veut voir dans le monde, ça reste une tâche ingrate quand on dit bonjour à des inconnus à Archway.

Je recommence à faire défiler des chansons dans ma tête. *Quid* des Cranberries ? La chanteuse avait une voix pas trop aiguë.

J-6. – Je rends visite à une amie et sa fille de dix-huit

mois qui, quand j'entre dans la pièce, hurle : « Non, non, non !!! » Et si je chantais « Ironic », d'Alanis Morisette ?

J-5. Je vais à la poste avec le projet de demander à griller la queue, mais en voyant tous ces petits vieux qui attendent pour toucher leur pension de retraite, et ces mamans qui s'échinent à canaliser l'énergie de leurs mômes, je ne peux pas me résoudre à passer à l'acte.

J-4. Toute la journée, tandis que j'apprends les paroles de « Someone Like You » d'Adele, je suis au bord des larmes. Le soir – bon, d'accord, à 16 heures – je file au supermarché acheter une bouteille de vin. Le caissier me demande ma carte d'identité pour prouver que j'ai plus de dix-huit ans. Je m'apprête à lui dire que c'est la chose la plus gentille qui me soit arrivée de toute la semaine quand il relève les yeux et ajoute : « Oh, ne vous embêtez pas. Je ne vous avais pas bien regardée. »

J-3. Impossible de fermer l'œil de la nuit. Je n'ai plus du tout l'impression de faire du développement personnel, mais d'être victime d'une mauvaise plaisanterie. Je me répète en boucle que Rachel a raison. Ils ne me filmeront pas. Je serai une candidate parmi des milliards. Je ne vais faire qu'entrer-sortir. Une autre expérience idiote à ajouter à ma liste.

Le téléphone sonne. C'est Sarah.

« À ta voix, tu sembles stressée, dit-elle.

— Je vais passer une audition pour *X Factor*. Évidemment que je stresse ! » Nom d'un chien, pourquoi personne ne comprend ce que je suis en train de faire et ne voit le prix que je paie ?

Je l'entends inspirer. « Mon ange, rien ne t'oblige à le faire, si tu ne veux pas. »

L'espace d'une seconde, je me radoucis en entendant ce terme d'affection, qui m'a toujours fait sourire et m'a toujours réconfortée, mais je me reprends bien vite. Ce n'est pas le moment de me détendre. Je dois rester concentrée.

« L'objectif, c'est de faire des trucs qui me mettent mal à l'aise. Je ne peux pas me dégonfler, lui dis-je, la voix cassante.

— Je croyais que l'objectif, c'était d'être plus heureuse, et ça ne semble pas être le cas.

— Mais si ! » aboie-je, et je raccroche pour répéter la chanson d'Adele en faisant les cent pas dans ma chambre.

L'avant-veille du jour fatidique, sitôt réveillée, la prise de bec à laquelle j'étais maintenant habituée a repris dans ma tête :

Je ne peux pas faire ça.

Tu dois le faire.

Je ne veux pas.

Tu es pénible. Arrête de faire ta dégonflée.

J'ai regardé mon téléphone. J'avais trois appels manqués de ma mère, ce qui était curieux puisqu'elle se trouvait en Irlande, à un mariage. Sitôt qu'elle posait un pied hors d'Angleterre, elle traitait son téléphone comme s'il était radioactif – elle ne pouvait se résoudre à le toucher, ni même à le regarder, de peur, en rentrant chez elle, de trouver une facture de 3 000 livres.

« Ton oncle est mort », m'a-t-elle annoncé, en

larmes. Son petit frère, qu'elle adorait, avait quitté la noce familiale de bonne heure parce qu'il ne se sentait pas bien. Quelques heures plus tard, une crise cardiaque l'avait foudroyé. À tout juste cinquante-neuf ans.

Aussi le lendemain, au lieu de me préparer à aller à Wembley afin d'en donner pour son argent à Adele, je me suis envolée pour l'Irlande et les obsèques de mon oncle. Ce coup de fil avait suffi à me remettre les yeux en face des trous et voir combien c'était idiot de se mettre la rate au court-bouillon pour une émission de télé à la noix.

À l'église, l'affluence était telle que des gens étaient debout au fond mais également à l'extérieur. Le cortège funèbre a parcouru à pied les six kilomètres qui séparaient l'église du cimetière, le long d'un ancien chemin côtier. Tout était silencieux à l'exception du martèlement des souliers noirs.

La veillée funéraire avait eu lieu à la maison. Dans la cuisine, mes cousins avaient passé leur temps à remplir des tasses de thé et des verres de whiskey tout en évoquant leur père.

Mon oncle Gerald était agriculteur mais il était surtout et avant tout fumeur et buveur de thé. On le trouvait perpétuellement attablé dans sa cuisine, une tasse dans une main, une cigarette dans l'autre, en train de regarder par la fenêtre tout en écoutant la radio. De temps à autre, il sortait de ses rêveries et de son silence pour émettre quelque avis définitif sur la scène musicale contemporaine. L'entendre assener avec son accent irlandais très prononcé, « Cette Lady Gaga ressemble de plus en plus à Madonna » était hilarant, et ce d'autant plus qu'il était généralement accoutré de bottes en caoutchouc crottées, d'un jean usé jusqu'à la corde et d'un pull hors d'âge.

Mes cousins ont raconté qu'un jour, ils avaient vu l'oncle Gerald traverser les champs dans son tracteur en braillant : « Non, non, non... » Ils étaient perplexes. Contre qui, ou quoi, leur père en avait-il ? Rien ni personne ! Il chantait simplement la chanson d'Amy Winehouse : « They tried to make me go to rehab, I said "No, no, no..." » Ils ont aussi évoqué son flair hors pair pour acheter des voitures défectueuses, comme celle, par exemple, qui klaxonnait chaque fois qu'il tournait le volant. Nous avons eu des crises de rire en l'imaginant sur les ronds-points en train d'égrener des chapelets de jurons entre chaque coup de klaxon.

Mon oncle était très aimé, au point que, bien après que les enfants avaient quitté le bercail, leurs amis continuaient à lui rendre visite.

Il écoutait ce que chacun avait à dire et quand on évoquait un problème, quel qu'il soit, il y allait d'un petit mouvement de tête qui semblait dire, « C'est sûr, mais que peux-tu y faire ? » et qui remettait chaque chose à sa place. Dans un monde qui changeait et avançait, mon oncle demeurait résolument tel qu'en lui-même, un roc.

Au pub, ce soir-là, j'ai discuté avec un cousin au second degré qui avait fait fortune en Amérique.

« Voilà ce qui est réel – ta famille, tes amis ; le reste, ça ne compte pas », a-t-il dit en regardant tous ces gens endeuillés autour de nous.

J'étais bien d'accord.

« Tu es toujours dans le journalisme ?

— Ouais, un peu, moins qu'avant. » Je lui ai parlé de mon programme de développement personnel. « Et en ce moment, j'étais censée passer une audition pour *X Factor*. Dans le cadre de ma thérapie du rejet. »

Il m'a dévisagée avec inquiétude.

« Ça va si mal, dans ta vie, que tu doives en arriver là ? » a-t-il demandé gentiment et, aussitôt, j'ai eu honte.

Bien sûr que ça n'allait pas mal à ce point – n'importe qui, et quelle qu'en soit sa définition, aurait estimé que j'avais une belle vie, voire une vie archi-privilégiée. Et compte tenu des circonstances – les obsèques de mon oncle –, l'année que je m'apprêtais à passer m'apparaissait soudain sous un jour absurde.

Gerald quittait rarement sa cuisine et pourtant, par sa bonté, sa patience, il avait eu un impact sur des centaines de vies. Il écoutait les gens. Il était présent. Cela ne faisait-il pas de lui un gourou plus que n'importe quel auteur de ces livres dont je m'abreuvais ? C'était à lui que j'aurais dû m'efforcer de ressembler, plutôt qu'à Rhonda Byrne. En me montrant gentille. En faisant de mon mieux. En étant reconnaissante de ce que j'avais – à quoi bon chercher midi à quatorze heures ?

De retour à Londres, j'ai mis la thérapie du rejet entre parenthèses. Je ne pouvais pas l'affronter. J'étais écœurée du développement personnel, et écœurée de moi-même.

Sarah a appelé, mais je n'ai pas décroché. Je ne savais plus quoi dire, à personne.

5

La thérapie du rejet – *bis repetita* !

« À compter de maintenant, considérez le confort comme l'ennemi de vos progrès personnels. »

Fin avril, j'avais repris normalement du service. Je recommençais à passer mes journées à travailler, dormir et regarder la télévision. Je ne cherchais plus à être rejetée, je ne me répétais plus d'affirmations, je ne regardais plus mon tableau de visualisation. Je ne me réveillais pas non plus en me demandant si c'était le jour de solliciter une chambre à l'œil au Claridge, de proposer un rencard à George Clooney ou d'essayer de faire la couverture de *Vogue*. C'était un soulagement.

« Dois-je en conclure que tu as donné ta dem au développement personnel ? » a demandé Rachel. Il y avait une note d'espoir dans sa voix.

« Chais pas. Disons que je fais une pause. Je vais voir… »

Arrivée la mi-mai, alors que je me réenfonçais lentement dans ma vieille ornière, j'ai découvert un bout de papier glissé dans mon journal.

« Le confort est une notion largement surfaite et un frein pour quiconque veut progresser dans la vie, y était-il écrit. Votre zone de confort pourrait bien ressembler à une cage qui vous retient prisonnier, plutôt qu'à un lieu sûr dans lequel vous retirer. À compter de maintenant, considérez le confort comme l'ennemi de vos progrès personnels… »

J'avais imprimé cette page du site de Jason Comely début avril. J'ai contemplé ma chambre, où j'avais passé tout le week-end à regarder des merdes à la télé : les verres d'eau aux quatre coins de la pièce, un jean sale par terre, des tasses de café à moitié bues… Un vrai capharnaüm. Ma cage à moi.

J'ai continué à lire : « La peur du rejet nous empêche de franchir les obstacles qui nous séparent de notre vrai potentiel… Elle génère des regrets et des manques. »

C'était vrai. Le développement personnel était peut-être un plaisir égotiste et ridicule, mais décider de ne rien faire et passer son temps à flemmarder valait-il mieux ? Je ne voulais pas d'une vie remplie de regrets et de manques. Je voulais réaliser mon potentiel, quel qu'il soit.

La conclusion de Jason sonnait comme un cri de ralliement : « Choisissez votre maître. Obéissez à la peur et faites face aux regrets pour le restant de votre vie, ou bien choisissez le rejet. »

J'ai choisi le rejet. C'était reparti pour un tour.

« Si tu as détesté la thérapie du rejet, pourquoi ne pas passer à un autre livre ? s'est étonnée Rachel au petit déjeuner.

— Ma détestation est le signe que j'ai un gros problème avec le rejet, et je veux m'atteler à le dénouer.

— Tout le monde a un gros problème avec le rejet », a observé Rachel.

Elle avait raison, bien sûr. Comme me l'avait appris *Tremblez mais osez*, la peur du rejet est inscrite dans nos gènes : à l'époque des cavernes, notre survie dépendait de notre acceptation au sein du groupe et un rejet valait condamnation à mort. Et aujourd'hui, qu'il nous soit infligé par deux gamines qui refusent de jouer avec nous ou par une patronne qui ne répond pas à nos e-mails, il continue à nous inspirer cette même angoisse.

Cependant, pour l'heure, la peur du rejet, loin de me sauver la vie, m'empêchait de la vivre. Il était temps que ça change.

Le vendredi 9 mai, j'ai retrouvé Helen et son ami Jim au King's Head, un pub musical d'Islington. J'avais proposé par texto à Sarah de nous rejoindre, mais elle m'avait répondu que sa chaudière l'avait lâchée et qu'elle attendait le technicien. Ce message qui se concluait sans les baisers d'usage m'avait un brin barbouillée, et laissée avec la sensation que mon amie m'en voulait de n'avoir pas pris ses trois derniers coups de fil.

Jusque-là, Helen s'était tenue à distance de ce festival de développement personnel. Ma sœur est plutôt du genre à assener : « Arrête de couper les cheveux en quatre et avance. » Allez comprendre.

Jim, en revanche, était enthousiaste. « Tu devrais

leur demander si tu peux jouer d'un instrument, a-t-il suggéré en me désignant la petite formation de jazz qui enchaînait des morceaux outrageusement répétitifs.

— Ils n'accepteront jamais, ai-je objecté.

— C'est justement l'idée, non ?

— Oh ouais – j'oublie sans cesse. »

Quand la musique s'est arrêtée, je me suis donc approchée d'un bassiste aux cheveux flagada.

« Salut…

— Bonsoir, a-t-il répondu, en évitant plus ou moins mon regard.

— Je me demandais… si… Je n'ai jamais joué de la contrebasse, et je me suis toujours demandé quelle sensation ça pouvait faire. Je sais, c'est une requête bizarre mais… est-ce que je pourrais essayer ? »

Je m'apprêtais à ajouter : « En même temps, je comprendrais très bien que vous refusiez qu'une inconnue touche votre superbe instrument qui coûte probablement la peau du bas du dos », mais le musicien a immédiatement répondu, avec un haussement d'épaules : « Pas de souci, si ça vous fait plaisir. »

Oh ! C'était pas plus compliqué que ça ! Il m'a tendu l'instrument au bois lustré et je me suis enroulée derrière ses courbes. Il était plus grand que moi, mais plus léger que je ne m'y attendais. J'ai pincé les cordes épaisses et j'ai senti la vibration du son électriser mon corps.

« Alors ? Vous en pensez quoi ? a demandé M. Contrebasse.

— J'adore ! Ce n'est pas trop lourd à transporter ?

— C'est plus encombrant que lourd, mais on s'y habitue. Dans le métro, ça peut parfois être compliqué.

— Non, vraiment j'adore ! ai-je répété en pinçant une autre corde.

— Super ! s'est-il exclamé, et cette fois il a souri. Vous jouez d'un instrument ?

— Non, j'ai fait un peu de piano, sans jamais dépasser le stade débutant. Ma mère m'a obligée à abandonner – j'étais trop nulle, je lui cassais les oreilles.

— Ah…

— Je ne suis pas très musicienne. Bon, j'adore écouter de la musique, mais en jouer… Je vous ai demandé de me prêter votre contrebasse uniquement à cause d'un défi que je me suis lancé. »

Quand je lui ai parlé de la thérapie du rejet, il m'a regardée avec des yeux ronds.

« Essayez donc d'être musicienne. Les rejets, c'est notre lot quotidien… »

Il a commencé à me raconter que l'industrie musicale était un milieu féroce et qu'il ferait mieux de suivre son autre rêve, qui était d'ouvrir un camion à café.

« Je viendrais vous acheter des cafés, ai-je promis.

— C'est vrai ?

— Oui, bien sûr. »

Son visage s'est éclairé, et je suis retournée à notre table.

« Donc il ne t'a pas envoyée balader ? a demandé Jim.

— Non, il a été adorable ! »

J'aurais volontiers savouré et fêté ma courageuse

transgression des normes sociales, mais Jim ne l'entendait pas de cette oreille.

« Ton prochain défi consiste à demander à la serveuse de tirer toi-même ta bière. »

J'ai regardé la fille qui officiait derrière le comptoir, avec ses traits épais d'eye-liner et son décolleté agressif, et j'ai anticipé un non net et sans appel. Je ne voulais pas la mettre dans cette position de pouvoir, mais j'y suis allée néanmoins…

Entre la musique qui avait repris et le bruit des conversations, les conditions de communication n'étaient pas optimales lorsque je me suis lancée dans mon baratin : « Je n'ai jamais tiré de bière à la pompe et j'aimerais vraiment savoir quelle impression ça fait…

— Vous voulez une bière ? » a demandé la fille d'un ton autoritaire et en fronçant les sourcils. Elle était étrangère et le barrage de la langue constituait un handicap supplémentaire.

« Oui, mais j'aimerais la tirer moi-même.

— Vous voulez quoi ? Beck's ? Foster's ? Une pinte ?

— Oui, mais… » Cette fois, j'ai fait le geste d'actionner la pompe.

Le froncement de sourcils s'est accentué, l'agressivité de l'eye-liner a déteint sur le regard qu'il ourlait. J'ai néanmoins continué à mimer le geste d'un bras, tout en désignant de l'autre main les robinets à bière, puis moi.

Subitement, elle a semblé comprendre. Elle avait déjà soulevé le lourd rabat du comptoir et me faisait signe de la rejoindre. Je me suis précipitée et j'ai découvert avec ravissement que le plancher derrière le bar était surélevé par rapport à celui de la salle – je m'étais hissée dans le monde ! La fille à l'eye-liner agressif a attrapé ma main, elle l'a collée sur le bras d'une pompe, l'a recouverte de la sienne et – hourra ! J'étais en train de tirer ma propre pinte !

« Comme ça ? a-t-elle demandé.

— Oui ! Merci ! »

On s'est souri. Elle n'était plus la harpie à l'eye-liner agressif, mais une fille drôle et gentille.

« Vous avez vu ça ? ai-je lancé en me rasseyant à notre table tout étourdie d'excitation. Elle m'a laissée tirer ma bière ! »

Jim m'a tapé dans la main, puis m'a désigné un groupe de femmes attablées dans un coin de la salle.

« Ta nouvelle mission consiste à leur demander si tu peux t'asseoir et te joindre à elles », a-t-il annoncé, et je me suis exécutée.

Je me suis dirigée vers ces trois femmes qui étaient en pleine conversation, et je me suis plantée devant leur table. Quand elles se sont avisées de ma présence, je leur ai décoché mon plus beau sourire et j'ai dit : « Mes amis m'ennuient. Ça vous embêterait que je me joigne à vous pour un petit moment ?

— Non, pas de problème ! On parlait de l'effet que ça fait la première fois qu'on baise après l'accouchement… » a dit une femme au décolleté somptueux.

Deux d'entre elles étaient de jeunes mamans, et c'était leur première sortie. Elles fêtaient l'événement au prosecco et venaient de commander du pudding au caramel.

En partageant ce dessert avec mes nouvelles copines, j'ai appris, avec force détails crus, ce qui arrive à un vagin après avoir enfanté.

« Elles étaient adorables ! ai-je dit à Jim, une fois de retour à notre table. Pourquoi se prive-t-on de lier conversation avec les gens autour de nous ? C'est idiot ! On devrait faire ça tout le temps, au lieu de rester dans notre petit groupe à rabâcher sempiternellement les mêmes âneries !

— Peut-être que tout le monde n'a pas autant d'assurance que toi…

— Je n'ai pas d'assurance.

— Tu en as plus que tu ne le penses.

— Qu'est-ce qui te fait dire ça ?

— Jamais je ne ferais les trucs que tu fais.

— Uniquement parce que ta vie est sur les rails – tu as déjà la femme, la maison, les gamins. Tu n'as pas besoin de faire tout ça. Tu es heureux. »

Il m'a décoché un regard et a vidé son verre d'un trait. Ses yeux bleus étaient injectés et vitreux, ses épaules, voûtées.

« Chaque matin, quand je me lève, je sais exactement ce qui va se passer. Toi, tu te réveilles et chaque jour il peut se passer *n'importe quoi*. Profites-en au maximum. »

Helen est revenue des toilettes. On a rassemblé nos affaires et nous sommes sortis dans la nuit douce. Le fond de l'air se réchauffait. L'été approchait. Les éclairages des luxueuses boutiques de fringues projetaient leurs lueurs sur l'asphalte. Des couples rentraient au bercail, blottis l'un contre l'autre, en se parlant à voix basse. Une bande de copains nous a dépassés en poussant des cris de joie et des huées.

Je n'avais toujours pas essuyé de rejet, aussi, lorsque nous avons croisé un jeune homme qui garait sa moto, j'ai sauté sur l'occasion. « Je ne me suis jamais assise sur une moto… ai-je commencé. Ça vous embêterait de me laisser m'asseoir sur la vôtre, juste une minute ?

— Pas du tout ! » a-t-il répondu avec un sourire avenant.

J'ai balancé une jambe par-dessus la selle en cuir capitonné et je me suis installée. C'était étonnamment confortable.

« Elle est vachement bien !

— Je l'ai depuis hier », a précisé le motard, et son sourire s'est élargi.

Il a embrayé sur des détails techniques, taille du moteur, vitesses, tout heureux de parler de son nouveau bébé. Et j'ai appris qu'il avait dix-sept ans.

« Et votre mère, elle en dit quoi ? ai-je demandé.

— Vu que je ne lui ai pas demandé un sou, elle ne peut pas en dire grand-chose.

— Vous me feriez faire un petit tour rapide ?

— Je n'ai qu'un seul casque.

— Ah. Donc, vous ne pouvez pas ?

— Non, désolé. »

Hourra ! Un rejet ! Mission accomplie.

Et quelles leçons avais-je apprises ?

1) La thérapie du rejet, ça coule tout seul quand on a bu.
2) Les gens sont globalement charmants. Seules

nos peurs nous incitent à croire le contraire. Je m'étais persuadée que les musiciens, au pub, étaient des mecs hautains, et que la barmaid était effrayante. Dans l'un et l'autre cas, je faisais fausse route.

3) Il est bien plus facile de rester en sécurité dans son coin, au pub ou dans la vie, mais sitôt qu'on fait quelque chose d'un peu fou, cette dernière devient plus drôle – elle nous donne l'impression d'être un jeu excitant plutôt qu'un sport d'endurance.
4) La gêne ne tue pas. C'est même un sentiment qui se dissipe assez vite.
5) Maintenant j'adorais la thérapie du rejet.

Le lendemain matin, j'ai été réveillée par une conversation entre mon voisin et son petit garçon d'environ quatre ans, qui se trouvaient dans leur jardin.

« Papa !

— Oui !

— Papa !

— Oui, Nate.

— JE T'AIME. »

En dépit de ma gueule de bois, j'ai souri sous ma couette.

« Moi aussi, je t'aime… a répondu le père. Tu veux un câlin ?

— Non ! » s'est récrié le garçon d'un ton indigné.

Le rejet… est partout.

C'était reparti pour un tour.

Le lundi 12 mai, le soleil brillait et tout allait pour le mieux dans le meilleur des mondes. La soirée au pub m'avait réconciliée avec la thérapie du rejet et mon projet dans son ensemble. La remarque de Jim continuait à me trotter dans la tête, et pour la première fois je n'avais pas le sentiment d'être une ratée parce que je n'avais pas ce que Jim – ou toutes mes amies – avait. Je n'avais ni mari, ni maison, ni économies, mais j'avais la liberté et l'aventure. Et j'allais en tirer le meilleur parti. Pour la première fois depuis *Tremblez mais osez*, je me sentais fière de ce que j'étais en train d'accomplir. Mon projet n'était ni égotiste, ni narcissique (du moins, pas entièrement), mais courageux ! Et génial !

J'ai sauté du lit et, sans même troquer le legging dans lequel j'avais dormi pour un pantalon, je suis partie me balader à Hampstead Heath. En chemin, j'ai souri à tout ce qui croisait ma route. Aux chiens et aux enfants. Aux vieux messieurs et aux arbres. J'ai même souri aux femmes archimaigres et coincées. Ces dernières et les arbres ne se sont pas fendus d'un sourire en retour mais la plupart des autres, si. J'étais en train de me faire des amis et d'influencer mon prochain !

Au retour, j'ai longé un terrain de basket où deux ados en sweat à capuche faisaient des paniers. N'auraient-ils pas dû être en cours ? J'ai décidé que, plutôt que de me poser en mère Fouettarde, j'allais leur demander si je pouvais me joindre à eux.

« Pas de souci », a répondu l'un d'eux, et pendant les dix minutes qui ont suivi, ils m'ont coachée en m'expliquant comment positionner mes mains sur le ballon, calculer les angles et fléchir les genoux. Ils s'appelaient Steve et Leon.

Quand je leur ai parlé de la thérapie du rejet, ils m'ont regardée comme si j'étais une vieille folle qui se baladait peut-être bien dans son pyjama, mais ils n'ont pas cherché à écourter la conversation.

« Essayez d'être un mec, a dit Leon. Le rejet, c'est notre pain quotidien. On approche une fille, on se prend un vent, et on recule retrouver nos potes à la case départ.

— Ça t'embête ? ai-je demandé.

— Bof, non », a-t-il marmonné en regardant par terre.

Je leur ai dit qu'un de mes défis consistait à proposer un rencard à un homme.

« Y a aucun risque qu'un mec vous éjecte », a aussitôt dit Leon.

Mon visage s'était éclairé d'un immense sourire.

« Un mec, même s'il kiffe pas la fille, il dira toujours oui, a-t-il enchaîné. Parce que bon, on sait jamais, ça peut être une occasion de… »

Charmant.

Nous avons poursuivi notre conversation. Deux ados de seize ans et moi, en train d'échanger nos techniques pour emballer.

Tandis que je quittais le terrain de basket, Leon a crié : « Vous allez faire quoi maintenant ? On ne vous a pas envoyée bouler.

— Pourriez-vous me prêter dix livres ? ai-je demandé.

— Bien tenté.

— Ça veut dire non ?
— Oui, c'est non. »

« Mais en quoi tout ça concerne ta vraie vie ? Ce n'est pas comme si tu postulais pour des boulots qui t'intéressent, et que tu te faisais éconduire.

— J'ai proposé des sujets d'articles à d'autres magazines », ai-je menti – je n'avais rien proposé à personne. C'était à peine si je travaillais.

« Et… ?

— Je n'ai pas eu de réponse.

— Tu les as relancés ? »

J'avais appelé Sheila pour l'informer de mes derniers actes de bravoure, dans l'espoir qu'elle s'extasierait. Ça n'en prenait pas le chemin.

« Je ne vois pas vraiment en quoi c'est toute une histoire de demander à un musicien d'essayer son instrument. Tu étais dans un pub. Sans compter que c'est de toute façon le genre de truc que tu fais en temps normal, a-t-elle assené.

— Non, ce n'est pas vrai. Quand ai-je jamais fait un truc pareil ?

— Selon moi, tu as besoin de faire des trucs qui affectent ta vie réelle. Si ces deux gamins t'avaient envoyée paître quand tu leur as demandé si tu pouvais jouer avec eux, est-ce que cela t'aurait gâché la semaine ?

— Non, mais je me serais sentie gênée et tout l'objet de cette thérapie, c'est qu'en s'habituant à la gêne en essuyant des rejets mineurs, tu te sens plus forte quand tu en essuies de gros.

— Ouais, c'est bien ce que je dis. Quand vas-tu en venir aux pièces de résistance ? La seule fois où tu as pris le risque d'essuyer un rejet digne de ce nom, c'est quand tu as baratiné ce type dans le métro, et ça remonte à des mois. »

En raccrochant, j'étais furax… *Qu'elle aille au diable ! J'aimerais bien la voir sauter d'un avion et demander à des ados de faire des paniers avec eux… Pourquoi sont-ils tous et toutes aussi avares d'encouragements ? Et aussi prolixes en critiques ? Il me faut des nouveaux amis, une nouvelle famille…*

J'ai essayé d'entretenir ma colère en glissant sous le tapis le fait que Sheila, comme d'habitude, avait raison, mais en pure perte. Ma sœur était comme la lumière vers laquelle on tend un billet de 50 livres suspect.

Jason conseille de commencer par des rejets de peu d'incidence, avant de s'attaquer à ceux qui signifient davantage sur les plans émotionnel et social. Jusque-là, je n'avais tenté le diable ni auprès de mes amis, ni auprès du sexe opposé, et je n'avais définitivement pas poussé l'affaire assez loin dans le domaine professionnel.

En tant que journaliste free-lance, j'aurais dû en permanence démarcher des rédactions, mais je ne le faisais pas. Des confrères ou des consœurs avaient décroché des collaborations géniales non parce qu'ils étaient meilleurs que moi, mais parce qu'ils s'activaient, frappaient aux portes, proposaient des sujets. Ce dont je m'abstenais, pour me préserver des refus qui seraient l'éclatante confirmation des insécurités qui me rongeaient – j'étais un piètre écrivain, j'avais de la chance d'être même arrivée aussi loin, jamais plus je ne retravaillerais…

C'est tout le problème du rejet : il peut induire une douleur disproportionnée par rapport à son motif, parce qu'il ajoutera de l'eau au moulin de l'autodénigrement. Or le rejet n'est pas toujours un signe de notre peu de valeur – la preuve : *Harry Potter* a été refusé par douze éditeurs, presque tous les labels de disques ont éconduit les Beatles à leurs débuts, Walt Disney avait été viré pour manque d'imagination… La liste est longue.

J'ai donc proposé des idées d'articles au *Telegraph*, à *Grazia* et à l'*Irish Independent*.

La première réponse que j'ai reçue a mis dans le mille : « Déjà fait, vu et revu. » Mais je ne me sentais pas libérée – je me sentais nulle.

La suivante, quoique négative, s'accompagnait d'un message de la rédac chef : « S'il vous plaît, faites-nous d'autres propositions, j'ai toujours apprécié vos articles et j'adorerais vous passer commande. » Elle avait toujours apprécié mes articles ! Elle adorerait me passer commande ! Elle savait qui j'étais !

Le troisième e-mail était une réponse à ma proposition la plus culottée – tenir une rubrique régulière sur toutes ces minuscules habitudes qui peuvent nous rendre plus heureux. « Envoyez-moi donc quelques exemples », m'écrivait le rédac chef. Hourra ! J'avais potentiellement décroché une rubrique. Dans un quotidien !

Au cours de ma dernière semaine de thérapie du rejet, j'ai eu droit à mon Grand Moment. Une de ces occasions dont l'issue serait claire et nette – ça passe ou ça casse.

J'étais en train d'écrire dans un café de Soho quand un homme séduisant est entré – séduisant selon mes critères du moment : débraillé, barbu et l'air intello.

Et ce n'était pas la première fois que je le voyais.

La seule fois où j'étais venue dans cet établissement, trois mois plus tôt, il se trouvait déjà là. Il paraissait intelligent, sérieux, et j'avais imaginé qu'il écrivait un livre génial, ou un scénario. J'étais tellement tombée sous son charme que j'avais parlé de lui à Rachel en rentrant à la maison.

« Tu aurais dû au moins lui dire bonjour.

— Ouais, c'est ça, avais-je répondu, sarcastique. Dans une autre vie. »

Et voilà que nos chemins se recroisaient. Alors que j'étais en pleine thérapie du rejet. Comment ne pas y voir un signe ?

Le signe, faut-il croire, que le moment était venu de paniquer et de me changer en statue de sel, puisque, tout en sachant que le jeu consistait à essuyer un rejet, et que pour gagner je devais me crasher et partir en flammes, je suis restée vissée à ma chaise.

Le défi avait d'abord une dimension concrète : un passage à l'acte qui impliquait d'aborder un inconnu.

Comment m'y prendre ? Je vais vers lui et je lui dis « Bonjour » ? Et après ? Il me répond « Bonjour », s'ensuit un silence de mort et je retourne m'asseoir ?

Je n'étais pas un personnage de sitcom américaine. Je ne savais pas gérer ce genre de situation.

Venait ensuite la dimension émotionnelle : être rejetée par un représentant du sexe opposé serait une expérience dévastatrice. J'aurais beau savoir que son indifférence à mon égard ne changerait pas ma vie, elle me ferait l'effet d'un coup de poing – le genre de coup susceptible de me précipiter dans une spirale de doute des semaines durant.

Donc, je n'ai pas bougé de ma chaise, et j'ai remué mon café en le dévisageant.

Avec une insistance qui n'est apparemment pas passée inaperçue puisque, à un moment, il a détaché les yeux de son ordi et m'a souri. J'ai paniqué et vite regardé ailleurs. Un mec qui me plaisait me souriait, et moi, je le snobais. J'étais tellement nulle à ce jeu-là !

Une demi-heure a passé, et il m'a souri de nouveau. Cette fois, je lui ai rendu son sourire, et j'ai senti mes joues s'enflammer. Ces histoires de sourires, ce n'est vraiment pas grand-chose, mais j'avais l'impression de porter un T-shirt qui proclamait : « Je suis célibataire, je me sens seule, s'il vous plaît, aimez-moi ! Mais je parie que je ne vous plais pas. Évidemment que je ne vous plais pas… »

Je me suis reconcentrée sur mon fil Facebook.

Et puis la catastrophe a frappé : un copain l'a rejoint. Au bout de quelques minutes à peine, le nouveau venu s'est retourné vers moi. C'était affreusement embarrassant. Le joli barbu devait parler moi – de la tarée qui le dévisageait depuis des heures. J'ai fixé l'écran de mon ordi.

J'ai regardé l'heure. Il était 18 heures 30. Jason Comely dit que, dans le cadre de la Thérapie du Rejet, il faut appliquer la règle des trois secondes : cette approche stratégique mise au point par les dragueurs chevronnés nous invite, quand on voit quelqu'un qui nous plaît, à l'aborder dans les trois secondes qui suivent. Passé ce délai, la peur commencera à s'insinuer. « Éliminer le temps, c'est éliminer la peur », affirme Jason Comely. C'était donc mal parti pour moi puisque je venais de passer quatre heures et demie dans ce café – je n'exagère pas ! – à siroter des cafés froids et tenter de rassembler le courage d'aller parler à un homme.

J'étais attendue à un cocktail pour le boulot à 18 heures 30. J'ai bien songé à envoyer un texto à Sarah mais, en plus de culpabiliser de mon silence radio, je me suis dit qu'elle serait encore au bureau, et donc j'ai envoyé un message à Rachel :

Moi : Suis dans le café de Soho et mon mec séduisant est là avec un copain et je suis paralysée. Il me sourit, je lui souris. On tourne en rond ! Grrr !

Rachel : N'oublie pas : thérapie du rejet ! Dis-lui qu'il a un beau sourire – c'est tarte, mais si tu lui plais, il ne s'en apercevra même pas !! XX

Moi : Grrrrrrrrrrrrrr. Je suis tellement nulle pour ces trucs.

Rachel : Boucle-la et fais-le.

Moi : J'ai trop la trouille.

Rachel : Rien ne t'oblige à le revoir. Si tu te ridiculises – et alors ? Tu as parlé en public, fait un stand-up, posé à poil… Tu peux faire ça.

Eh bien non – je ne le pouvais pas. Et à 18 heures 20, j'ai plié bagage pour aller assister au lancement d'un nouveau matelas puisque tel était – je ne blague pas – l'objet du fameux cocktail.

Lâche ! me suis-je fustigée en sortant. Pourquoi ne lui as-tu pas au moins dit bonjour ? Juste ça – bonjour. Dégonflée ! Tu te dégonfles à chaque fois.

À l'entrée du showroom, un serveur m'a présenté son plateau, j'ai pris une coupe de prosecco et je suis allée libérer mon flot de bile à côté d'un lit à colonnes. Pourquoi te comportes-tu toujours comme une idiote avec les hommes ? C'est quoi ton problème ? Ça t'aurait tuée, s'il n'avait pas répondu ?

Il y avait une vingtaine de personnes dans cette boutique de meubles de luxe – des rédactrices de magazines bien habillées, et deux hommes en costume, dont j'ai deviné qu'ils travaillaient pour le fabricant de matelas.

« Tout n'est pas perdu, m'a consolée Liz, qui organisait l'événement et n'écoutait donc mes jérémiades que d'une oreille. Si tu l'avais déjà vu là-bas, tu l'y recroiseras sans doute. »

Mais je savais que la vie ne marche pas comme ça. Au centre de Londres, il est rare de croiser deux fois une même personne. J'avais déjà eu ma seconde chance, soit une de plus qu'il n'en est donné à la majorité des gens. J'avais le choix : siroter du prosecco tiède en compagnie des matelas – de l'alcool et un plumard : quelle représentation aurait pu être plus raccord avec ma zone de confort ? – ou bien affronter ma peur du rejet et retourner au café.

« Désolée, mais je dois filer », ai-je annoncé à Liz en lui fourrant mon verre vide dans la main.

J'ai foncé vers la sortie avant de pouvoir changer d'avis. Traversant la chaussée en slalomant entre les voitures, j'avais l'impression d'être l'héroïne d'une comédie romantique.

Suis-je vraiment en train de faire ça ? Oh mon Dieu, oui, je…

À la devanture du café, je me suis figée. Il était toujours là, en pleine conversation avec son copain.

Ne t'arrête pas, entre. Allez !

J'ai poussé la porte et me suis dirigée droit vers sa table, sans avoir la moindre idée de ce que j'allais lui dire.

Il a levé la tête. Son ami a levé la tête. Je me suis pétrifiée.

« Bonsoir », ai-je dit – ou coassé, plutôt. Il était arrivé un truc bizarre à ma voix.

« Bonsoir », ont-ils répondu en chœur.

J'avais l'impression d'assister à la scène depuis le plafond.

Dis un truc, Marianne. Dis un truc !

Et là, le copain, plus vif que l'éclair, a annoncé : « Je partais. Je vous laisse ma chaise ? »

J'ai acquiescé et je me suis assise. Mon beau barbu a semblé un peu surpris mais il a enchaîné : « Vous voulez un café ? »

J'ai répondu oui, même si un surcroît de caféine était probablement la dernière chose dont mon organisme avait besoin.

Je l'ai regardé revenir du comptoir avec nos tasses. Je n'arrivais pas à juger de sa taille – était-il plus grand que moi ? – mais j'ai remarqué qu'il se tenait très droit. Comme s'il affrontait le monde bille en tête. Pas avec arrogance, juste d'une façon qui annonçait : « Me voilà. » Rien à cacher. Ça m'a bien plu.

Il a posé les deux cafés sur la table et tendu la main pour se présenter.

Comme son nom avait une consonance grecque, je lui ai demandé s'il était grec. Il l'était. Il m'a demandé si je parlais grec. Ce n'était pas le cas.

« Mais je suis allée à Athènes, une fois – il faisait très très chaud. J'ai visité l'Acropole et j'ai transpiré comme une bête. »

Tu es vraiment bête à manger du foin – quel besoin as-tu de mentionner que tu transpires beaucoup ?

Ma main tremblait tellement qu'elle secouait le café.

« À la fac, ai-je repris, j'avais une copine grecque qui, quand il pleuvait, disait tout le temps : "On n'est pas en sucre, on ne va pas fondre." » J'étais une boule de nerfs qui parlait à tort et à travers, mais il riait avec moi – pas de moi.

Puis nous avons entamé une vraie conversation.

Finalement, il n'était pas un grand écrivain ; il faisait une thèse sur un sujet en lien avec la psychologie et il partageait son temps entre Londres et la Grèce.

« Vous avez des projets pour ce soir ? a-t-il demandé.

— Non, pas vraiment…

— Un verre de vin, ça vous tente ?

— Oui, bien sûr ce serait sympa. »

J'espérais que la voix qui sortait de ma bouche était plus posée que celle qui hurlait dans ma tête : Putain ! C'est arrivé ! Tu as abordé un mec dans un café et tu as décroché direct un rencard !

Une fois dans la rue, j'ai été prise d'un accès de timidité. Nous étions à peu près de la même taille, mais lui était mince et je me sentais boulotte en comparaison… Reprends-toi, Marianne, arrête de te faire ça.

Les bureaux ayant fermé, il y avait foule dans les rues et les gens massés devant les pubs nous obligeaient à nous faufiler. On aurait dit un couple. Un couple qui sort boire un verre, comme le font les couples normaux.

Je l'ai suivi jusque dans un bar à vin où je n'avais jamais mis les pieds. Animé mais pas trop, branché sans être prétentieux. Pendant que je m'installais sur un canapé en cuir moelleux près de la devanture, il est allé commander nos boissons.

« À la tienne », a-t-il dit, et nous avons entrechoqué nos verres.

Il m'a regardée dans les yeux et je me suis sentie toute timide.

« Bon, c'est une surprise », a-t-il dit, et nous avons ri. Nerveusement.

« Oui, je sais. »

Il y a eu une seconde de silence, puis :

« J'étais sous le choc, quand tu es venue à ma table. Et quand je suis allé chercher les cafés, mon cœur battait fort et j'avais peur de m'être trompé dans la commande.

— Tu semblais très détendu.

— Ce n'était pas le cas. Je t'avais remarquée, et je serais rentré chez moi en colère de n'avoir pas eu le courage de te parler. Je suis nul, pour aborder les femmes.

— Et moi donc – enfin, pas les femmes, les hommes…

— Ce n'est donc pas ton habitude de brancher des inconnus dans les cafés ?

— Non ! »

Je lui ai parlé de la thérapie du rejet.

« Mais je ne t'ai pas rejetée, a-t-il objecté.

— C'est vrai. »

Du coup, j'ai demandé au barman s'il pouvait nous offrir un verre ; il adorerait le faire, m'a-t-il répondu, mais cela lui vaudrait quelques ennuis avec son responsable. Pas de souci. Rejet accompli. Et celui-là n'aurait pas pu être plus indolore.

« Si une femme me sourit trois fois, je prends ça comme un signe d'intérêt, et je vais essayer de l'aborder », a repris mon barbu. Je n'avais jamais souri trois fois de suite à un homme – j'étais trop fière, trop froussarde, trop gênée. Toute ma vie, j'avais cru que les autres filles séduisaient les hommes parce qu'elles étaient plus minces et plus jolies, mais peut-être était-ce juste qu'elles souriaient davantage.

Il était célibataire depuis trois ans, au terme d'une longue relation.

« Et toi ? »

L'incontournable et détestable question de tout premier rencard. Je me suis tassée en avouant que j'avais été célibataire le plus clair de ma vie et qu'aucune de mes relations n'avait tenu plus de quelques mois.

« Pourquoi ? » a-t-il demandé.

Une question tellement simple – je dirais même la question par excellence – mais, ne sachant pas comment y répondre, j'ai bu une gorgée et changé de sujet.

Il m'a parlé de sa vie. Il avait grandi entre la Grèce

et New York, son père était musicien et voyageait beaucoup. Il était fils unique.

Quand le bar a fermé, il m'a accompagnée jusque sur le quai du métro.

« Que tu viennes m'aborder de but en blanc est le truc le plus charmant qui me soit arrivé depuis longtemps », a-t-il dit.

J'ai contemplé mes pieds.

Il a éclaté de rire et s'est penché pour m'embrasser. C'était un baiser gentil. Tendre.

Mais qui m'a donné envie de rentrer sous terre. Pourquoi réagis-tu comme ça ? Pourquoi de tels moments te terrifient-ils à ce point ?

Lorsqu'il s'est reculé, on s'est souri.

« C'était agréable, a-t-il dit.

— Oui, très, ai-je renchéri, et j'ai éclaté de rire.

— Je pars à Athènes vendredi, mais je serai de retour à Londres d'ici quelques semaines.

— OK.

— Mon père n'est pas très en forme et je dois rentrer pour aider ma mère.

— Je suis désolée.

— T'inquiète pas. Ça dure depuis un petit moment. Tu veux qu'on se revoie, à mon retour ?

— Oui, ce serait génial », ai-je répondu, et je me suis engouffrée dans la rame.

La thérapie du rejet avait été atrocement pénible, par moments. Que le jeu nécessite, pour parvenir à mes fins, d'impliquer à ses dépens une tierce personne m'avait mise mal à l'aise. Et cela avait été un choc de découvrir combien je pouvais me sentir blessée quand mon sourire se heurtait à un visage aussi fermé qu'une porte de prison. Cependant, elle m'avait aussi énormément apporté. En plus de m'avoir offert quelques interactions modestes mais ô combien réconfortantes avec des inconnus – des interactions qui m'avaient montré le monde sous un jour plus amical –, elle m'avait également permis de décrocher quelques gros lots. Un journal auquel j'avais envoyé trois de mes articles m'avait confié une rubrique. Enfin, vu la taille de ladite rubrique – peu ou prou celle d'une boîte d'allumettes – le terme était peut-être un peu exagéré. Mais c'était la mienne ! Et ce n'était qu'un début !

J'avais également décroché un rencard.

Mais, pour l'essentiel, cette expérience avait été l'occasion d'une prise de conscience capitale : j'avais compris que je n'avais essuyé que de rares rejets parce que je m'étais mise en quatre pour éviter de tendre le bâton pour me faire battre – dans le cadre de mon travail, avec mes amis, en amour.

Début mai, j'étais tombée sur une citation de J. K. Rowling : « Il est impossible de vivre sans jamais échouer, sauf si on fait tellement attention que l'on ne vit pas du tout. Dans ce cas, on échoue, par défaut. »

J'avais échoué par défaut, je m'étais rejetée moi-même par défaut. Et cela devait cesser.

Brinquebalée dans cette rame de la Northern Line qui me ramenait chez moi, en regardant les couples et les étudiants légèrement éméchés, je me suis sentie pour une fois à ma place au milieu des gens heureux autour de moi. Et j'ai réfléchi au fait qu'il suffisait de dire bonjour à un inconnu pour changer sa vie du tout au tout.

6

Rien à foutre : l'ultime voie spirituelle
de John C. Parkin

« Si quelque chose vous stresse, dites "Rien à foutre", et vous vous sentirez instantanément mieux. »

Le texto de Sarah est arrivé alors que je traînais au Wetherspoon de l'aéroport de Gatwick.

Ça va ? Que se passe-t-il ? On ne s'est pas vues depuis des semaines et chaque fois que je te propose un truc, ça n'a pas l'air de te brancher. J'ai fait quelque chose de travers ? Sx.

C'était vrai. Je n'avais pas décidé de prendre mes distances avec Sarah, mais ça c'était fait tout seul…

Nous étions dans des mondes différents. Sarah évoluait dans le vrai monde, celui des bureaux et des chaudières en panne, quand moi… eh bien moi, je baratinais des hommes dans les cafés et me répétais en boucle des affirmations. Même si personne ne m'avait fait la moindre remarque à cet égard, j'avais commencé à glisser dans la paranoïa et j'imaginais mes amis se moquer de moi dans mon dos. Avant le mois de janvier, je n'étais jamais la dernière à rire de mes lectures périscolaires approuvées par Oprah. Mais nous étions maintenant début juin, cela faisait cinq mois que je me dévouais à ma mission, et je ne voulais pas entendre la moindre critique, même vague, à son sujet – ou au mien. Le développement personnel n'avait plus rien de risible ; il était devenu tout ce qu'il a de plus sérieux.

Et il n'était plus un hobby, mais ma vie.

M'extraire coûte que coûte de ma zone de confort accaparait toutes mes pensées en état de veille – et aussi un certain nombre pendant mon sommeil. Et cela était en train de me changer. Je ne voulais plus commenter les psychodrames survenus au bureau. Je ne voulais plus médire de tel ou telle ni parler de trucs bêtes et sans importance. J'essayais de rester positive, et de devenir une meilleure personne !

J'ai balayé des yeux la salle du Wetherspoon. À la table voisine, un sexagénaire aux cheveux longs, arborant un tee-shirt à l'effigie des Hell's Angels et des lunettes de soleil, bien qu'on fût à l'intérieur, vidait sa pinte cul sec, comme si on venait de sonner la dernière commande. De l'autre côté, un jeune couple, à la peau si parfaitement bronzée et astiquée que les deux semblaient en celluloïd, buvait du rosé. Il était à peine midi.

Rien à foutre. J'ai commandé un verre de chardonnay. Grand format.

Et, en le sirotant, ma culpabilité s'est endurcie et métamorphosée en un sentiment nouveau : le défi.

Là où l'ancien moi aurait trouvé n'importe quelle justification, se serait confondu en excuses d'avoir fait, ou pas, ceci ou cela, le nouveau moi disait : « Rien à foutre. » J'en avais tellement ras le bol de m'excuser ! Mes mains tremblaient. J'ai commandé un autre verre.

Mon téléphone a sonné. C'était un texto de mon ami le Grec.

Amuse-toi bien ! Le message était suivi d'un smiley. Je déteste les smileys. Les thésards communiquent-ils vraiment par smileys ?

Compte sur moi !!! ai-je répondu.

Chacun son truc. Moi, c'est les points d'exclamation – dont je fais un usage immodéré. À mon grand dam.

J'ai regardé le tableau d'informations. L'embarquement du vol Ryanair à destination d'Ancone battait son plein.

J'ai éclusé mes dernières gouttes de chardonnay, rangé le téléphone dans mon sac et gagné la porte d'embarquement. La réponse à Sarah attendrait mon retour.

Une fois dans l'avion, j'ai regardé par le hublot et ouvert mon livre. Tandis que nous prenions de l'altitude, ma vie quotidienne s'est évanouie. Enfin seule ! Personne à qui penser à part moi-même. Rien à foutre de tout et de tout le monde.

Quelques années plus tôt, un autre Anglais stressé avait lui aussi fui sa vie quotidienne. John Parkin était cadre sup dans une agence de pub londonienne lorsqu'il avait été rattrapé par une crise de vie. Dans son livre *Rien à foutre : l'ultime voie spirituelle*[1], il

1. John Parkin, *Rien à foutre : l'ultime voie spirituelle*, Éditions Contre Dires, 2011.

écrit : « Pour la première fois de ma vie, plus rien n'avait de sens. Je souffrais en permanence… Je souffrais d'être vivant. »

La situation s'était détériorée au point qu'un jour il s'était retrouvé dans le caniveau – littéralement. « Allongé dans cette rigole, je me suis roulé en boule comme un enfant et je me suis mis à pleurer. Et ce n'était même pas le pire moment de la semaine. »

Qui n'aime pas entendre le récit dramatique d'un de ces moments où on touche le fond ?

À partir de là, pour identifier l'origine de tant de souffrance, John avait lu tous les livres de spiritualité connus à ce jour. Il avait plaqué son boulot, s'était mis au yoga, au tai chi, au chamanisme. Pour finir, il avait emballé toutes ses affaires dans un camping-car et, avec sa femme et leurs deux jeunes fils, il était parti s'installer en Italie, où le couple avait ouvert un lieu de retraite pour cadres victimes de burn-out.

C'était au cours de l'une de ces retraites qu'un commentaire improvisé avait donné naissance à un mouvement de développement personnel. John travaillait avec une trentenaire qui, même au bout d'une semaine d'exercices de respiration, de yoga et de visualisation, refusait obstinément de se détendre. Au moment où elle s'apprêtait à rentrer chez elle, avec un bagage mental à peu près identique à celui avec lequel elle était arrivée, John lui avait suggéré, en derniers recours, de dire « rien à foutre » à tout ce qui lui causait des soucis.

Quelques semaines plus tard, cette femme lui avait écrit pour lui annoncer qu'elle avait suivi son conseil et que cette simple grossièreté avait tout changé. Elle se fichait désormais de tout, et sa vie s'en trouvait bien mieux.

John a compris qu'il avait mis le doigt sur quelque chose. Et il a écrit un livre dans lequel il affirmait que l'expression « rien à foutre » convient parfaitement pour traduire, à l'occidentale, les notions spirituelles orientales du lâcher-prise et du renoncement à vouloir toujours tout maîtriser. À la seconde où on dit « rien à foutre », s'est-il aperçu, on cesse de se mettre martel en tête pour des trucs qui n'en valent pas la peine.

« Rien à foutre » est une manière de dire qu'en définitive, il n'est d'importance que relative. Ce qui est vrai, bien entendu. J'étais entièrement acquise à cette idée sur un plan intellectuel mais, dans ma vie quotidienne, tout avait beaucoup d'importance : l'opinion que les autres avaient de moi, ma réussite professionnelle, mon poids, mes cheveux, mes découverts bancaires et mes crédits revolving, mon avenir, ma vie amoureuse, ou son absence… Tous ces tracas nageaient dans ma tête comme dans une marmite de soupe de malheurs, concoctée par nulle autre que moi. *Rien à foutre* allait être l'antidote à tout ça – mon ticket de sortie.

J'avais lu le livre de John des années plus tôt, et il m'avait bien plu. Étant de souche irlandaise, les jurons et les gros mots, ça ne peut que marcher pour moi. L'ouvrage est spirituel sans se la jouer, certes un peu New Age sur les bords mais pétri de bon sens.

C'est du développement personnel pour personnes allergiques au développement personnel.

La principale raison qui m'avait décidée à rouvrir ce bouquin, cependant, c'est que les retraites Rien à foutre se déroulent en Italie. La perspective d'une semaine entière d'introspection au soleil… voilà un programme auquel je ne pouvais qu'adhérer.

Ma mère avait émis une réserve.

« Tu as les moyens de cette escapade ? avait-elle demandé.

— Pas vraiment, mais j'ai besoin de vacances.

— Marianne, on a tous besoin de vacances. La semaine dernière, tu pleurais devant tes tickets de carte de crédit.

— Ce n'était pas la semaine dernière mais il y a plusieurs mois, et j'ai beaucoup bossé ces derniers temps. Ça devrait le faire… »

Un mensonge. Je n'avais pas travaillé des masses. Et si mes relevés bancaires ne m'arrachaient plus de larmes, c'était uniquement parce que je ne les ouvrais plus – pas même pour y ajouter des zéros supplémentaires.

J'avais refusé de m'appesantir sur le sentiment, inconfortable, de toujours céder au caprice de l'instant, de toujours faire passer mon plaisir en premier. Ma mère, à soixante-huit ans, travaillait à temps plein comme professeure et n'avait de vacances que les deux semaines qu'elle passait l'été en Irlande sous la pluie. Quand la vie s'écroulait autour d'elle, elle s'allongeait sur le lit et se sermonnait. Moi, j'étais sur le point de débourser plusieurs centaines de livres pour faire la même chose en Italie, au bord d'une piscine.

J'avais payé le séjour avec la carte de crédit. Évidemment.

Pendant le vol, je me suis endormie. Quand je me suis réveillée, un filet de salive séchée au coin de la bouche, Ryanair vantait par haut-parleur interposé le taux de ponctualité des vols. Le vin que j'avais bu avant d'embarquer m'avait assommée, et le mur de chaleur qui nous a accueillis à la descente sur le tarmac m'a achevée. Mon jean et mon pull en coton, qui semblaient audacieusement estivaux au départ de Londres, me donnaient maintenant l'impression d'être habillée pour les pistes de ski.

Un couple d'une soixantaine d'années patientait en silence à côté de moi devant le carrousel à bagages. La femme paraissait malheureuse. Lui avait le teint rougeaud et l'air résigné. J'ai espéré qu'ils n'allaient pas participer à la retraite.

De l'autre côté du tapis roulant, un homme grand, blond et bronzé a récupéré un sac North Face au moment où la brune bouclée à ses côtés lui désignait une valise à roulettes à la coque argentée. L'homme l'a interceptée pour elle puis tous deux se sont dirigés vers la sortie. Ils formaient un couple séduisant – bien habillés, peaux éclatantes, corps minces et musclés… Une escapade romantique, à tous les coups. Et comme je me sentais grosse et transpirante, la rengaine de la pauvre fille célibataire s'est mise en route dans ma tête… jusqu'à ce que je me souvienne du Grec. J'ai souri. Qui sait ? Peut-être un jour formerions-nous un de ces couples séduisants qui s'offrent des escapades. Je pourrais le rejoindre en Grèce et visiter les îles avec lui… une fois que j'aurais fait un régime.

À la station de taxi, j'ai tendu l'adresse à un homme brun avec une queue-de-cheval et une chemise un poil trop échancrée. On l'aurait cru droit sorti d'un casting de l'office du tourisme italien. Quand on s'est éloignés de la côte pour s'enfoncer dans les collines et que la route s'est transformée en une succession de lacets, le rosaire en plastique blanc suspendu au rétroviseur s'est mis à danser. Vingt minutes plus tard, nous avons bifurqué sur un chemin de terre qui coupait à travers les vignes et les champs d'oliviers et…

« C'est là ! » a annoncé le chauffeur, doigt tendu vers la belle bâtisse ancienne en pierre.

Je suis descendue de voiture et j'ai pris un instant pour contempler la longue terrasse qui surplombait le bassin turquoise dont l'eau semblait se déverser directement dans les vertes collines environnantes. C'était de loin, de très loin, beaucoup plus beau que ce à quoi je m'attendais.

On m'a conduite jusqu'à ma chambre – en l'occurrence une maisonnette en pierre dans les jardins, avec vue sur une chapelle. Lit immense, télévision à écran plat, salle d'eau en marbre… J'ai fait du trampoline sur le matelas en couinant de joie.

Puis j'ai pensé à Sarah et à ma mère, et une crampe de culpabilité m'a serré le ventre : je ne méritais pas ce séjour au paradis alors que j'avais négligé une amie, et que ma mère qui n'était plus toute jeune trimait encore, et… Un *splash* retentissant et des cris en provenance de la piscine m'ont remise illico sur les bons rails.

Rien à foutre. Rien à foutre de rien.

Je me suis déshabillée, je me suis allongée en sous-vêtements sur les draps blancs et craquants ; j'ai fermé les yeux…

Quand je me suis réveillée, le soleil italien projetait

une intense lueur orangée à travers les persiennes. Il était 19 heures passées. J'avais dormi deux heures et il me fallait maintenant faire la connaissance des autres participants. J'ai enfilé une robe en jersey bleu, enroulé à la va-vite mes cheveux en chignon et j'ai gagné la terrasse où une dizaine de personnes étaient attablées devant un apéritif.

J'ai aperçu le couple séduisant entrevu à l'aéroport.

« Tu es également une adepte du Rien à foutre ? s'est enquise une femme souriante au carré châtain.

— Je suppose !

— Bienvenue parmi nous. »

Il y avait un siège libre à côté de M. Aéroport, qui arborait à présent un short et un tee-shirt bleu flambant neufs. Sa copine était assise à l'autre bout de la table.

« Je m'appelle Geoff », a-t-il dit. Il avait l'accent nord-irlandais et des yeux marron. Il s'est levé et m'a tendu la main. Il était immense. De près, on aurait dit le mannequin d'une pub Gillette. C'était peut-être bien le plus bel homme qu'il m'avait été donné de voir dans la vraie vie. Mon estomac a fait un salto. J'ai pris la main tendue et, aussitôt, j'ai eu peur d'avoir la paume trop moite, peur d'avoir été trop énergique dans ma poignée de main.

« C'est incroyable, non ? ai-je dit en regardant la piscine.

— Tout à fait. Je m'attendais à dormir dans un dortoir et à manger des fayots, a plaisanté Geoff.

— Moi aussi ! C'est exactement ce que je pensais, ai-je renchéri, d'une voix trop forte.

— C'est donc la première fois que tu viens.

— Oui, mais j'ai lu le livre… »

Quand un homme me plaît, je le sais immédiatement : soit je suis frappée de mutisme, soit je pousse le volume de ma voix, j'entends chaque mot qui sort de ma bouche et j'éprouve le besoin d'être drôle ou d'impressionner mon interlocuteur. Là, en l'occurrence, j'ai fait mon show.

Geoff a semblé un peu inquiet pour moi tandis que je déroulais mon petit numéro de mordue du développement personnel – et j'ai pensé au Grec. Je me sentais déloyale de transférer déjà mon affection, si peu de temps après notre rencontre.

Avant que je ne puisse creuser ma tombe plus profondément, un homme avec des lunettes à monture noire à la mode, chemise à fleurs et Birkenstock s'est avancé sur la terrasse. J'ai reconnu son visage pour l'avoir vu sur la couverture de son livre. C'était John, notre gourou pour la semaine. Sauf qu'il n'avait pas l'allure d'un gourou. Il n'avait ni tunique ample ni rangs de perles en bois. Pas même un sarong. John offrait à tous égards une apparence conforme à celui qu'il était : un ancien pubard d'âge mûr.

Il était suivi par une femme grande et à l'air sévère qui m'a évoqué une prof de yoga allemande. Elle a balayé notre groupe du regard comme si elle passait nos âmes au scanner. Je n'en menais pas large.

Les salutations terminées, John nous a présenté cette femme, qui n'était autre que son épouse, Gaia. Elle a alors souri, en fermant et plissant les paupières, et son visage s'est illuminé. D'un coup d'un seul, la terrifiante prof de yoga allemande est devenue une superbe femme pleine de distinction et de sagesse !

« Nous n'avons pas de plan préétabli, a annoncé John d'emblée. Les activités que nous proposons varient chaque semaine, selon ce qui nous semble le plus adapté au groupe. Il n'y aura pas de psalmodies ni de séances de méditation à 5 heures du matin. Nous croyons que tout est spirituel – boire, rire, se goinfrer de gâteau au chocolat… En général, le matin, on se retrouve vers 10 heures – même si Gaia est toujours en retard – et on travaille jusqu'à 13 heures. Après le déjeuner, vous pouvez lézarder au bord de la piscine ou faire ce que vous voulez. »

Le dîner a été l'occasion de faire plus ample connaissance tout en buvant du vin.

Ce n'est que le lendemain matin, une fois assis sur des coussins disposés en cercle par terre, dans une salle baignée de soleil, que nous sommes entrés dans le dur. John nous a demandé de nous présenter et de dire pourquoi nous étions là. En écoutant les autres participants raconter leur histoire avec une sincérité désarmante – des histoires qui combinaient divorce, deuils familiaux, maladie et stress professionnel –, j'ai ressenti une certaine nervosité.

Plus mon tour approchait, plus mon cœur battait fort. J'avais la sensation d'être un imposteur. Mes parents n'étaient pas morts. Je n'étais pas en instance de divorce. Et comme je rechignais, par peur de passer un peu pour une folle, à parler devant le groupe de ma mission de développement personnel, j'ai dit : « Entre vingt et trente ans, je n'ai fait que bosser comme une tarée, et j'étais convaincue que le stress professionnel était le nœud du problème. Je pensais que tout s'arrangerait si je pouvais lever le pied. C'est quand j'ai démissionné pour continuer en free-lance que j'ai compris que le problème ne venait pas du travail, mais de moi… »

J'ai contemplé le sol, et mon voisin a pris le relais.

« Chaque retraite que nous organisons fait émerger une thématique propre, a conclu John. Cette semaine, apparemment, nous avons beaucoup de burn-out – vous êtes tous de bons petits soldats qui avancent coûte que coûte, et, à bien des égards, c'est une attitude positive… qui peut cependant conduire au surmenage, et rendre malheureux. Cette semaine, on peut chercher à voir ce que ça changerait si vous lâchiez prise et arrêtiez de vous évertuer à bien faire. »

Tout le monde a relâché son souffle.

Au déjeuner, je me suis assise à côté de Geoff.

« C'était intense, a-t-il observé.

— Ouais, c'est un peu comme les Alcooliques Anonymes, ou un truc du genre. » J'ai cherché des yeux la fille aux cheveux bouclés mais elle n'était nulle part en vue. « Ta copine n'est pas là ?

— Pardon ?

— Tu n'es pas avec la fille aux cheveux bouclés ? Je vous ai vus ensemble à l'aéroport.

— Ah… Non, on a juste papoté dans l'avion. Je ne la connaissais pas. »

J'ai essayé de contenir le sourire béat qui était en train d'envahir mon visage.

Joue-la cool, Marianne.

Cet après-midi-là, tout le monde a choisi de lézarder sur les chaises longues au bord de la piscine. J'avais apporté le livre de notre hôte, mais je ne l'ai pas ouvert, il est resté à côté de mon tube d'écran total. Je me suis endormie à la seconde où je me suis allongée.

Le lendemain matin, nous avons appris comment dire Rien à foutre, avec le concours d'un Werther's Original.

On nous a demandé de former des paires, d'empoigner le bras tendu de notre binôme, et d'essayer, de toutes nos forces, de l'empêcher de plonger la main dans sa poche pour y attraper un bonbon imaginaire.

J'ai fait équipe avec Janet, une infirmière de Glasgow, un petit bout de femme avec une énergie enfantine tout en nerfs et un immense sourire. J'ai appris qu'elle était une fêtarde repentie et désormais accro aux spiritualités tous azimuts – « Je cumule, m'a-t-elle dit. Je consulte des magnétiseurs, des voyantes, des chamans, des médiums. Je fais du chi gong, de la méditation, j'étudie le bouddhisme. Je m'épuise à tout essayer ! J'ai besoin de décompresser de mes efforts de décompression ! »

Janet possédait une force surprenante. Plus je me démenais pour atteindre ma poche, plus sa poigne se raffermissait. Au bout de plusieurs minutes de lutte, j'étais encore très loin de mettre la main sur mon bonbon imaginaire. Ensuite, on nous a demandé de changer d'approche : le bonbon se trouvait toujours dans notre poche et nous voulions toujours l'attraper, mais si nous n'y parvenions pas, ce ne serait pas un drame. Nous avions pour consigne de ne pas forcer pour l'attraper à tout prix, de détendre notre bras, et de voir ce qui se passait. J'ai tortillé mon bras dans tous les sens, comme pour m'amuser, et j'ai réussi à glisser la main dans ma poche du premier coup. Janet, qui s'employait pourtant à contrer mon geste, a eu l'air perplexe. « Pourtant, j'essayais, je te promets… » a-t-elle dit.

Rien à foutre, a alors expliqué John, n'est pas un mantra qui invite à l'inaction, mais à la prise de recul : on peut chercher à attraper le bonbon (ou décrocher le job/ séduire l'homme/ acheter la maison qu'on convoite), mais on reste détendu, et on accepte qu'advienne que pourra. D'ailleurs, si vous n'avez pas l'énergie d'attraper le bonbon (ou de décrocher le job/ séduire l'homme/ acheter la maison), eh bien, ce n'est pas grave – passez votre tour. Offrez-vous une sieste. Ou une année sabbatique. Ou un congé à vie.

Plus facile à dire qu'à faire, évidemment. À la plupart d'entre nous, notre éducation a inculqué qu'on doit travailler dur, donner le meilleur de soi, ne jamais abandonner. Qui ne souffre pas n'obtient rien. On trime douze heures par jour au bureau mais notre épuisement est la médaille qu'on arbore au revers. Or pourquoi faut-il que la vie soit si dure ? Non, vraiment – pourquoi ? La vie devrait-elle être une punition ? Ou une source de plaisir ? Et pourquoi vouloir en profiter donne-t-il le sentiment d'être un sale gosse qui ne manque pas d'air ?

John croit fermement que si on trouve le courage de se détendre et de prendre du recul, si on arrête de vouloir autant, de travailler autant, de lutter autant… alors, comme par magie, ce qu'on se démenait pour atteindre vient à nous, sans qu'on ait à fournir d'effort…

L'idée que pour obtenir ce qu'on veut on doit renoncer à le vouloir peut être déroutante et difficile à appréhender, admet-il, mais il explique que toute forme de désir et de lutte implique une tension d'une nature ou d'une autre. En se défaisant du désir, on se libère de la tension, et la relaxation qui s'ensuit aura tendance à attirer des choses positives.

J'ignorais totalement pourquoi cela est vrai – mais ça l'est, n'est-ce pas ? Cela explique pourquoi on plaît aux hommes qui ne nous plaisent pas – parce qu'on est détendue et naturelle. Ou pourquoi des femmes qui essayaient de concevoir depuis des années tombent enceintes le jour où elles y ont renoncé. Pourquoi c'est quand on décide de démissionner que l'on commence à apprécier son boulot. Dans quelque domaine que ce soit, dès lors qu'on élimine la tension, tout se passe beaucoup mieux.

D'après John, dire « rien à foutre » est un acte d'ordre spirituel parce qu'en lâchant du lest, en arrêtant de résister, on s'abandonne au flux naturel de la vie.

Après l'exercice avec les bonbons, nous avons déjeuné puis nous nous sommes installés au bord de la piscine pour un nouvel après-midi de *farniente* spirituel. Cette fois encore, je me suis assoupie – sitôt que je me trouvais en position horizontale, apparemment, je glissais dans un coma léger. Quand je suis revenue à moi, j'ai trouvé un texto du Grec, accompagné d'une nouvelle salve de smileys : *Je voulais juste te faire un petit coucou. J'espère que tu passes un bon moment au soleil.* Son empressement commençait à me fatiguer. *Je m'éclate !* ai-je répondu, et j'ai couru rejoindre les autres pour dîner.

J'étais en retard et la seule place libre se trouvait à côté d'une femme que j'avais jusque-là réussi à éviter. Elle avait une posture ostensiblement impeccable – regardez-moi bien, je me suis levée à 6 heures du matin pour faire mon yoga. En outre, elle parlait trop fort, comme si toute personne alentour constituait son public. Elle faisait étalage de son bonheur. Et elle portait des tresses. Franchement, qui se coiffe comme ça passé trente ans ?

En m'asseyant, je l'ai gratifiée d'un sourire factice et elle m'a éblouie avec le sien.

« Daisy », a-t-elle annoncé. Plus fort que nécessaire.

« Marianne.

— Je sais ! Je t'ai entendue parler de ton projet, le premier soir, et j'avais très envie de discuter avec toi ! Les bouquins de développement personnel, j'ai *beaucoup* pratiqué. Tu as lu *Ces femmes qui aiment trop*[1] ? ou *I'm OK, You're OK*[2] ?

— Non, mais j'en ai entendu parler.

— Et *La Loi de l'attraction*[3] d'Esther et Jerry Hicks ?

— Non, mais j'ai lu *Le Secret*, et ça m'a bien pris la tête.

— Il faut absolument que tu lises le bouquin des Hicks, c'est le meilleur. Là, tu piges vraiment tout. Il a fait apparaître tellement de choses dans ma vie !

— Comme quoi ?

---

1. Robin Norwood, *Ces femmes qui aiment trop*, J'ai lu, 2003.
2. Thomas A. Harris, ouvrage non traduit en français.
3. Esther et Jerry Hicks, *La Loi de l'attraction*, Éditions Guy Trédaniel, 2008.

— Oh, des tas de trucs. »

Elle a fait un grand geste du bras, comme si elle n'avait pas le temps d'entrer dans les détails, et m'a décoché un de ces sourires hautains qui signifient : « J'ai vu la lumière et, contrairement à toi, je comprends les pouvoirs supérieurs de l'univers. »

Je ne savais pas si je voulais la gifler, ou être elle.

Le troisième jour, nous avons appris que feindre d'aimer ce qu'on n'aime pas nous rend malade et nous épuise.

Bras tendus devant soi, il fallait nommer à voix haute quelque chose qu'on aime vraiment. « Les pâtes, ai-je dit. J'aime les pâtes, j'aime les pâtes… » Et tandis que Janet employait toutes ses forces à me faire baisser les bras, je mobilisais les miennes pour contrecarrer ses efforts. Elle s'est démenée pendant quelques minutes, en pure perte. Conclusion : « Bon, tu aimes vraiment les pâtes. »

Ensuite, bras toujours tendus, il fallait proférer un mensonge. « J'aime les champignons, ai-je dit. J'aime les champignons, j'aime les champignons… » Ce qui n'est franchement pas le cas. Quand j'étais plus jeune, chez une amie, on m'avait servi un vol-au-vent aux champignons. À la seconde où la bouchée de feuilleté était entrée dans ma bouche, j'avais été prise de haut-le-cœur. J'avais recraché la garniture au creux de ma paume, puis je l'avais glissée dans ma poche, où elle était restée, devenant de plus en plus humide au fil des heures…

Tandis que je déclarais ma flamme aux champignons, Janet n'a eu aucun mal à rabattre ma main vers le bas. « Bon, les champignons, c'est vraiment pas ton truc », a-t-elle conclu.

L'idée de l'exercice est la suivante : quand on dit la vérité – ou, plus généralement, qu'on reste fidèle à soi-même –, on est fort. *A contrario*, prétendre être ce qu'on n'est pas, ou aimer des choses qu'on n'aime pas, nous affaiblit. Physiquement.

Nous avons fait un autre exercice sur le même thème. Notre binôme nous amenait dans un endroit au hasard de la pièce, puis il devait essayer de nous soulever une jambe. Janet m'a placée face à un mur et n'a eu aucun mal à arriver à ses fins, même si je luttais de toutes mes forces pour garder le pied collé au sol.

Ensuite c'était à moi de choisir un endroit. Je suis allée me poster devant une des grandes portes-fenêtres qui ouvraient sur le jardin. J'ai contemplé les arbres, le cordon de collines déroulé contre le ciel d'un bleu profond. Un tracteur avançait poussivement dans un champ. Un oiseau dansait dans le ciel. Il plongeait en piqué, puis remontait en flèche. Janet n'a pas réussi à me faire bouger d'un pouce. J'avais la sensation d'être tirée dans le sol par mes racines. Sans faire le moindre effort. Sans rien faire du tout. Le monde voulait que je sois là et nulle part ailleurs, et il faisait en sorte que j'y reste.

Conclusion : être au bon endroit et faire ce qui est bon pour nous nous insuffle une force incroyable. Si on se trouve là où on n'a pas envie d'être, dans un endroit que quelqu'un d'autre vous a imposé (et ça marche aussi avec un travail, une relation amoureuse, etc.), cela vous rendra malade, vous fatiguera et vous affaiblira. Et c'est ainsi que la plupart d'entre nous passent leur vie.

Chaque jour apportait son lot de révélations inattendues sur la vie, l'amour et le reste – et tout ça à partir de bonbons imaginaires et de l'endroit où on se tenait dans une pièce. Je dormais comme un loir et mangeais tout ce qui passait à portée de mes yeux, y compris le gâteau proposé au petit déjeuner – un vrai gâteau maison, qui ne cherchait pas à se déguiser en muffin, ou en croissant. Nous vivions au jardin d'Éden, coupés du reste du monde, et de tout ce qui l'empoisonne.

Plus la semaine avançait, plus on gagnait en légèreté et se détendait, et cela était visible sur le plan physique. Nous nous sommes installés dans un train-train apaisant : travail en groupe le matin, et sieste au bord de la piscine l'après-midi ; le soir, on se régalait de risottos crémeux à souhait, de linguine aux crevettes, de gnocchis au fromage, qu'on faisait descendre avec du vin. Le troisième soir, je me suis retrouvée assise à côté de Geoff, et j'ai découvert qu'il était réalisateur.

« Quel genre ? ai-je demandé.

— Oh, pour l'instant quelques courts-métrages seulement, mais j'espère boucler le financement de mon premier long à l'automne.

— Super.

— Ça m'oblige à faire des trucs qui ne me plaisent pas forcément, en parallèle, pour payer les factures mais, ouais, c'est cool. »

Il m'a raconté qu'ainsi il allait suivre cet été-là un groupe indie en tournée aux États-Unis. Il parlait peut-être un peu trop de « créativité » – et l'expression « artiste séminal » revenait plus souvent que je l'aurais souhaité – mais il me plaisait.

Après le dîner, sous les étoiles et les guirlandes électriques de la véranda, on s'est raconté quelques épisodes de nos vies.

Le Grec s'effaçait peu à peu et devenait un lointain souvenir.

Le quatrième jour, un des exercices consistait à s'allonger par terre et à respirer pendant une heure. Chacun devait choisir un partenaire qui resterait assis à côté de lui et l'observerait respirer – et le prendrait dans ses bras si jamais le besoin s'en faisait sentir. Tout ça semblait bien rasoir, mais il y avait dans le ton de John un je-ne-sais-quoi qui me rendait nerveuse. « Cet exercice peut faire remonter énormément d'émotions chez certaines personnes, nous a-t-il prévenus. Mais ce n'est pas grave. Si ça se produit, capitulez et laissez-les sortir… »

L'atmosphère s'est tendue. On sentait tous qu'un truc énorme était sur le point de se produire. J'ai commencé à paniquer. Je ne voulais pas capituler ! Et je ne voulais pas faire remonter d'émotions !

J'étais assise entre Janet et Geoff. Jusque-là, j'avais fait tous les exercices avec Janet. Mais n'aurais-je pas intérêt à trembler un peu et me saisir de ce potentiel de rejet en or en demandant à ce bel homme aux shorts impeccablement repassés s'il acceptait de me regarder respirer pendant une heure ?

« C'est vrai, tu es d'accord ?

— Oui, bien sûr, pas de problème. »

Et là, j'ai paniqué.

« J'ai la trouille.

— La trouille de quoi ?

— Je ne sais pas.

— Tout va bien se passer », m'a-t-il rassurée.

Je me suis allongée. J'ai fermé les yeux et essayé d'offrir un beau visage paisible, comme si mon esprit était traversé par un train de pensées profondes dont Geoff voudrait percer le sens à tout prix… J'étais contente de n'avoir pas attaché mes cheveux, ce matin-là, et j'espérais qu'ils s'étaient déployés en un éventail flatteur autour de ma tête – genre Ophélie, mais en moins cadavérique.

La musique s'est mise en route ; le son était fort, le rythme tribal. John nous a invités à adopter une respiration abdominale et profonde, qui devait nous faire sentir la circulation de l'oxygène et de l'énergie dans le corps… puis il nous a demandé de respirer de plus en plus rapidement, sans marquer de pause entre l'inspiration et l'expiration… et là, très vite, des picotements ont envahi mes paumes, mes plantes de pieds, mes jambes. Le volume de la musique a augmenté. J'ai continué de respirer toujours plus vite et plus profondément. J'avais la sensation que mon corps, écrasé sous un poids, s'enfonçait dans le sol.

J'avais beau savoir qu'il ne fallait pas lutter, que je devais lâcher prise, je m'y refusais, par peur de dégringoler dans un trou noir. C'est l'image qui s'imposait à moi : si je me laissais aller, je tomberais dans un trou noir. Là, allongée par terre, à ne rien faire d'autre que respirer, je me suis aperçue que cette sensation me poursuivait depuis toujours, que toute ma vie j'avais eu peur, si jamais je me détendais ne serait-ce qu'une demi-seconde, de tomber dans un trou noir et… et quoi ? Je n'en savais rien, je savais juste que ce trou noir, ce n'était pas une bonne chose. Et qu'il était là en permanence. Mais d'où venait cette sensation ? Pourquoi avais-je perpétuellement l'impression qu'un malheur allait s'abattre sur moi ? Que je serais punie si je baissais la garde et m'autorisais ne serait-ce qu'un instant à me sentir heureuse ?

Un flot de larmes a jailli, de grosses larmes qui roulaient sur mes joues et jusque dans mon cou. Geoff a posé les mains sur mon bras et l'a bercé délicatement. Le flot a redoublé de vigueur. Je n'étais pas habituée à ce qu'un homme me témoigne de la gentillesse, ni à baisser la garde devant eux. Pourquoi avais-je vécu ma vie entière dans la terreur des hommes ? Dans la terreur de tout ?

La musique a changé, le martèlement de basse a laissé place à des notes plus aiguës. On aurait dit qu'une pluie de lumière se déversait sur moi, et chaque note était une goutte tiède et dorée.

Cependant, j'étais toujours au bord du trou noir. J'avais peur d'y tomber mais je redoutais tout autant de m'en éloigner. Un écartèlement que je connaissais bien.

Tu as le choix, tu as le choix. Ce trou noir n'est pas le tien, rien ne t'oblige à y tomber. Recule. Recule, serinait une voix dans ma tête – la même qui, à 3 heures du mat', m'avait demandé ce que je faisais de ma vie.

Puis une autre voix s'en est mêlée, mais celle-là me chatouillait l'oreille.

« Tu es puissante, bien plus puissante que tu ne

le crois », me murmurait Gaia avec urgence, et je sentais la chaleur de son souffle sur ma peau. « Tu es un animal… Habite ton corps, sens-le, profite de lui… À force de vivre dans ta tête, tu oublies que tu as aussi un corps, cinq sens, des sensations… Tu es un animal, une tigresse. Sens-le, sens ton pouvoir. »

J'avais les joues en feu. Cette conversation sur mon animalité dormante, alors que Geoff était à portée d'oreille, m'embarrassait au plus haut point.

Gaia s'en est allée, et tout était terminé. L'étrange voyage à l'intérieur de moi avait pris fin. J'avais la sensation d'avoir absorbé une tonne de drogue, alors que je n'avais fait que rester allongée et respirer.

« C'était comment ? a voulu savoir Geoff.

— Bizarre. Comme si j'étais au bord d'un trou noir dans lequel j'allais tomber, et je me suis aperçue que c'est ce que je ressens à chaque instant de ma vie. La sensation d'une dégringolade imminente, par ma faute. Alors que je ne le mérite pas. Je ne suis pas une mauvaise personne, je ne sais pas pourquoi j'ai toujours l'impression d'être… »

Geoff a hoché la tête, comme si tout ça était parfaitement normal.

« Je ne suis pas une mauvaise personne, n'est-ce pas ? » lui ai-je demandé. Que pouvait-il bien en savoir ? Mais je voulais qu'on me rassure.

« Bien sûr que non », a-t-il répondu en serrant ma main. Je me suis mordu la lèvre.

Quand son tour est venu de respirer et de pleurer, je voulais le bercer doucement, comme il l'avait fait avec moi, mais j'avais peur et je me sentais gênée. Ça paraissait trop intime. Et s'il n'avait pas envie que je le prenne dans mes bras ? Et si mes mains étaient trop moites, ou pas assez douces ?

Reprends-toi, Marianne. Pour l'amour de Dieu.

Allongé devant moi, les yeux fermés, paisible, il semblait attendre que je me décide. Ses cils blonds frémissaient légèrement à chaque respiration. Au bout de quelques minutes, j'ai posé les mains sur son bras, et je l'ai bercé, imperceptiblement, distraite par les sons qui m'environnaient – des sanglots, des gémissements. Des cadres moyens, des fonctionnaires, des hipsters de l'industrie musicale – tous en train de pleurer comme des enfants perdus. C'était le son de la douleur. La douleur d'être vivant, pour reprendre les mots de John.

Quand la musique a changé de tempo, un sourire est apparu sur les lèvres de Geoff – un sourire jusqu'aux oreilles, même. Son visage rayonnait, et je me suis sentie rayonner moi aussi. J'étais connectée à cet homme, et honorée de la confiance qu'il me témoignait en un pareil moment.

De l'autre côté de la pièce, une jeune femme sanglotait et son copain la berçait comme un petit oiseau. Ses plaintes déchirantes emplissaient la pièce. Le garçon donnait l'impression qu'il était prêt à passer l'éternité à la caresser et à la bercer jusqu'à ce que sa douleur s'en aille.

Une fois l'exercice terminé, Geoff a tourné la tête vers eux. « Si j'étais une femme, je voudrais être avec quelqu'un comme lui, a-t-il dit.

— Oui, c'est clair », ai-je répondu, mais son commentaire m'avait agacée. Je voulais qu'il pense à la connexion que nous avions partagée – pas à ce couple à l'autre bout de la pièce.

« Merci de m'avoir demandé de partager cet exercice avec toi, a-t-il repris. Je me suis senti très paternel à ton égard. Très protecteur. »

Paternel ?! Je ne voulais pas de ses sentiments paternels ! Je voulais qu'il ait envie de m'arracher le pantalon ! J'étais furieuse. J'ai regardé le beau couple, et senti un pincement de jalousie. Jamais aucun homme ne m'aimerait comme ça. Je n'étais ni fragile, ni jolie, ni vulnérable. Jamais je ne pourrais me lâcher comme cette fille l'avait fait, parce que je savais qu'il n'y aurait personne pour me rattraper.

J'ai prié Geoff de m'excuser et filé aux toilettes. Dans la pièce aux mosaïques bleues, je me suis regardée dans le miroir et j'ai pleuré. Puis j'ai contemplé mon visage décomposé, luisant et bouffi. Je n'avais rien d'un modèle préraphaélite. Je ressemblais plutôt à un Picasso.

Évidemment que je ne lui plaisais pas. Comment aurais-je pu ?

Voilà pourquoi je n'aimais pas les sentiments. En plus de faire mal, ils vous rendent idiote.

J'ai rejoint la table du déjeuner avec un temps de retard. Geoff m'avait gardé une place mais j'ai secoué la tête et j'ai indiqué que j'allais m'asseoir à côté de Janet. Je n'ai rien pu avaler ; j'avais la sensation d'être une plaie béante. Cet après-midi-là, allongée sur mon lit, j'ai pleuré jusqu'à ce que je m'assoupisse. Dehors devant la porte de ma chambre, un ange de pierre aux ailes déployées veillait sur les collines.

Le lendemain, notre exercice de respiration se déroulait dans le petit bassin à l'intérieur du luxueux spa. Nous allions nous laisser flotter dans l'eau tiède, soutenus par une autre personne.

Geoff m'a interceptée à l'entrée. « Tu veux qu'on refasse équipe ?

— J'ai promis à Janet de le faire avec elle, cette fois », ai-je répondu.

Il a eu l'air surpris, et je me suis sentie mesquine et victorieuse.

Le petit bassin était ourlé de carreaux couleur bronze et, les stores étant baissés, la pièce était plongée dans la pénombre. De la musique amazonienne résonnait. Je me suis laissée flotter tandis que, du bout des doigts, Janet me maintenait à la surface. L'expérience était présentée comme un retour dans le liquide amniotique, et c'était plus ou moins le cas. Même si je doutais que le ventre de ma mère ait diffusé de la musique amazonienne sortant d'un iPhone.

On nous a dit de respirer paisiblement et de sentir, à chaque respiration, la lumière entrer dans notre corps. Cette fois, il n'y avait pas de trou noir, uniquement des flots de lumière blanche qui sortaient de partout et qui entouraient mon cœur. Je sentais l'amour et la patience irradier des doigts de Janet et cette sensation me connectait à elle, mais aussi à toutes les autres personnes présentes. Comme si, tous ensemble, nous étions une seule et même force vitale. Tant de confiance en l'autre, tant d'abandon était d'une beauté presque insoutenable. Et là, dans ce bassin, j'ai compris que je n'avais jamais fait confiance aux autres. Que je ne m'étais jamais abandonnée, avec qui que ce soit. Que je n'avais jamais cru que quelqu'un serait là pour moi. Je m'étais toujours préparée à être lâchée, moquée, blessée, quittée.

Cette fois encore, j'ai pleuré comme un bébé, mais ces larmes-là ne libéraient pas une douleur, elles étaient une libération en soi. Une libération d'amour. D'émotion, face à la magie d'être vivante. L'intensité de ces sensations les rendait douloureuses, mais c'était une douleur bienfaisante.

C'est ce qu'on doit ressentir quand on tombe amoureux, me suis-je dit, et là, un voile s'est déchiré.

Voilà pourquoi je n'étais jamais tombée amoureuse ! Jamais je n'avais baissé la garde assez longtemps pour éprouver de telles sensations. Jamais je n'avais capitulé ; j'avais toujours fait la sourde oreille, ou bien j'étais partie en courant pile au moment où je risquais d'être blessée.

Mais dans cette piscine, j'ai bel et bien capitulé. L'espace de quelques minutes, j'ai senti au plus profond de mon cœur la beauté de la vie, des gens et du cosmos. J'étais partie prenante de quelque chose de plus grand que moi, de magique.

De spirituel.

Le dernier soir, avant le dîner, je me suis rasé les jambes, je me suis tartinée de crème hydratante et j'ai lâché mes cheveux. Les avoir enroulés presque toute la semaine en chignon les avait détendus et avait dompté les frisottis. J'ai enfilé une robe longue noir et blanc et des sandales à talons. Je me suis regardée dans le miroir. J'avais l'œil brillant, et le blanc bien blanc. Mon visage rayonnait et je souriais. Je me sentais jolie.

Quand je suis arrivée dans la salle à manger, Janet s'est écriée : « Regardez-moi ça ! » Geoff a levé la tête et m'a souri. « Tu es ravissante.

— Toi aussi », ai-je répondu, et j'ai senti la chaleur me monter aux joues.

Il portait une chemise en lin blanc et était légèrement hâlé. Il a soutenu mon regard.

Quand je l'ai regardé à nouveau, il me dévisageait toujours. Sans ciller. J'étais terrorisée.

Après le dîner, nous sommes tous partis nous balader à travers les vignobles et les champs d'oliviers. Les épaules nues et bronzées luisaient au clair de lune tandis que nous marchions par paires ou par groupes de trois, en bavardant de tout et de rien. Alors qu'une semaine plus tôt aucun d'entre nous ne se connaissait, nous étions désormais de vieux amis. À l'aise en compagnie les uns des autres. Sincères. Badins. Geoff et moi fermions la marche, côte à côte.

« Je ne veux pas rentrer ! ai-je dit.

— Moi je suis prêt.

— À quelle heure est ton vol, demain ?

— 9 heures 10. Je vais partir d'ici aux aurores. Et toi ?

— Plus tard, aux alentours de 15 heures. Il faut que je vérifie. »

Un silence s'est installé. On n'entendait plus que le crissement des graviers sous nos semelles. Mon pied a chancelé dans un nid-de-poule et, en trébuchant, je me suis cogné contre Geoff. Quand il m'a rattrapée, j'ai senti la chaleur de ses bras.

Je voulais qu'il laisse sa main sur moi, mais il l'a retirée.

Nous avons continué à marcher. Le scintillement du clair de lune ruisselait sur nous ; la nature n'aurait pas pu nous offrir cadre plus romantique.

En pensée, je lui ai intimé l'ordre de m'embrasser. D'arrêter de marcher, de se tourner vers moi et de m'embrasser.

Et c'est ce qu'il a fait ! Il s'est arrêté et il m'a regardée.

Ça y est, ça y est, ça y est…

« J'ai failli oublier ! s'est-il exclamé.

— Oublier quoi ?

— Angleterre-France !

— Pardon ?

— Le match de foot. Angleterre-France. C'est ce soir. »

Non – c'est une blague ? J'avais la sensation d'avoir reçu une gifle.

Je me suis remise à marcher.

« S'ils ont une antenne, ils le reçoivent peut-être… » était-il en train de dire dans mon dos.

De retour dans la maison principale, quelques personnes ont regardé le foot et les autres se sont installées avec un verre au bord de la piscine.

« Alors… ? a demandé Janet, l'œil brillant.

— Non, il ne s'est rien passé. Il parlait du foot.

— Quoi ?

— Je ne me suis pas fait un film, n'est-ce pas ?

— J'en sais rien, ma belle. Ces retraites, c'est

toujours des moments étranges. On se raconte tous notre vie, on déballe tout, un peu comme dans une cure de désintox. A-t-il parlé de te revoir, de retour à Londres ?

— Non », ai-je reconnu.

Janet a haussé les épaules. Elle m'a resservi du vin puis elle a levé son verre : « Rien à foutre ! C'est notre dernière soirée, amusons-nous !

— Rien à foutre ! » ai-je répondu en trinquant.

Daisy est arrivée sur ces entrefaites, essoufflée. « J'ai étreint des arbres ! Venez ! Vous devez absolument essayer – ça fait un bien fou ! »

J'ai tourné la tête vers Janet, qui s'est levée comme un ressort. « Rien à foutre ! s'est-elle exclamée. Viens, on va essayer ! »

Nous nous sommes déchaussées et nous avons foulé l'herbe humide couleur bleu nuit.

« Je vais juste m'abstenir de raconter ça à mes collègues, a repris Janet. Déjà qu'ils pensent que j'ai un grain… »

Et peut-être étions-nous tous et toutes devenus fous – mais ce n'était pas la sensation que ça donnait.

J'ai ouvert grand les bras et je les ai enroulés autour de l'écorce tiède et lisse qui, au clair de lune, se parait de scintillements argentés. J'ai regardé Janet en faire autant à quelques pas de moi et le ridicule de la situation nous a fait exploser de rire. Je n'avais plus ri comme ça depuis la fois où, en cours d'histoire, quelqu'un avait lâché une blague et que l'hilarité s'était propagée dans la classe comme un virus. Tout le monde, y compris la prof, était plié en deux.

Mais là, tandis que je continuais d'étreindre cet

arbre, le fou rire a fait long feu. L'espace d'une seconde, tout s'est arrêté. Plus rien n'avait d'importance. Geoff. Le Grec. Sarah. L'immobilité de l'arbre est devenue mon immobilité. Je sentais la sagesse, la paix et l'amour qui émanaient de son écorce. Je sentais la puissance de son enracinement, et la profondeur de mes propres racines. Une énergie fredonnait entre lui et moi. Tout était parfait, et tel que tout devait être.

Cette semaine-là avait déjoué toutes mes attentes. À mille lieues de la joyeuse cacophonie de gros mots que j'avais imaginée, elle m'avait offert l'expérience la plus profonde et la plus émouvante de ma vie. À certains moments, j'avais même entrevu quelque chose de grandiose. Était-ce Dieu ? L'énergie ? La beauté ? Peu importe. Je savais juste que tout irait bien. Que j'allais bien. Que le monde était beau, que mes inquiétudes étaient absurdes, sans lien aucun avec la réalité. La réalité, c'était *ça* – entrer en connexion avec les arbres, les nuages, le ciel, les gens.

Mes yeux se sont remplis de larmes devant tant de perfection.

7

Retour de bâton

« Et c'est là l'effet du Rien à foutre… ce à quoi on accordait tant d'importance n'en a plus aucune, et la liberté qui en découle est une véritable explosion. »

J'étais rentrée à la maison, et les larmes coulaient encore. Un spot publicitaire pour un programme immobilier, une vidéo sur YouTube montrant le tout premier contact d'une peuplade reculée avec la civilisation, Bob Dylan qui chantait *Blowin' in the Wind* à la radio… Tout était bon pour ouvrir les vannes.

Moi qui avais étouffé mes émotions presque toute ma vie, convaincue qu'elles étaient synonymes de faiblesse et d'autocomplaisance, voilà qu'elles m'assaillaient de partout. Ressentir mes sensations était devenu un travail à plein temps. Le seul, en tous les cas, que je faisais. J'ai passé le restant du mois de juin à me balader dans les parcs, à absorber la magnificence de toutes choses. Un matin, en traversant Hyde Park, j'ai fondu en larmes devant la beauté des écureuils. Sans rire. Des écureuils !

Geoff m'avait envoyé deux ou trois textos, donc en plus de fondre en larmes devant les écureuils, je pensais également beaucoup à lui. Il passait l'été aux États-Unis, mais j'avais la certitude que nous nous reverrions à son retour.

« Et le Grec ? » a demandé Rachel.

Le Grec était toujours en Grèce et je culpabilisais ferme. Dans un message, il avait évoqué la possibilité de venir à Londres en juillet, pour me voir, et je lui avais répondu que je serais probablement absente tout l'été.

« Je croyais qu'il te plaisait, a insisté Rachel.

— Il me plaît. Il est charmant. C'est juste que je ne sais pas s'il me plaît *dans ce sens-là*, contrairement à Geoff. Et je ne veux pas l'obliger à revenir à Londres, ce n'est pas le bon moment – son père est malade et il doit s'occuper de lui.

— Ça ne doit pas être une situation facile.

— Effectivement.

— Il m'a l'air d'être un mec bien.

— Il l'est. »

Rachel était sur le point d'ajouter quelque chose, mais elle s'est ravisée. Rachel n'étant pas la seule personne de mon entourage à faire ça, cette manie commençait à m'intriguer.

« Eh bien quoi ? ai-je lancé d'un ton comminatoire.

— Rien. Simplement… ne joue pas avec lui. S'il ne te plaît pas, dis-le-lui.

— Je sais.

— Et que se passe-t-il avec Sarah ?

— Tu ne veux pas savoir. »

Dans les jours qui avaient suivi mon retour à

Londres, le coup de froid entre Sarah et moi s'était transformé en véritable crise. À la suite de ma retraite Rien à foutre, j'avais décidé de lui dire la vérité : j'en avais ras le bol de chercher à contenter tout le monde, de me forcer à faire des trucs dont je n'avais pas envie. Et advienne que pourra ! Il était temps d'entrer pleinement dans une ère nouvelle où primaient l'honnêteté et la sincérité. Elle m'en remercierait. J'en étais certaine. L'amitié ne pouvait pas prospérer sur le mensonge.

Je lui avais donc envoyé un mail :

Salut,

Désolée de n'avoir pas été très présente, et désolée de n'avoir pas décroché mon téléphone. Toutes ces histoires de développement personnel m'accaparent l'esprit – je ne sais pas expliquer pourquoi, mais c'est comme ça… Je n'ai plus vraiment envie de traîner au pub, de passer mon temps en lamentations ou en élucubrations – or c'est le tour qu'ont tendance à prendre nos conversations quand on se voit. Je m'efforce d'être moins négative, et plus sobre ! Mais on peut se retrouver pour un café, non ?

Je t'embrasse fort,

Marianne

La suite a montré que Sarah ne m'était nullement reconnaissante de mon éclat d'honnêteté.

Sa réponse :

« Dis donc – sacré mail. J'étais loin de me douter, pendant toutes ces années, que nos conversations n'étaient à tes yeux que “lamentations et élucubrations”. Je pensais qu'on s'écoutait, et qu'on s'entraidait. Je suis à peu près certaine d'avoir été là pour toi chaque fois que tu avais besoin d'une épaule pour pleurer. Je ne savais pas que, pendant tout ce temps, tu me voyais comme une sale conne négative. C'est bien de savoir où on en est, finalement. »

« Je ne serais pas ton amie si je pensais que tu es une sale conne, ai-je répondu. Je t'adore ! J'essayais juste de te dire honnêtement le fond de ma pensée. »

Sa réponse :

« Tu veux de l'honnêteté ? OK, allons-y : le développement personnel ne te rend pas meilleure – juste nombriliste. Tu n'es pas la seule à passer par des changements, d'autres que toi traversent des choses dans leur vie, mais, forcément, tu n'en sais rien puisque tu ne décroches plus ton téléphone. Tu as changé, et je pense qu'il vaut mieux ne plus se voir ni se parler pendant un petit moment. »

J'avais la nausée. Jamais je ne me disputais avec mes amies. Les prises de bec et les blessures qu'elles pouvaient infliger laissaient un goût trop affreux.

Mais tous les ouvrages de développement personnel insistent sur l'importance de couper les ponts avec les personnes négatives de notre entourage – et peut-être Sarah était-elle cela : une personne négative.

« Sarah ? C'est une des personnes les plus positives que je connaisse ! a protesté Rachel quand je lui ai raconté ce qui se passait. Elle n'a cessé de t'encourager depuis le début de ton projet !

— Oui, mais nous n'avons plus grand-chose en commun. Je veux parler de vrais trucs – des trucs profonds, importants – pas l'entendre se plaindre de je ne sais quelle collègue.

— Mais, Marianne, c'est ce dont on parle tous et toutes. Et toi aussi tu en parlais. Ce que tu es en train de faire, c'est…

— C'est quoi ? » ai-je aboyé.

Rachel a inspiré avant de répondre. « C'est très intense, et tu ne peux pas attendre de tout le monde autour de toi qu'on soit sur la même longueur d'onde.

— Tous ces bouquins t'avertissent que, quand tu changes, ça déplaît à certains, et que tu ne peux rien y faire, ai-je rétorqué.

— Et donc, tu vas te fâcher avec une de tes meilleures amies ?

— J'en sais rien. Mais pour l'instant, nous n'allons pas dans la même direction. »

L'évidence s'imposait chaque jour un peu plus : je n'allais plus dans la même direction que la plupart de ceux qui jouaient un rôle dans ma vie.

Tout l'intérêt de mon projet était de changer – mais j'étais loin de m'attendre à ce que ces changements provoquent autant de rogne autour de moi.

Depuis que j'avais adopté mon nouveau mantra, ma mère semblait principalement inquiète de son effet sur mon apparence. Le samedi qui a suivi mon retour d'Italie, nous avions rendez-vous pour notre déjeuner mensuel, suivi d'une après-midi shopping.

« Tu as un look très bohème » a-t-elle commenté lorsque je l'ai retrouvée à la sortie du métro.

Elle portait un pantalon cigarette gris, un trench gris lui aussi et une écharpe en soie blanc cassé. Les boucles sur sa tête étaient parfaitement en place. On pourrait l'envoyer sur un champ de bataille qu'elle émergerait des tranchées avec le pli de pantalon et le rouge à lèvres impec.

« Tu insinues quoi ?

— Rien. C'est tes cheveux, ils ont l'air indomptables. Et tu es pâlichonne. Tu es malade ?

— Non, je ne suis juste pas maquillée.

— Oh ! Ne me dis pas que tu as encore perdu ta trousse de toilette ? Marianne, tu passes ton temps à égarer tes…

— Non, je n'avais pas envie de me maquiller, aujourd'hui.

— Oh. » Elle m'a toisée de pied en cap, en me soupesant du regard. « Tu as mangé beaucoup de pâtes ?

— Oui, maman. Et aussi du gâteau au petit déj', ai-je précisé, en la mettant au défi de faire un commentaire.

— Bon, tu reperdras tout quand tu reprendras une vie normale.

— Perdre quoi, maman ? Je n'ai pas non plus la taille d'un buffet.

— Je n'ai jamais dit ça ! s'est-elle récriée, surprise par ma réaction.

— J'en ai ras le bol de me prendre la tête pour

mon poids et mon apparence. Il y a plus important dans la vie que d'être maigre et jolie, tu sais ! La moitié de la planète crève de faim, et nous, on s'inquiète du nombre de calories qu'on avale.

— D'accord…

— De toute façon, le type qui animait notre retraite a expliqué que si on disait Rien à foutre aux régimes et qu'on se forçait à faire du sport, on serait tous en bien meilleure santé. On laisserait notre corps revenir à ses rythmes naturels, au lieu de toujours essayer de le contrôler. Et on s'apercevrait que, parfois, on a envie de salade, ou d'aller courir…

— Donc, tu veux manger une salade à déjeuner ?

— Non. Des pâtes.

— Encore des pâtes !

— Oui ! »

Nous sommes entrées dans une trattoria et j'ai commandé des spaghettis carbonara avec un verre de vin rouge ; ma mère a commandé une ciabatta au poulet et un café. Tout en engloutissant mes pâtes, j'ai continué d'articuler mes idées ficelées à la hâte sur le patriarcat et l'image corporelle.

« L'autre jour, sur Facebook, quelqu'un a partagé une étude intéressante : des chercheurs ont soumis une cohorte d'hommes et de femmes à des tests d'intelligence, et les résultats étaient exactement identiques pour les deux sexes, jusqu'au moment où ils leur ont demandé de poursuivre le test en maillot de bain. Les femmes n'arrivaient plus à penser correctement parce qu'elles étaient obnubilées par leur image corporelle. Ça bouffait toute leur énergie. C'est dire les quantités d'énergie qu'on gâche à flipper pour notre apparence ! Si je n'avais pas passé ma vie à m'inquiéter de la largeur de mes hanches, je pourrais être Premier Ministre, à l'heure qu'il est !

— Toi tu veux devenir Premier Ministre ? a ricané ma mère.

— Non, ce n'est pas la question. Je dis juste qu'en ce qui me concerne, j'en ai fini de m'inquiéter de mon apparence physique. Il y a plus important dans la vie.

— D'accord ! C'est quoi la prochaine étape ? Tu brûles ton soutien-gorge ? Laissez-les pendre ! »

Elle a éclaté de rire. J'ai enfourné une autre bouchée de pâtes et je n'ai rien répondu.

Le repas terminé, ma mère a sorti son rouge à lèvres et son miroir de poche pour procéder à quelques retouches. Je n'avais jamais de bâton de rouge ni de miroir dans mon sac.

« Je trouve seulement agréable de prendre soin de son apparence, a-t-elle dit – les lèvres parfaites. Ça me fait toujours du bien. »

Je n'ai pas su quoi répondre à ça. Elle avait raison. C'était agréable.

On a fait un tour chez Whistles ; à chaque vêtement qu'elle regardait, ma mère m'informait combien coûterait son jumeau au Marks & Spencer. C'était invariablement 16 livres. Chez Cos, elle a essayé quelques modèles qui lui allaient parfaitement avec ses jambes à la Twiggy. Tandis que j'essayais un capri vert dont l'étoffe soyeuse mettait en valeur la cellulite de mes fesses, j'ai bien vu que mon nouveau mantra ne faisait pas de cadeau à ma silhouette. Un doute inconfortable s'est insinué dans mon esprit… Et puis zut ! Rien à foutre !

Donc, en résumé : je n'en avais plus rien à foutre d'être gentille avec mes amis, de soigner mon apparence – et, surtout, de faire mon travail. Depuis que je m'étais lancée dans cette odyssée, ma carrière était reléguée au second plan, mais à l'heure qu'il était, j'avais entièrement assimilé les outils du développement personnel. Depuis que je n'étais plus obsédée par le travail, je ne faisais même plus semblant de m'y intéresser.

« Je ne veux plus écrire sur les mascaras ou les crèmes anticellulite, ou les raisons pour lesquelles je déteste les faux bronzages, ai-je expliqué à Rachel, un soir, après une journée passée à observer les écureuils vivre leur vie d'écureuils.

— On est tous obligés de faire des trucs qu'on n'a pas envie de faire.

— Mais pourquoi ? Pourquoi faut-il se plier à cette obligation ? En rentrant d'Italie, quand on a atterri à Gatwick, on était tous malheureux comme les pierres. Regarde tous ces gens qui tirent une tronche d'enterrement dans le métro ! Pourquoi s'infliger ça ?

— Pour payer les factures ?

— La vie ne peut pas se résumer à trimer pour payer des factures et acheter des conneries dont on n'a pas besoin.

— Et donc, on fait quoi ? On démissionne tous ? Et on se tourne les pouces ?

— Pourquoi pas ? John dit que notre problème vient de ce qu'on lutte contre les rythmes naturels de la vie. Or les temps de repos sont parfois nécessaires. Alors ouais, tu pourrais parfaitement plaquer un boulot que tu détestes et passer une semaine – voire un mois – au lit, mais un beau jour, tu te réveilleras avec l'envie de faire un truc, qui t'amèneras à en faire un autre et, de fil en aiguille, te voilà lancée sur un nouveau chemin. Un chemin que tu as *envie* de suivre. Et c'est mieux que de faire du surplace sur un tapis de course.

— Et pour l'argent, on fait comment ?

— John dit qu'on est tous beaucoup trop obsédés par l'argent. Quand on n'en a pas, on pense qu'il résoudrait tout, et quand on en a, on a peur de se retrouver sur la paille – alors qu'en réalité, dans ce pays, il n'y a pas grand monde qui risque de mourir de faim. Même si on perdait tout, on trouverait encore le moyen de s'en sortir. »

Il était 22 heures, et Rachel venait à peine de rentrer du boulot.

« Je vais me doucher », a-t-elle annoncé, et je l'ai entendue monter les escaliers d'un pas lourd et las.

J'énervais tout le monde. Je le savais. Et ça ne me faisait ni chaud ni froid. Pour la toute première fois de ma vie, je m'en fichais.

Autour de moi, tout le monde me semblait vivre dans un mensonge. Ne vivre qu'à moitié. Je ne voulais pas de ça. J'attendais plus de ma vie. Autre chose.

La théorie du Rien à foutre est sous-tendue par l'idée qu'on doit lâcher du lest, renoncer et garder confiance en l'avenir : tout ira bien car il existe une force – Dieu, l'univers ou autre chose – qui veillera sur nous.

Je commençais à y croire. Pour la toute première fois de ma vie, je me sentais prête à lâcher du lest, et c'était une sensation fantastique.

« Tu as fait quoi ?

— Tu as très bien entendu.

— Du yoga naturiste ?

— Oui.

— Tu as suivi un cours de yoga à poil ?

— C'est ça.

— Dans une salle, avec des gens autour ?

— Oui. »

Helen me dévisageait de ce regard qui semblait dire : « Tu as complètement perdu la boule. »

« Pour que je comprenne bien… a-t-elle repris. Tu as fait des chiens tête en bas en face d'un cul nu ?

— Nooon. Le prof avait disposé les tapis en quinconce. Et les lumières étaient tamisées, donc je ne voyais qu'un demi-zizi.

— C'est dégueu.

— Mais non, je t'assure, ça n'avait rien de pervers », ai-je dit – menti.

C'était la toute première fois que j'assistais à un cours de yoga qui réunissait plus d'hommes que de femmes. Et il flottait un frisson caractéristique dans l'air. J'avais gardé les yeux fermés pendant quatre-vingt-dix pour cent du cours. Mais ça, pas question de l'avouer à ma sœur.

« Le but, c'est d'apprendre à aimer ton corps, à

l'accepter, à t'accepter telle que tu es… ai-je repris, avec le détachement (feint) d'une bourlingueuse libre d'esprit.

— Franchement, je ne comprends pas ce qui t'a pris. Tu ne fais jamais de yoga – même habillée.

— J'en avais entendu parler et je me suis dit : “Pourquoi pas essayer ?” Rien à foutre. »

Helen a terminé son verre et attrapé son manteau.

« Pour moi, il existe une ligne jaune, et tu viens de la franchir. C'est quoi, ton prochain délire ? La scientologie ? Une secte ? »

Mais ni Helen, ni personne ne pouvait entamer mon euphorie.

J'adorais n'en avoir rien à foutre, de tout mon cœur, de toute mon âme. Et si mes sœurs et mes amies ne le comprenaient pas… Eh bien – rien à foutre.

D'autant qu'en Italie, je m'étais fait de nouvelles copines.

À la fin du séjour, j'avais décidé que Daisy n'était pas si détestable que ça. Au moins, elle était ouverte d'esprit et réfléchissait aux grands sujets de la vie.

Depuis notre retour, elle m'avait envoyé plusieurs textos pour me proposer de l'accompagner à des conférences sur des sujets tels que « Se laisser guider par sa lumière intérieure » et « Dire oui à tout ce qui est ». J'étais ébahie de découvrir qu'il existait pléthore d'événements de ce genre, et encore plus stupéfaite d'apprendre qu'ils réunissaient des centaines et des centaines de participants. C'était stimulant et enthousiasmant de prendre place dans une salle remplie de gens introspectifs et souriants qui venaient vers vous bras grands ouverts.

Fin juin, je voyais Daisy presque tous les jours. À ce que j'avais plus ou moins compris, elle était en congé sabbatique et disposait donc de temps libre, ce qui me convenait très bien. Daisy était ma passerelle vers un nouveau monde – un monde dévolu aux cérémonies du cacao et aux psalmodies chantées en cercle, aux séances de méditation et aux cours d'expression corporelle – où je feignais d'être parfaitement dans mon élément au milieu de ces femmes adultes recroquevillées par terre en position fœtale et de ces hommes qui couraient en battant des bras comme des oiseaux, et couvraient les beats d'un morceau de house de leurs cris de mouette.

L'expression corporelle était tout de même un peu trop barrée à mon goût. Pendant le cours, je m'étais échinée à accrocher le regard de Daisy pour partager un ricanement devant ce tableau délirant, mais Daisy gardait les yeux fermés. Elle était perdue dans la musique. J'ai brièvement regretté que Sarah ne soit pas là. Elle, elle aurait coassé et battu des ailes avec les plus allumés du groupe, tout en se faisant pipi dessus devant tant de ridicule. On aurait fini au pub, pour disséquer ce qui se tramait entre le vieux en microshort et la fille qui poussait des cris de macaque. On aurait trop bu et ri aux larmes.

Mais Sarah n'était pas là, et c'étaient eux mes nouveaux amis. N'est-ce pas ?

8

Libérez le pouvoir qui est en vous
de Tony Robbins

« Il existe en chacun de nous une force motrice puissante qui, une fois libérée, peut donner corps à n'importe quelle vision, n'importe quel rêve, n'importe quel désir. »

21 heures, un jeudi soir. Sept mille personnes sont en train de psalmodier « OUI ! OUI ! OUI ! », dans un parking de l'Est londonien. Il fait noir comme dans un four et le sol est humide. Nos pieds nus s'ankylosent lentement mais sûrement sur le béton froid et dur.

Une batterie martèle dans le lointain, et on avance en se calant sur son tempo. Ça donne l'impression de marcher vers un sacrifice rituel. Le nôtre, peut-être bien. Nous avons déjà signé des décharges nous mettant en garde contre de potentielles « blessures graves, y compris des brûlures et autres dégâts physiques ou psychologiques » et on vient de passer une demi-heure à écouter des recommandations pour éviter l'hospitalisation.

La foule n'a de cesse de me pousser vers l'avant jusqu'à ce que la batterie s'arrête et que le silence emplisse l'atmosphère. Le sort qui nous attend est un scintillement rouge sur fond gris face à nous : des couloirs de charbons ardents, sur lesquels nous allons marcher. J'ai envie de partir en courant, mais je ne le fais pas. J'ai passé des heures à me préparer à ce moment. À me préparer à fouler un tapis de charbons ardents.

Deux hommes arborant des bandanas inclinent une brouette et déversent un nouveau chargement de braises rougeoyantes sur un des couloirs. Des étincelles écarlates s'envolent dans le ciel nocturne. Une silhouette émerge de la pénombre, m'empoigne le coude et me tire vers l'avant.

« Prête ? me crie l'homme dans l'oreille.

— Oui ! Oui ! Oui ! » psalmodie la foule dans mon dos. Une populace en liesse au pied du gibet.

Non ! Non ! Non ! hurle une voix dans ma tête.

Mais non n'est pas une option.

Apparemment, une fois qu'on a surmonté la peur de marcher sur des charbons chauffés à mille degrés, on peut mater sans problème tous les incendies de la vie.

Et c'est ça que je veux. Une vie débarrassée de la peur. Une vie où je donnerai le meilleur de moi.

J'inspire profondément et je lâche un grondement – un son primal, guerrier. Puis j'avance d'un pas…

La transition de hippie-yogini naturiste à membre d'une secte avait été encore plus rapide que Helen – ou même moi – ne s'y attendait, et ce parce que Daisy m'avait demandé de l'accompagner à un séminaire de Tony Robbins.

« Quand tu traverses le feu, c'est… c'est… » Elle avait levé les yeux au ciel pour y trouver le mot juste. « C'est un de ces instants qui changent tout. »

Elle parlait avec la ferveur de celle qui avait découvert Dieu et le sexe le même jour – et je n'ai pas tardé à m'apercevoir que c'était le cas de tous les fans de Tony. Y compris les hommes. Peut-être même tout particulièrement les hommes.

À en croire son site, le séminaire « Libérez le pouvoir qui est en vous » m'apprendrait à identifier ce que je voulais vraiment, à briser une bonne fois pour toutes les fers susceptibles de m'entraver, à accroître spectaculairement mon énergie et mon acuité mentale, et à injecter de la passion dans ma vie.

Daisy avait déjà assisté à deux de ses séminaires – l'un à Palm Springs, et l'autre à Londres, un an plus tôt.

« Fonce, prends un billet, m'a-t-elle pressée. Il ne vient à Londres qu'une fois par an.

— C'est combien, le billet ?

— Ça les vaut largement.

— D'accord, mais encore ? Combien ? »

Le tarif des billets, s'est-il avéré, débutait à 500 livres et pouvait grimper jusqu'à 1 200. Cela dit, pour quatre jours qui promettaient de « révolutionner votre corps, vos émotions, vos finances et vos relations amoureuses », et de vous emmener dans un endroit où

« l'impossible devient possible », 500 livres, c'était pas cher payé. Et comme le bouquin de Tony – *Réveillez le géant qui est en vous* – était un pavé de quelque cinq cents pages, je me suis dit qu'avec ce séminaire j'allais gagner du temps, pour un résultat identique – car ne nous voilons pas la face ; le temps c'est de l'argent.

J'ai ressorti ma carte de crédit.

Daisy m'attendait à l'entrée du centre de congrès ExCel, dans les Docklands. Entre le métro bourré à craquer, ma gueule de bois et le rhume que je couvais, je n'étais pas d'humeur à côtoyer des femmes pimpantes exsudant la joie et la bonne humeur qui papotaient avec des types se nourrissant exclusivement de milk-shakes protéinés et de détermination – mais, apparemment, c'était là le créneau démographique de Tony.

« J'ai besoin d'un café, ai-je annoncé à Daisy.

— On s'enregistre d'abord, ensuite tu iras chercher ton café », a-t-elle répondu. Elle sautillait littéralement d'excitation. Ça me rendait folle.

Pendant qu'on attendait notre tour pour s'enregistrer, des bénévoles en tee-shirt noir barré de la mention « Crew » passaient le long de la queue pour nous taper dans la main. Les bleus dans mon genre les regardaient d'un air gêné et perplexe, mais les vieux routards de l'expérience Tony Robbins – Daisy incluse – répondaient au quart de tour.

« On peut aller chercher un café, maintenant ? ai-je demandé, une fois qu'on eut signé le registre et récupéré bracelets et manuel de travail.

— Tu ne veux pas plutôt qu'on sécurise d'abord de bonnes places, et après tu ressortiras le chercher ? »

J'ai levé les yeux au ciel, mais je lui ai emboîté le pas vers l'amphithéâtre qui dégueulait une électro-pop assourdissante. J'ai récolté quelques autres tapes dans la main. Les sourires se chargeaient de frénésie, la musique était de plus en plus forte. À quoi carburaient-ils, tous ces gens ?

Nous nous sommes faufilées le long d'une rangée de box qui ressemblaient à des cabines téléphoniques. Sur chacune d'elles, une pancarte indiquait : russe, chinois, polonais, espagnol, hébreu…

« Les cabines des traducteurs », m'a crié Daisy. Nous avons appris par la suite que la bonne parole de Tony était traduite en trente-deux langues, et que des casques audio étaient à disposition des participants.

Dans l'amphithéâtre, la bousculade a commencé pour de bon. Les gens couraient pour réserver des sièges le plus près possible de la scène. Daisy m'a attrapé la main et m'a remorquée au pas de charge vers la section marquée « Gold ».

« Ici, ça te va ? a-t-elle crié, en me désignant deux sièges à l'extrémité d'un bloc. On pourra à la fois danser dans l'allée et bien voir les écrans. »

Sur scène, les membres du staff dansaient et tapaient dans leurs mains au son de « I Gotta Feeling », des Black Eyed Peas. Ils m'évoquaient des hybrides de présentateurs d'émissions pour enfants et de responsables informatiques qui emmènent leur équipe faire la nouba. Dans le public, une myriade de Daisy sautillaient à la façon de pom pom girls. Ça commençait à faire un peu beaucoup.

« Je vais chercher un café. »

À mon retour, Daisy dansait avec un homme arborant un foulard cravate à motif cachemire. J'ai pris place à côté d'une femme qui était assise bras croisés. J'ai consulté mon téléphone, mangé un muffin au chocolat… Je détestais ce cirque. Tout ça était ridicule.

Et puis ils ont passé du Rihanna et, là, je ne pouvais pas ne pas danser. J'adore Rihanna.

Deux ou trois chansons plus tard, le grand moment – et le grand homme – est arrivé. Tony Robbins a surgi des coulisses en tee-shirt et long bermuda noir, une joue barrée d'un micro sans fil. Avec son bronzage hollywoodien, ses dents blanches et son menton en galoche, il aurait fait pâlir d'envie un auteur de romance à l'eau de rose. Et pour enfoncer le clou, son visage aux traits ciselés était projeté sur les écrans géants à une échelle divine.

Le public a littéralement explosé.

C'était comme si les Beatles et le Messie avaient atterri de conserve dans le quartier des docks un jeudi à l'heure de la pause-déjeuner.

Sept mille cinq cents personnes sautaient sur place, au son d'une musique assourdissante et sous des lumières clignotantes. Tout le monde tapait dans les mains de ses voisins. Daisy y a été si fort que j'en ai eu des picotements dans les paumes. Puis je me suis tournée vers mon autre voisine.

La femme a gardé les bras croisés.

J'avais un choix à faire. Passer quatre jours assise

avec Mme Chagrine, ou emboîter le pas à la folie ambiante.

« Vous êtes prêts ? a hurlé Tony, d'une voix si profonde qu'elle semblait monter des entrailles de la Terre.

— OUI !!! ai-je hurlé, en chœur avec la foule.

— Êtes-vous pour une qualité de vie incroyable, extraordinaire ? Une vie selon VOS propres termes... DITES : OUI !!!!!!

— OUI ! »

Le top départ était donné. Telle une mitrailleuse lourde et sexy, Tony a vidé ses chargeurs de motivation sans interruption de 13 heures à 21 heures. Pas de pause-thé. Pas de pause-dîner. Rien que des rafales continues de slogans : « L'amour est l'oxygène de l'âme ! » « L'énergie, c'est la vie ! » « Arrêtons d'attendre toujours plus et jouissons de ce qu'on a ! »

Le message de Tony, c'est que tout devient possible pour peu qu'on sache bien prédisposer le corps et l'esprit. Nous sommes tous et toutes définis par nos croyances qui sont autant de limitations, dit-il, et si on arrive à se débarrasser d'elles, alors « on réalise l'impossible ».

Il en voulait pour preuve cette bonne sœur de quatre-vingt-quatre ans qui courait des triathlons, et dont il nous a raconté l'histoire. « Ce qui compte, ce n'est pas notre chronologie, c'est notre psychologie ! » s'est-il époumoné, et je me suis surprise à noter cette phrase. Elle semblait importante.

Et puis, sans qu'on ait rien vu venir, il avait pêché une femme dépressive dans le public. Il lui a demandé si elle se sentait déprimée pendant les relations sexuelles. La femme a souri – donc non, apparemment – et, de but en blanc, s'est mise à feindre un orgasme, devant sept mille personnes et au son de « Let's Talk About Sex » de Salt-N-Pepa.

Avec un sourire rayonnant ! Et totalement contagieux ! Elle était guérie !

Sa dépression, a expliqué Tony, ne résultait pas d'un déséquilibre chimique, ni des expériences que cette femme avait vécues, elle tenait uniquement au fait que la femme aimait être dans cet état. D'après Tony – qui était en train de devenir à vitesse grand V l'amour de ma vie –, tout ce nous faisons nous est dicté par nos six besoins fondamentaux.

Le premier est le besoin de Certitude et de Confort : il nous faut nous sentir maître de la situation, et en sécurité. Le deuxième, c'est tout le contraire : nous avons besoin de Diversité et d'Incertitude. Le troisième a trait à la Signifiance : chacun de nous a besoin de se sentir important et unique. Tony a expliqué que certains le satisfont par la reconnaissance professionnelle, quand d'autres le combleront par une voiture m'as-tu-vu ou par un millier d'abonnés sur Twitter. Voire, a précisé Tony, en commettant des actes contraires à la loi – ce qui semble curieux, mais est en fait logique : quand on menace quelqu'un avec un couteau, on devient soudain très important aux yeux de notre potentielle victime. Le quatrième besoin, c'est l'Amour et la Connexion. Vient ensuite l'Évolution – « si on n'évolue plus, on meurt », d'après Tony – et l'évolution balaie tous les domaines de la vie : travail, affaires, relations humaines, apprentissage. Le dernier besoin concerne la Contribution. « L'objet de la vie, ce n'est pas moi, mais nous. » Selon Tony, la vie a pour seul objet de donner.

Dès lors qu'on se trouve empêtré dans une situation à première vue indésirable, c'est invariablement parce qu'elle répond à un ou plusieurs de ces besoins fondamentaux. La femme dépressive a reconnu que son état lui procurait un certain confort et une sécurité – parce qu'il lui offrait une bonne raison de rester au lit et la dispensait du moindre effort. Il lui donnait également un sentiment d'importance car parler de sa maladie la distinguait du lot. Son état, enfin, était vecteur d'amour et de liens sociaux puisqu'il l'autorisait à solliciter l'aide de son entourage – ce qui ne lui ressemblait pas, a-t-elle précisé. Mais sa maladie obligeait ses proches à veiller sur elle.

Waouh ! Cette démonstration tenait complètement debout ! Tony a expliqué ensuite que chacun de nous hiérarchise ses besoins différemment : là où la certitude aura valeur de clé de voûte pour certains, le besoin de se sentir un être à part et important primera chez d'autres.

Tony nous a demandé de nous tourner vers un inconnu et de lui dire quels étaient les deux besoins qu'il nous fallait satisfaire en premier, et pourquoi.

« Pour moi, c'est la sécurité et l'amour ! a affirmé un comptable norvégien dans la rangée derrière moi. Je fais le même boulot depuis que j'ai quitté l'université. J'ai épousé ma petite copine du lycée. C'est une vie sans risque, mais très ennuyeuse.

— Nous sommes à l'opposé l'un de l'autre ! me suis-je exclamée, enthousiasmée par cet éclair de lucidité provoqué par un parfait inconnu. J'accorde de l'importance à l'incertitude et à la signifiance, d'où le fait que je sois journaliste free-lance, que je n'aie jamais un radis d'avance ni de plan d'avenir sous le coude, et que je cherche en permanence à me rassurer sur ma valeur à travers ma carrière ! »

Le Norvégien et moi avons échangé un grand sourire, puis la musique a changé et tout le monde s'est remis à danser.

Pendant que Daisy, dans l'allée, se livrait à un duo d'air guitar avec un musclor droit sorti d'une couv' de *Men's Health*, je me suis lancée dans un mashed potatoes endiablé avec le comptable norvégien.

Ensuite, on nous a appris comment entrer dans un « état de conscience de haut niveau » en nous remémorant les plus beaux moments de notre vie – ceux où on s'était sentis le plus forts et le plus apaisés.

J'ai pensé à des plages ensoleillées, à mon diplôme obtenu en dépit des hospitalisations incessantes, et au fait que j'étais une journaliste qui vivait de sa plume.

On a été invités à ponctuer chacun de ces souvenirs par un mouvement qui, chaque fois qu'on le referait par la suite, ramènerait ce flot d'images vers nous.

J'ai levé le poing. Je l'ai levé, levé, à n'en plus finir.

Les enceintes diffusaient le thème principal des *Chariots de feu*, auquel a succédé « Life Will Never Be the Same Again ». La chanson n'aurait pas pu tomber plus à propos. La vie ne serait plus jamais la même ! Jamais, jamais ! Je voulais une vie remplie d'orgasmes et de triathlons ! Jusqu'à cent ans !

Arrivée la fin de cette première journée, je dansais dans l'allée avec les autres, en criant, en rugissant. Le comptable norvégien, passablement hagard, avait maintenant une étincelle de folie dans les yeux et ruisselait de transpiration. « Je crois que je suis amoureuse ! lui ai-je crié.

— Moi aussi ! »

Et dans un même élan, nous avons levé les yeux vers l'écran, vers Tony. Notre Dieu.

Rien à foutre avait été détrôné par FOUTRE OUI !!! Ce pauvre John ne faisait pas le poids.

Tout a été comme ça quatre jours durant.

À écouter Tony, chaque instant de sa vie avait été une paille qui n'attendait que d'être changée en or. L'enfance malheureuse, la mère abusive, le défilé de pères de substitution – tout avait contribué à faire de lui qui il était devenu : un homme riche et couronné de succès. Et l'étendue de cette richesse et de cette réussite n'était pas laissée à notre imagination puisque chaque anecdote faisait la part belle aux voitures de sport fonçant le long de la côte californienne, aux jets privés, à sa propriété des Fidji où il se détendait en compagnie de la crème des puissants de ce monde. Mais il racontait tout ça d'une façon qui donnait l'impression que les décapotables, les jets privés et les villas de rêve étaient à portée de nos mains. Pour peu que nous suivions sa routine quotidienne de musculation, de régime strict et de méditation matinale.

Il croyait mordicus que nous étions tous capables d'accomplir de grandes choses, et il n'a pas fallu longtemps pour que nous y croyions aussi. Tandis que les Spice Girls braillaient « Wannabe », chacun a écrit sur son carnet ce qu'il attendait de sa vie et, comme Susan Jeffers recommandait de le faire avec les affirmations, j'ai noté mes désirs au présent – comme s'ils étaient déjà devenus réalité :

J'ai 100 000 livres sur mon compte ! J'écris un livre génial ! Je suis heureuse, libre, amoureuse ! Je passe ma vie dans les avions, je voyage régulièrement, j'aime un bel homme sexy qui est gentil et grand – un homme qui n'entrave pas ma liberté. J'ai un corps mince, une garde-robe fantastique, un brushing toujours impeccable ! Sheila, Helen et maman sont heureuses ! Et moi aussi ! Je déborde d'énergie et de productivité ! Et j'ai enfin des bagues dentaires.

C'était le grand retour du Moi Parfait tel que dans ma vision initiale – une brindille riche aux dents impeccablement alignées. La zénitude du Rien à foutre avait fait long feu.

Mais n'était-ce pas pour ça que je lisais des livres de développement personnel ? Je ne voulais pas d'une vie ordinaire. Je voulais une vie extraordinaire ! À l'instar de tous ces gens autour de moi, et c'était incroyablement agréable d'être unis par cette même aspiration – être mieux dans ses baskets. Plus heureux. Donner le meilleur de soi.

« Je suis docteur ès résultats, bande d'enfoirés ! » a hurlé Tony, et nous lui avons fait une ovation.

Le troisième jour – baptisé Jour de la Transformation – constituait le plat de résistance. Tony a expliqué que deux cas de figure nous poussent à opérer des changements dans notre vie : soit notre souffrance atteint un point où nous n'avons d'autre choix qu'agir, soit le bénéfice potentiel du changement est si énorme qu'on ne peut pas s'y refuser. Pour procéder aux changements, on doit à la fois se focaliser sur les bénéfices qu'on en retirera et se faire une peur bleue en songeant à ce qui pourrait nous attendre si on jouait la carte de l'inertie.

Il nous a d'abord demandé d'identifier les croyances qui nous limitaient, celles qui modelaient notre vision du monde et nous empêchaient d'obtenir ce qu'on voulait. Tandis que les enceintes diffusaient une musique triste, j'ai couché par écrit mes deux croyances les plus tenaces et les plus limitatives : je ne plais pas aux hommes, et je suis nulle avec le fric.

Cela fait, il fallait fermer les yeux et imaginer ce qui se passerait dans cinq, dix ou quinze ans si jamais on s'accrochait à ces croyances. Une image s'est instantanément présentée à moi : je me suis vue devant un miroir, dans une salle de bains éclairée par une fenêtre sur ma gauche. J'avais vieilli, j'avais un teint de cendre, des cheveux gris et mous. J'ouvrais le placard pour prendre des cachets – des antidépresseurs. Je portais une chemise de nuit blanche informe. J'étais une vieille fille d'une cinquantaine d'années, mais j'en faisais beaucoup plus. Cette salle de bains se trouvait dans un appartement dont je pouvais à peine payer le loyer. J'étais fauchée et seule. Je me suis vue en train de me maquiller, puis d'accrocher vaillamment un sourire à mes lèvres pour rendre visite à mes amies, dans leurs maisons pleines d'animation, de vie, de famille et d'amour. Attablée dans la cuisine, un sourire de façade, je leur disais que j'allais bien avant de m'enquérir d'elles, et je les écoutais me raconter leurs histoires pendant des heures, puis je m'en retournais chez moi, seule, insignifiante, invisible.

Je suis restée sous le choc, tant la vision était d'un réalisme saisissant. Voilà ce que serait ma vie, si je poursuivais sur le chemin qui avait été le mien jusqu'à présent. J'ai commencé à pleurer – mais je n'étais pas la seule. Autour de moi, tout le monde chialait.

À ma droite, une femme hurlait à la mort, comme si elle venait de perdre son enfant. Un homme sanglotait dans mon dos. On croyait entendre *Le Cri,* d'Edvard Munch, interprété par sept mille personnes dans une salle des congrès des docks de Londres. La scène a continué pendant une éternité tandis que Tony nous enjoignait de ressentir toute l'horreur de notre projection. Alors, la musique a changé. Ces notes plus légères, qui paraissaient pleuvoir sur la salle comme une poudre de perlimpinpin, étaient le signal d'un nouveau tour à imprimer à nos émotions.

Il s'agissait cette fois d'identifier le contraire de nos croyances limitatives et de le crier du plus fort qu'on pouvait. « Je suis géniale avec le fric ! ai-je hurlé. Les hommes m'adorent ! » ai-je ajouté, mais en baissant le volume d'un cran pour éviter que le type (pas mal du tout) à deux sièges de moi ne me trouve bizarre. Il fallait ensuite visualiser notre vie si nous vivions en accord avec ces nouvelles croyances.

J'ai fermé les yeux. J'étais de nouveau dans une salle

de bains, devant un miroir, et cette fois je souriais, je me maquillais en fredonnant, vêtue d'un pantalon cigarette noir et d'un chemisier blanc cassé. Mes cheveux étaient brillants, mon teint éclatant. Une voix m'appelait depuis le salon et quand je pénétrais dans une pièce avec de grandes fenêtres et des œuvres d'art aux murs, un homme brun au visage empreint de bonté me souriait, confortablement installé dans un canapé gris XXL.

« Prête ? demandait-il.

— Oui », répondais-je en me penchant pour l'embrasser.

Il m'attirait vers lui et j'éclatais de rire. Nous étions attendus chez des amis. Je nous ai vus marcher dans la rue d'un pas allègre, et la fille que je voyais était débordante de santé, énergique, productive, efficace, imperméable à l'anxiété. Un pur bonheur. J'avais vu le film de ma vie dans ses deux versions – le scénario catastrophe et le conte de fées.

Je voulais le conte de fées.

Dans la salle, l'heure était aux effusions et aux embrassades. On se tapait dans la main, on s'agrippait les uns les autres avec émotion, comme des frères et sœurs perdus de vue depuis longtemps. Des hommes en jean au pli marqué échangeaient de longues accolades, en se balançant sur leurs pieds, répugnant à se lâcher. J'ai serré Daisy dans mes bras et, quand je me suis écartée, il y avait des larmes dans ses yeux. Dans les miens aussi. Nous étions vivantes. Inspirées. Amoureuses – de nous-mêmes, l'une de l'autre, du monde !

On courait dans tous les sens pour partager nos visions avec ceux qui nous entouraient.

« Je veux être plus pour pouvoir faire plus ! a déclaré une femme en legging violet.

— Je veux apporter le message de Tony Robbins à Poutine – je pense que ça pourrait nous valoir la paix dans le monde ! a annoncé avec un fort accent un homme aux cheveux bruns enduits de gel.

— Je veux m'envoyer en l'air, a dit Daisy. Sans compter !

— Moi aussi ! » ai-je confirmé.

Puis l'obscurité s'est faite à nouveau, la B.O. de *2001 : l'odyssée de l'espace* a envahi la salle, et tout le monde a fermé les yeux. Quand je les ai rouverts, j'ai vu une mer de visages perdus dans la contemplation – et, l'espace d'une seconde, j'ai flippé. Voilà à quoi ça ressemblait d'être membre d'une secte.

Pieds nus sur le béton humide, nous nous sommes dirigés vers le halo pourpre d'un hôtel Travelodge qui luisait à l'extrémité des couloirs de braises. Nous avions laissé chaussures et chaussettes dans la salle de congrès, avec nos vieilles croyances limitatives, et nous avancions maintenant d'un pas décidé, jean roulé sur les mollets, vers une nouvelle destinée.

J'ai posé un pied sur les charbons et, après ça, je ne me souviens plus de rien – jusqu'à mon dernier pas, au moment où j'ai senti la chaleur irradier dans mes plantes de pieds. À peine ai-je eu le temps de paniquer en me souvenant de ce que j'étais en train de faire que déjà je foulais le carré de pelouse fraîche disposé à l'arrivée du couloir et que des assistants me rafraîchissaient les pieds au tuyau d'arrosage.

Je l'avais fait. J'avais marché sur un lit de charbons ardents.

Et cela avait été si facile que l'expérience paraissait presque décevante. Je ne comprenais pas bien pourquoi, mais peu importe. Le dimanche soir, j'ai quitté Tony pleine de la sensation qu'en plus d'être ignifugée, je pouvais aussi marcher sur l'eau. Voire voler.

C'était exactement la sensation que j'avais attendu toute ma vie d'éprouver – la sensation qu'absolument tout était en mon pouvoir. Aux oubliettes, les années de doute, d'anxiété, de solitude. Tout ça était désormais derrière moi. J'avais traversé le feu. J'étais différente.

Et ma nouvelle vie allait commencer là, tout de suite.

L'Ancien Moi, avec son bagage de névroses, de déprime et de kilos en trop, avait fait son temps.

Place au Moi Parfait.

Travaux pratiques

Pour atteindre la perfection, il me suffisait de suivre le Challenge de 10 Jours prescrit par Tony. Si j'y investissais toutes mes forces, l'expérience serait l'égal d'un shoot d'énergie pure et me révélerait la puissance, la vitalité, le dynamisme et la joie d'un corps débordant de vie et resplendissant de santé.

La vie ne serait plus jamais la même ! Et le changement, c'était pour TOUT DE SUITE !

• Levée à 6 heures ! Je m'assieds dans le lit et me plie aux exercices de respiration profonde prescrits par Tony, et je fais aussi un machin baptisé « amorçage », qui consiste à recenser tous mes motifs de gratitude puis à visualiser mes objectifs de court, moyen ou long terme. Je vois des voitures de luxe. Des mecs canon. Des best-sellers. Un super appart. Et je déborde de gratitude pour tout – mon lit, mes amies, mon ordinateur portable, ma famille !

• Je descends dans la cuisine, je branche la bouilloire et je bois de l'eau chaude additionnée de jus de citron. Le café, c'est terminé pour moi – c'est acide ! Trop d'acidité dans l'organisme rend léthargique et malade ! Mon corps est désormais un temple. Un temple en ruines et en chantier de rénovation.

• Je me prépare une salade en guise de petit déjeuner. Parfaitement, une salade. J'ouvre un sachet de laitue et j'émince un avocat. La marmelade étalée sur des toasts imbibés de beurre, c'est fini – le pain, c'est le diable ! Tout ce qui est blanc et comestible – *vade retro !* Je ne désire plus qu'une seule couleur : le vert. Pour alcaliniser l'organisme, Tony n'a qu'un mot d'ordre : « Passez au vert ! » Et faites une croix sur les glucides transformés ! Plus de farine ! Plus de sucre ! Nous sommes ce que nous mangeons. Et je veux être un smoothie vert ! Je ne veux plus avoir la gueule de bois ni de boutons ; à compter de dorénavant, ma peau sera éclatante de santé et je sauterai du lit débordante d'énergie !

• D'ailleurs, à propos de sauter… Chaque matin, Tony saute sur un minitrampoline pour stimuler le système lymphatique, éliminer les toxines voire peut-être se protéger contre le cancer. Faute de minitrampoline, je sautille sur place dans la cuisine pendant dix minutes – bon, allez, *une* minute – jusqu'à avoir le tournis. Ensuite, je sors courir – marcher vite, disons – jusqu'au sommet de Parliament Hill, où je m'offre une autre petite séance de sauts. Je draine à mort !

• Je continue à courir – enfin, à marcher vite – tout en brandissant mon poing. J'attends qu'il n'y ait plus un chat alentour pour crier : « Rien ne peut m'arrêter ! », de toutes mes forces. Ceci est une incantation – les affirmations, c'est un truc de petit joueur ; seules les incantations nous permettent de *sentir* ce qu'on dit – enfin, ce qu'on hurle. Arrive une femme qui promène un jack russell. La situation devient un peu bizarre. Je reprends ma course (ma marche, si on préfère) en marmonnant l'incantation dans ma tête et en boxant l'air avec plus de discrétion – genre, en gardant le poing au niveau de ma hanche.

• Retour à la maison. Tony s'immerge chaque matin dans un bain glacé pour booster sa circulation et son système immunitaire. Comme je ne pense jamais à remplir le bac à glaçons, je dois me contenter d'une douche froide. Je trépigne sous le jet en piaulant… Non, pareil calvaire ne peut pas être bénéfique. J'ouvre le robinet d'eau chaude.

• Atelier cuisine. Je me concocte un jus vert en fourrant des feuilles de kale, du concombre, de l'eau de coco et une dose de vitamines vertes en poudre (26 £) dans mon NutriBullet flambant neuf (59 £). J'avale une gélule associant omégas 3 et 6 (24 £ la boîte) – des huiles qui sont essentielles au bon fonctionnement de l'organisme. Car toutes les graisses ne sont pas mauvaises ! On a tous besoin de bonnes graisses.

• Je travaille de 9 heures à 13 heures. Je suis archiconcentrée ! Une vraie machine. La fatigue ? Connais pas. C'est une vue de l'esprit. J'écris un énième article sur les mascaras. Je m'offre régulièrement des pauses musicales pour atteindre un état de conscience optimale. Je sautille à côté de mon bureau sur des chansons de Rihanna et de Beyoncé. Je me sens inspirée par leur puissance et leur beauté. Moi aussi je peux être belle et puissante – ah oui, et riche aussi !

• Je relis mon papier. Un méchant doute m'assaille : l'intro est nulle, non ? Mais je m'empêche de poursuivre sur cette pente négative en redressant les épaules bien en arrière. Tony affirme qu'il n'y a pas plus rapide, pour changer de disposition d'esprit, que de changer de posture. Gaaaaaarde à vous ! Je m'assieds bien droite sur ma chaise, menton relevé, regard déterminé.

• Pour déjeuner, ce sera salade. Une poignée de feuilles de laitue, quelques gouttes d'huile riche en omégas 3 et 6. Je suis bien tentée d'ajouter des copeaux de fromage et des lanières de jambon, mais Tony n'est pas très fan des viandes ni des produits laitiers. Je me contenterai donc d'une boîte de thon – sauf que… Tony ne nous a-t-il pas mis en garde contre le mercure ? Peut-être devrais-je devenir végétarienne ? Voire carrément vegan, tant qu'à faire.

• Nouvelle promenade à pas rapides. Et autres incantations marmonnées et ponctuées de discrètes gesticulations.

Je suis puissante et forte ! Et un coup de poing.

Je fais tout facilement et sans effort ! Et de deux.

Je suis puissante et belle ! Et de trois.

• 14 heures. Je me remets au boulot. J'écris un papier sur une marque de collants qui affirme que son produit est le meilleur du marché. Je les essaie. Ils filent direct.

• Je fais pipi sur une bandelette pour vérifier l'acidité de mon urine. Eh oui, pour changer de vie, il faut d'abord changer d'urine. Tony dit qu'elle devrait avoir un pH 7 mais la mienne a 6. Ça craint – je suis acide !

• Je bois de l'eau. Des litres et des litres d'eau. L'eau est une composante essentielle et majeure du vivant ! Je dois boire chaque jour la moitié de mon poids en onces pour que mon organisme puisse s'autonettoyer. J'ignore quel est mon poids actuel en onces (ou en kilos, au demeurant) mais bon, on ne va pas non plus ergoter ! *Bois des litres et des litres, et ça le fera.* Mon corps sera bientôt aussi pur et propre qu'un torrent de montagne.

• 16 heures 30. C'est l'heure du coup de barre, mais je n'ai pas besoin de caféine, j'ai besoin de m'oxygéner ou, pour le dire autrement, de respirer ! Tony dit qu'on devrait remplacer les pauses-café par des séquences de dix respirations profondes trois fois par jour. J'inspire pendant huit secondes, j'essaie de garder l'air dans mes poumons pendant trente-deux secondes, comme recommandé, mais je suffoque au bout de dix, et je les vide d'un coup. Booon…

• Nouvelle petite série de sauts et de mouvements de danse. Je télécharge la bande-son du séminaire sur Spotify.

• 18 heures : Je fais un tour sur la page du groupe Facebook de Tony. Certains membres ont posté des photos de leurs jus verts et de leurs sauts que je trouve inspirantes. Ils postent aussi des citations motivantes « Soyez maître du présent ! » « Passez à l'action ! » « Celui qui n'a pas peur de ses rêves ne rêve pas assez grand ! » On s'échange des messages entre membres : « Tu es démente ! » Voilà mes vrais amis ! Des gens positifs, motivés ! Qui tirent le meilleur parti de leur vie.

Je reçois un message de Daisy : *Tu es époustouflante !*

Je lui réponds :

Toi aussi !

Tu envoies grave !!!

Tu as pissé sur ta bandelette ?

• 19 heures. Ne bois pas de vin, c'est acide ! Ça flingue les neurones ! Défonce-toi à la vie !

Quand Rachel rentre à la maison, je viens de terminer ma troisième salade de la journée et elle me trouve en train de bondir comme un cabri dans la cuisine au son de « Paradise City » des Guns N'Roses.

« Je crois que je préférais ta phase Rien à foutre », dit-elle en montant directement dans sa chambre.

9

Vaches maigres

« Si Tony Robbins est un milliardaire qui veut faire du monde un endroit meilleur– pourquoi fait-il payer si cher ses séminaires ? »

Rachel

J'ai entendu un bip caverneux et le caissier du Tesco a levé les yeux vers moi. « Votre carte n'est pas passée, a-t-il marmonné. Vous voulez refaire un essai ? »

Les joues en feu, j'ai retiré la carte du lecteur, je l'ai ré-insérée, j'ai retapé mon code. Un autre bip.

« Paiement refusé… a annoncé le type en haussant les épaules.

— Je ne comprends pas pourquoi… »

J'ai ouvert mon portefeuille, mais il n'y avait pas 11,20 £ en liquide.

Je lui ai tendu ma carte de la Barclays. Payer une boîte de tampons et une bouteille de rouge avec ma carte de crédit – jamais je n'étais tombée aussi bas.

De retour à la maison, j'ai ouvert le vin. Le Moi

Parfait avait tenu huit jours – bon, d'accord, cinq. J'avais lâché l'affaire en voyant Rachel se servir un verre de blanc. Ça faisait envie, j'en avais l'eau à la bouche… et puis, on était vendredi soir…

« Je vais peut-être le goûter. Juste un verre, avais-je dit. C'est le week-end. Et un verre, ça ne va pas me tuer. »

Un verre qui s'était transformé en une bouteille.

« Je ne sais pas pourquoi tu t'infliges ça. À vouloir être trop stricte, tu te programmes pour une défaite, avait observé Rachel.

— Je sais, mais je me déteste de boire autant, de manger n'importe quoi… Je veux mettre de l'ordre dans ma vie.

— D'accord, mais pourquoi faut-il que ce soit tout ou rien ? Contente-toi de petits ajustements… »

Rachel était comme ma mère – tout en retenue et modération, réussissant ce qu'elle entreprenait en menant simplement son projet à bien, sans en faire tout un plat. Elle n'avait pas besoin de se motiver à coups de séminaires ou de vidéos sur YouTube… Elle abattait plus de boulot avant de partir au bureau que moi en une journée. Elle ne téléchargeait pas des applis de productivité à 10 £, elle dressait au dos d'une enveloppe des listes de choses à faire qu'elle barrait au fur et à mesure.

Tout en sachant que sa remarque était criante de bon sens, maintenant que j'étais montée à bord du train de Tony, j'étais résolue à ne pas en descendre en marche. Du coup, fin juillet, après plusieurs semaines à jouer au yo-yo en mangeant une salade au petit déjeuner puis un gâteau au déjeuner, en alternant jus verts et cafés, j'avais finalement admis ma défaite. Début août, j'avais renoué avec les mauvais programmes télé et le vin – lequel, apparemment, n'était plus dans mes moyens.

En rentrant du supermarché, j'ai fait ce que je n'avais plus fait depuis le mois de février – je me suis connectée à ma banque en ligne. Un frisson glacé m'a secouée quand j'ai vu le solde de mon compte courant. J'étais dans le rouge de 3 200 £. Merde, merde, merde. Comment un pareil trou avait-il pu se creuser ?

J'ai fait défiler la liste des dépenses : cafés, vin, pub, pub, Waterstones… Puis je suis tombée sur un débit de 92 £ qui n'éveillait aucun souvenir. « COMMISSION. » Commission ? Mais pour quoi ? Mon compte avait été piraté !

J'ai appelé la Barclays.

« Bonjour, j'ai repéré des opérations douteuses sur mon compte. Il y a un débit de 92 £ que je ne reconnais pas. Je pense que quelqu'un a dupliqué ma carte.

— Je suis désolée de l'apprendre. On va regarder ça ensemble… Oui, effectivement, je vois le débit en question… 92 £…

— De quoi s'agit-il ? Pourriez-vous me dire si cette personne a détourné d'autres sommes ?

— Ces 92 £ correspondent au montant de la commission mensuelle de votre facilité de découvert.

— Pardon ?

— Au-delà de 1 000 £, les frais sont de 3 £ par jour.

— Quoi ? Mais depuis quand ? Pourquoi n'ai-je pas été prévenue ?

— Nous vous avons envoyé deux courriers d'information. Vous ne les avez pas reçus ?

— Je ne sais pas… Je n'ouvre pas tous les courriers que je reçois… Je suis très occupée. Comment pouvez-vous faire ça ? 3 £ par jour, c'est énorme ! Depuis quand ça dure ?

— Ces commissions sont en vigueur depuis deux mois. »

J'ai raccroché et je suis montée dans ma chambre. Il y avait un tas de courrier en souffrance sur mon bureau – et les lettres en question étaient là, avec les relevés de la carte de crédit, et un rappel de TVA. J'ai senti la vague de panique monter en même temps que j'étais prise d'une sueur froide. Ça craignait. Ça craignait vraiment.

Qu'est-ce que j'avais fabriqué ces six derniers mois ? Pourquoi n'avais-je pas travaillé ? J'avais toujours été une bosseuse acharnée – alors, que s'était-il passé ? En me lançant dans ce projet, je voulais gagner en efficacité et mieux réussir dans la vie ! Sauf que, les mois passant, j'avais dit Rien à foutre à tout, et j'avais cru que *Le Secret* pourvoirait à tout.

En février, j'avais pleuré devant mes relevés bancaires et je m'étais juré de me réformer, mais une fois les larmes séchées, j'avais aussitôt renoué avec mes vieilles habitudes. J'avais abandonné le rituel de vérification de mon solde chaque jour ouvrable. Je m'étais laissé distraire en créant des tableaux de visualisation, en découpant des photos de courgettes et de tapis de yoga, en me rédigeant des chèques bidons de 100 000 £. Je m'étais enfermée dans la bulle du développement personnel – et laissé aliéner.

L'argent vient à moi facilement et sans effort. Ouais, c'est ça…

Je me suis mise à arpenter ma chambre. Aucune affirmation n'allait éponger mes dettes. Et l'univers m'avait clairement fait un chèque en bois. Quelle conne !

Mon désarroi était total. La prochaine échéance de remboursement de ma carte de crédit tombait dans dix jours. 120 £. Je ne les avais pas.

J'avais la sensation de vivre une expérience extra-corporelle. Je devais m'arracher de ce corps – de cette tête. Je ne pouvais plus être moi.

Je suis descendue dans la cuisine et je me suis servi un grand verre de whiskey avant d'aller m'affaler sur le canapé du salon. J'ai allumé la télé. Les Kardashian se bouffaient le nez à cause des nouvelles fringues que Kanye venait d'offrir à Kim. Je me suis resservi un whiskey, je me suis endormie, puis réveillée devant Lindsay Lohan, qui était en larmes parce que l'hôtel où elle vivait s'apprêtait à la jeter à la rue.

Quand Rachel est descendue le lendemain matin, elle m'a trouvée sur le canapé. J'avais dormi là, tout habillée, et j'étais en train de pleurer devant non pas la beauté des écureuils ou une publicité de promoteur immobilier, mais ma sottise.

« Tu veux que je te prête de l'argent ? a proposé Rachel.

— Non. C'est gentil, merci, mais non. C'est mon problème. Je dois le régler par moi-même.

— Tu veux qu'on regarde ça ensemble calmement ? On pourrait faire un budget, un plan. »

Budget, plan – deux mots qui me donnaient des

sueurs froides. Ce n'était pas la première fois que Rachel me faisait cette proposition, mais j'avais toujours inventé des excuses pour me défiler. Je n'en avais plus aucune en réserve.

Ce soir-là, nous avons épluché ensemble mes relevés bancaires.

« C'était quoi ces 56 £ chez Waterstones ? a demandé Rachel.

— Je ne sais pas. Des bouquins, sans doute.

— Quel genre de bouquins ?

— J'en sais rien. Du développement personnel, j'imagine. »

J'ai retrouvé le ticket de caisse correspondant. Il s'agissait d'un bouquin consacré à l'art du rangement et de deux livres de cuisine – sur l'alimentation sans sucre, et les jus frais. Je me suis revue feuilleter celui sur l'alimentation sans sucre dans le café situé au dernier étage de la librairie et lire des recettes de courgettes découpées en spirale devant un chocolat chaud et une tranche de cake à la carotte. Je ne l'avais plus rouvert depuis, pas plus que je n'avais ouvert celui sur les jus verts ou *La Magie du rangement* de Marie Kondo. Je n'avais fait qu'ajouter du désordre dans ma chambre.

« Et ces 55 £ au Whole Foods, c'était quoi ? a demandé Rachel.

— Des vitamines.

— Tu achètes des vitamines à 55 £?

— Je pensais qu'elles me donneraient l'énergie d'abattre plus de travail et que, du coup, je m'y retrouverais. »

À la seconde où les mots sortaient de ma bouche, j'ai compris combien je m'étais bercée d'illusions.

« Marianne… »

Je me suis remise à pleurer. « Je sais, je sais. S'il te plaît, tais-toi. »

Mais elle a continué à éplucher mes dépenses – les billets d'avion pour l'Italie, la note de bar de ma semaine Rien à foutre…

« Et ces 500 £ ? C'est quoi ? »

C'était le week-end Tony Robbins.

« 500 £ !

— Oui.

— Et vous étiez nombreux ?

— Oui. Sept mille.

— Ça veut dire qu'il a gagné des millions en deux jours ! Si Tony Robbins est un milliardaire qui veut faire du monde un endroit meilleur – pourquoi fait-il payer si cher ses séminaires ?

— Si ça ne coûtait pas cher, on ne les apprécierait pas, on ne les prendrait pas au sérieux. Et il fait des dons astronomiques à des organismes caritatifs. »

Je me suis bien gardée de lui préciser que j'avais acheté une des places les meilleurs marchés, que certains déboursaient jusqu'à 1 200 £ pour s'asseoir au plus près de l'astre et qu'une bonne partie du week-end avait consisté en de la publicité pour des séminaires plus longs – et donc plus chers – tel celui pour « Devenir un virtuose en affaires », ou encore ce séminaire d'une semaine pour « Prendre rendez-vous avec le Destin », qui coûtaient l'un et l'autre plusieurs milliers de dollars.

À intervalles réguliers, Tony invitait des gens à monter sur scène pour en vanter les résultats et nous raconter, en quarante-cinq minutes, comment ces produits avaient changé radicalement leur vie. Nous avions eu droit à une succession de témoignages. On nous avait rabâché *ad nauseam* que ces gens avaient investi en eux, que ç'avait été payant, que leurs revenus personnels étaient passés de 10 000 à un million de dollars.

Le message était clair : ne pas avoir d'argent était une fausse excuse, en dépenser pour les séminaires du maître était un investissement qui serait récompensé. Mais quand ? À quel moment récoltait-on les fruits de ce que l'on semait ? J'en étais au septième mois de mon expérience de développement personnel, et je ne voyais guère de récompense se profiler à l'horizon. Ma vie professionnelle avait pris un cours erratique, chaque accès d'euphorie s'était fracassé sur des passages à vide, mes amitiés en souffraient, mes finances – n'en parlons même pas… Mon incapacité à gérer mon argent semblait refléter tous mes défauts – ma fainéantise, ma puérilité, ma perpétuelle quête du plaisir – que ma consommation de développement personnel avait amplifié.

J'ai commencé à voir que le développement personnel pouvait être dangereux pour quelqu'un comme moi. J'adorais perdre le contact avec la réalité – c'était un de mes points forts – et le développement personnel me permettait de le faire en toute bonne conscience. Entre mes lectures, mes affirmations à réciter et mes rêves de grandeur, je n'avais plus de temps pour des trivialités telles que gagner suffisamment d'argent pour payer les factures.

Et vous vous souvenez de Kate Northrup, mon

gourou financier ? Savez-vous comment elle s'est retrouvée endettée jusqu'au cou ? En suivant trop de séminaires de développement personnel. Je ne blague pas : elle a écrit un livre de développement personnel qui explique comment apurer des dettes créées par le développement personnel. Du temps où je la lisais, j'avais choisi de ne pas m'attarder sur ce pan de l'histoire. Mais le développement personnel est un business – un gros business. Et il vend la même chose que les marques de vêtements, d'agroalimentaire ou d'alcool : du bonheur.

Mais peut-on vraiment acheter le bonheur par un séminaire de quatre jours dans un centre de congrès davantage que par des vacances ou une nouvelle voiture ?

« C'est comme ce moment, dans un roman de Nick Hornby, où le héros comprend à quel point il a été idiot », a observé Rachel.

J'étais incapable de me rappeler si les romans de Nick Hornby avaient des dénouements heureux.

Le téléphone a sonné. C'était Daisy.

« Je suis en train de réserver des billets pour l'Inde en janvier. Ça te dirait ? a-t-elle demandé.

— Je ne peux pas, je suis complètement fauchée.

— Ne dis pas que tu es fauchée.

— Bon, très bien : ce n'est pas dans mes moyens !

— Tout est dans nos moyens.

— Je viens d'acheter une boîte de tampons avec ma carte de crédit.

— Tu as lu *La Loi de l'attraction* ? »

Soit Daisy n'avait pas pris garde à mon ton, soit elle avait choisi de l'ignorer.

« Non.

— Lis-le, ça t'aidera, vraiment. Et lis aussi *E*² [1] de Pam Grout, ou alors ce bouquin de Marianne Williamson, qui est génial… *La Loi de la compensation divine*[2]. Fais un effort, si tu modifies ta perspective sur l'argent, il viendra tout seul. Le monde est une corne d'abondance, n'oublie pas. »

Ce n'était pas l'impression qu'il me donnait en ce moment. Comment Daisy se débrouillait-elle pour suivre tous ces séminaires, s'offrir tous ces séjours à droite, à gauche ? L'année précédente, elle était partie suivre un séminaire de Tony Robbins en Floride et, en septembre, elle s'était offert une cure détox à base de jus. Elle était en congé sabbatique, certes, mais comment pouvait-elle financer cette quête spirituelle tous azimuts ? Sans doute, du temps où elle travaillait, avait-elle économisé – économisé de la façon dont tout le monde le faisait, sans tambour ni trompette, sans que je m'en aperçoive.

« Marianne ? Tu es toujours là ?

— Oui, excuse-moi.

— Tu n'as jamais envisagé d'aller à une réunion des D.A. ?

— C'est quoi, ça ?

— Les Débiteurs Anonymes – c'est comme les

---

1. Pam Grout, *E*², Éditions Guy Trédaniel, 2014.

2. Marianne Williamson, *The Law of Divine Compensation*, HarperOne, 2012.

Alcooliques Anonymes mais pour les gens qui ont des problèmes avec l'argent.

— Non ! Arrête, j'en suis pas là !

— Une de mes amies y va, et elle trouve que ça l'aide vraiment. Elle n'a plus de dettes, aujourd'hui, mais il y a quelques années de ça, elle s'était fourrée dans le pétrin avec des cartes de magasins. Elle dit que ces réunions l'aident à rester sur les bons rails. Son groupe se réunit à Knightsbridge. Je peux te mettre en contact avec elle, si tu veux.

— Je ne sais pas. Ça me semble un peu extrême.

— Mais si t'as un problème avec l'argent, ça pourrait t'aider.

— Je vais y réfléchir », ai-je répondu, avant d'écourter la conversation, et de passer le week-end devant la télévision.

Pour ajouter l'insulte à l'injure, plus tard ce jour-là, le Grec m'a appelée par Skype.

« Un de mes amis se marie à la fin du mois. Je suis son témoin. Le mariage a lieu sur une île…

— Ça semble sublime, l'ai-je coupé, en rêvant de ciel bleu et de mer plus bleue encore.

— Et donc je me demandais… » Il s'est discrètement éclairci la voix. « Tu voudrais être ma cavalière ? Ce sera un beau mariage, avec des gens sympathiques. J'adorerais que tu sois là.

« Je veux rentrer à Londres, a-t-il poursuivi, mais je ne peux absolument pas laisser mes parents. Je me disais que le mariage pourrait être notre second rencard. Trouve juste de quoi payer ton billet d'avion, tout le reste sera pris en charge. »

Et donc, je lui ai répondu la seule chose qu'une

fille à qui on propose un rencard sur une île grecque puisse répondre : « Non. »

Parce que je ne pouvais pas me payer le billet d'avion, mais aussi parce que je ne méritais rien de tout ça. Je me punissais moi-même.

En outre – et ça m'exaspérait –, Geoff me trottait toujours dans la tête. Je savais que la réciproque n'était pas vraie : chaque fois que j'allais faire un tour sur Facebook, je découvrais de nouvelles photos qui le montraient invariablement en bonne compagnie.

La déception du Grec était audible. « D'accord. Mais j'espère que tu changeras d'avis », a-t-il dit.

Gemma a appelé dans la foulée et je lui ai parlé de cette invitation.

« Si tu laisses filer cette occasion de passer aux choses sérieuses, je rapplique pour t'embarquer de force dans un avion, a-t-elle promis. Ça t'arrive souvent, qu'un Grec sexy t'invite sur une île en Méditerranée ? Je te prêterai l'argent.

— Je ne peux pas te laisser faire ça.

— Bien sûr que si, la vie est courte, on doit en profiter.

— Je ne mérite pas d'en profiter – je gâche tout ! Je me suis comportée comme une idiote irresponsable. Il faut que j'arrête de sauter dans un avion pour un oui ou un non. Je n'en reviens pas de ma nonchalance. Je me dégoûte moi-même.

— L'argent et toi, ça fait deux, mais tu n'es pas nonchalante. Je connais peu de personnes qui bossent aussi dur que toi. Tu t'offres un petit détour, cette année, mais ce n'est pas grave, tu sais que tu peux toujours trouver du travail. Qu'en dit Sarah ? Je parie qu'elle te pousse à y aller. »

Gemma ignorait tout de la brouille entre Sarah et moi. Je ne l'en avais pas informée parce qu'elle adorait Sarah, parce que je ne voulais pas devoir m'expliquer. Mais je savais ce qu'aurait dit Sarah : « Au diable tes dettes ! Fonce t'éclater et t'envoyer en l'air ! » Elle m'aurait empêchée de sombrer dans l'autoapitoiement et m'aurait exhortée à croquer la vie à pleines dents.

Mais Sarah n'était plus dans le paysage, et j'étais trop orgueilleuse pour la rappeler. J'avais également trop honte pour accepter l'offre généreuse de Gemma et partir jouer les Shirley Valentine[1] à ses frais.

« Tu vas où ?

— À une réunion des Débiteurs Anonymes avec une copine de Daisy.

— Tu ne crois pas que tu en fais un peu trop ? a demandé Rachel.

— Non. J'ai un problème avec l'argent et ça pourrait m'aider.

— Contente-toi de te mettre au boulot, ça devrait le résoudre, non ? »

Mais je ne voulais pas entendre raison. J'étais prisonnière d'une double spirale d'autoapitoiement et de développement personnel, et toutes les réponses devaient venir d'une forme ou une autre de thérapie ou d'autoanalyse. J'ai donc pris le métro jusqu'à

1. Héroïne d'une comédie sentimentale éponyme réalisée par Lewis Gilbert.

Knightsbridge, un des quartiers les plus cossus de Londres, pour discuter avec des gens aussi fauchés que moi, sinon plus – c'était en tous les cas ce que j'espérais : les entendre raconter une mouise si grande que, par comparaison, je me sentirais tout de suite mieux.

À ma grande contrariété, ça ne fonctionnait pas comme ça. Les témoignages ne s'embarrassaient pas de détails concrets. J'attendais désespérément d'entendre un participant dire qu'il avait contracté 100 000 £ de dettes avec des cartes de crédit, à la seule fin de pouvoir dire : « Regardez, il y a pire que moi ! »

Ces gens ne jouaient pas le jeu. Je les ai écoutés dégoiser des généralités et, quand je me suis levée, j'y suis allée franco : « Bonjour, je m'appelle Marianne et j'ai près de 20 000 £ de dettes. »

Je me suis sentie plus nue et exposée que lorsque j'avais joué le modèle vivant sur cette chaise de bureau.

En écoutant les témoignages, j'avais compris que je n'étais pas au bon endroit. Selon les Débiteurs Anonymes, mes dettes étaient une maladie, face à laquelle j'étais impuissante. À mes yeux, c'était là un mensonge : je n'étais pas impuissante, et je ne voulais pas faire semblant de l'être.

Le lendemain, j'ai appelé StepChange, une association caritative spécialisée dans le surendettement. En expliquant ma situation, je pleurais. Mon interlocutrice m'a patiemment exposé mes différentes options, y compris celle qui consistait à faire défaut sur mon découvert et mes crédits, puis à laisser l'association convenir d'un échéancier de remboursement avec les banques. Cette démarche, m'a expliqué la femme, serait dévastatrice quant à mon indice de solvabilité et ma notation auprès des établissements bancaires, mais si j'étais malade et dans l'incapacité de travailler, si je n'avais pas de quoi m'offrir un toit ou nourrir toute personne à ma charge, c'était une solution. J'ai été prise d'un dégoût de moi encore plus violent que la veille. Je n'étais ni malade, ni inapte au travail. J'avais une carrière brillante, nulle autre bouche à nourrir que la mienne, aucune hypothèque sur le dos. Je m'étais mise seule dans cette situation catastrophique, et je pouvais m'en extraire par moi-même. Je l'ai remerciée et j'ai raccroché. Je ne méritais pas sa sympathie. Tout ce que je méritais, c'était un colossal coup de pied dans le derrière.

Aussi, pour le restant du mois d'août, j'ai décidé de mettre le développement personnel entre parenthèses, et de mobiliser toute mon énergie sur un projet plus concret : travailler, et gagner de l'argent. J'ai pratiqué la thérapie du rejet et contacté par e-mail toutes les rédactions pour lesquelles je n'avais encore jamais travaillé. Quatre semaines durant, j'ai bossé sans interruption, sept jours sur sept, de 7 heures du matin à 19 heures. Puisque *Le Secret* ne m'avait pas aidée, je prenais moi-même les choses en main. J'ai passé au banc d'essai vingt séchoirs à cheveux ; j'ai vécu deux jours avec un maquilleur qui m'a peinturlurée pour me faire ressembler à Jack Nicholson dans *Shining* ; j'ai écrit un papier sur un shampooing pour chevaux qui rencontrait un succès totalement improbable auprès des humains ; un autre sur des gaines amincissantes spécialement conçues pour l'été ; j'ai chroniqué un documentaire de la BBC sur le dernier cri en matière de chirurgie vétérinaire, en évoquant l'opération de la cataracte de Rosemary l'orang-outan, celle du cerveau de Tiara la tigresse, la prothèse caudale de Fudji le dauphin. J'ai également pondu un papier sur les écrans solaires – un de plus. Je suis allée dans une salle des ventes du sud de Londres qui mettait aux enchères les bagages perdus à Heathrow et non réclamés…

Jamais mon travail ne m'avait inspiré autant de gratitude. De quoi diable avais-je pu me plaindre ? N'avais-je pas une chance folle de pouvoir gagner de l'argent en faisant des choses drôles, intéressantes ? Pourquoi en voulais-je davantage ? Il était temps de grandir et d'arrêter de me comporter en sale gosse pourrie-gâtée. De me montrer pragmatique, plutôt que d'écouter mes émotions. D'agir, au lieu de me perdre dans la contemplation de mon nombril et de ressasser mes errements.

À la fin du mois, j'étais toujours dans le rouge mais j'avais endigué l'hémorragie de dettes. Je ne savais pas si je devais reprendre et poursuivre mon expérience de développement personnel. Peut-être était-il temps d'affronter la réalité. De regarder les faits en face.

« Peut-être était-ce la leçon que tu devais tirer de cette expérience, a dit Sheila un jour au téléphone. Que ta vie est plutôt belle telle qu'elle est. »

Mais était-elle belle, ma vie ? Le dernier lundi d'août, pendant le long week-end férié de Bank

Holiday, j'étais invitée à un barbecue chez un ami et ancien collègue. Je n'avais pas envie d'y aller mais, suite à ma brouille avec Sarah, je ne tenais pas à m'aliéner d'autres personnes de mon entourage. Je suis partie à Clapham en bus, soit un périple de deux heures et demie, mais les bus sont meilleur marché que le métro, et je me la jouais martyre.

« Ça faisait un bail, a dit Tom, un autre collègue, en m'ouvrant le portail du jardin. Tu fais quoi en ce moment ? Tu écris toujours ? Ça fait un petit moment que je n'ai pas vu passer ta signature.

— Ouais, je pige un peu à droite, à gauche, mais moins qu'autrefois.

— On en est tous là ! Même ma mère peine à croire que suis toujours journaliste. Plus personne ne passe de commandes, ces temps-ci. Le journalisme est un métier mal barré… »

Une autre collègue, Leslie, nous a rejoints avec un hamburger carbonisé sur une assiette en papier.

« Le journalisme est mort, a-t-elle assené entre deux bouchées. La presse écrite est fichue. Il n'y en a plus que pour ces petits jeunes et leurs blogs, maintenant. L'autre jour, un nouveau site m'a demandé un papier. Quand j'ai demandé combien ils payaient, ils m'ont répondu : “Rien ! Mais ce sera tout bénef pour votre profil socio-médiatique.” La bonne blague ! Je suis journaliste, j'écris pour payer les factures… »

Comme la conversation continuait sur cette lancée et me déprimait, j'ai essayé de faire entendre une note plus optimiste :

« Oui, mais le monde change. Rien ne sert de se

lamenter, mieux vaut s'adapter et tirer le meilleur parti de celui dans lequel on vit maintenant.

— Et comment on s'y prend ? a voulu savoir Leslie.

— On peut faire aujourd'hui tellement de choses qui étaient impossibles avant ! Créer notre blog ou... Regardez tous ces gamins qui gagnent des fortunes avec leur chaîne YouTube. Maintenant, on peut tout faire depuis sa chambre, ai-je avancé.

— Je n'ai pas bossé vingt ans dans un grand quotidien national pour commencer aujourd'hui à faire des vidéos dans ma chambre ! s'est indignée Leslie.

— Et tous ces gens qui écrivent gratuitement sont en train de tuer notre industrie », a renchéri Tom.

Je me suis excusée sous prétexte d'aller aux toilettes mais, à la place, je suis allée rôder dans la cuisine, où j'ai fait main basse sur des chips de maïs orange vif avant de me joindre à un autre groupe, lui aussi engagé dans un chœur pessimiste sur le thème : « Vous avez vu le prix des studios à Clapham ? »

Tous ces gens étaient plus solvables que moi. Ils avaient des enfants, des crédits immobiliers, des plans d'épargne-retraite et des cagnottes vacances. Moi, à peine quelques semaines plus tôt, j'avais dû payer une boîte de tampons hygiéniques avec ma carte de crédit mais, bon sang ! Qu'est-ce qu'ils étaient malheureux ! Pour rien au monde je ne voulais devenir comme eux.

« Je vais rentrer », ai-je annoncé au bout de deux heures. Personne n'a semblé déçu. Tandis que je faisais le tour du jardin pour dire au revoir, une femme d'une petite soixantaine d'années, avec des cheveux teints en brun et ramassés à la va-vite en un chignon haut perché sur le crâne, est venue à ma rencontre.

« Victoria », s'est-elle présentée en me tendant la main. Elle avait de longs ongles violets.

Victoria était une écrivaine féministe que je connaissais de nom. Une de ces femmes brillantes et férocement intelligentes qui s'étaient battues pour les droits des femmes et l'égalité salariale, qui avaient campé à Greenham Common pour protester contre l'installation des missiles nucléaires...

« Vous passez un agréable moment ? a-t-elle demandé, sourcils haussés.

— Non, pas vraiment. Je partais.

— Oui, l'ambiance est tristounette, n'est-ce pas ? » Elle a éclaté de rire et nous a resservi du vin. « Vous êtes journaliste, vous aussi ?

— Oui, plus ou moins.

— Sur quoi écrivez-vous ?

— Beaucoup sur les mascaras », ai-je plaisanté, mais je me sentais gênée. Elle, elle écrivait sur de vrais sujets – sur des questions sociétales et politiques, sur le féminisme.

« Mais j'ai également été très occupée par un autre projet, cette année... »

Je lui ai raconté mon expérience avec les livres de développement personnel. Je pensais, je suppose, qu'elle pourrait être impressionnée, et que nous pourrions unir nos forces pour penser plus grand et plus profond que tous ces gens autour de nous.

Je me trompais.

« Pourquoi diable avez-vous besoin qu'on vous dise comment vivre votre vie ? a-t-elle aboyé avant d'avaler une rasade de vin blanc tiède. Vous n'êtes pas capable de le trouver par vous-même ? » J'ai ouvert la bouche pour protester que, de tout temps, les hommes ont eu besoin de la philosophie ou de la religion pour les aider à comprendre comment vivre, mais elle ne m'en a pas laissé le temps.

« Votre génération n'a qu'un mot à la bouche, a-t-elle enchaîné en secouant la tête et en pinçant les lèvres. Moi, moi, moi… » Elle a tiré sur sa cigarette. « Vous êtes égocentriques, égotistes, narcissiques. À mon époque, nous avions des combats bien plus importants à livrer. Contre de vrais problèmes. Des injustices. »

Et puis, histoire de m'achever, elle a craché : « Le développement personnel ne sert qu'à rendre les névrosés encore plus névrosés. »

Après cette soufflante, j'ai coupé court aux au revoir. Je suis allée récupérer mon sac dans le salon, et je suis partie sans attendre qu'on me raccompagne.

Mais quelle vieille conne ! ai-je explosé dans ma tête en commençant à marcher. *Elle en sait quoi ? Peut-être que je ne me refuse rien et que je m'écoute trop, mais elle, c'est une vieille peau amère et bourrée ! Elle était simplement jalouse de moi. Oui, c'est ça ! Jalouse. Parce que je suis plus jeune, que j'ai la vie devant moi, et que la sienne est derrière elle…*

Les passants que je croisais étaient des gens normaux, qui vaquaient aux occupations normales d'un samedi, trimbalaient des sacs du supermarché, promenaient des bébés… J'espérais, en marchant vite, distancer l'affreux doute que je sentais approcher du point d'ébullition, le soupçon que cette femme avait raison, que j'étais bel et bien une personne narcissique, trop gâtée et autocomplaisante qui, au lieu de se prendre la tête pour décider si la maison de ses rêves devait se trouver à L.A. ou à Londres, ferait mieux de penser à la paix dans le monde et aux droits des femmes… Ou, à tout le moins, de grandir enfin, d'économiser pour acheter un appartement, de se montrer responsable. De rentrer dans le rang.

Mais, ensuite, j'ai pensé à toutes mes anciennes collègues qui l'avaient fait, qui avaient sagement coché toutes les cases, l'une après l'autre. Et, oui, elles avaient la maison, la famille, les vacances – mais aucune, à mes yeux, ne paraissait heureuse.

Je ne m'étais jamais sentie comme elles, et maintenant moins que jamais.

Je ne savais plus où se trouvait ma place. Ici, dans le monde réel, ou au royaume du développement personnel.

Et c'est pile à ce moment que les deux sont entrés en collision.

Le mardi matin, mon éditrice en chef m'a appelée : « D'après un sondage, trente-neuf pour cent des femmes britanniques croient aux anges. C'est un marché gigantesque. Tu pourrais nous faire un papier là-dessus ? Chercher pourquoi les anges sont si populaires ? »

10

La thérapie des anges

de Doreen Virtue

« Nous avons tous et toutes des anges qui nous guident… Ils veillent sur nous, ils nous guérissent, nous caressent et nous réconfortent de leurs mains tièdes et invisibles. »

Enfant, je croyais aux anges, à Dieu et à tout le tintouin. Dans ma famille irlandaise, Marie, Jésus et les anges gardiens faisaient partie du décor – et ce littéralement dans le cas de mes grands-parents, qui avaient accroché sur leurs murs des représentations de Marie et de Jésus, dans des cadres aux fausses dorures sous lesquels ils plaçaient une veilleuse rouge clignotante pour représenter le Saint-Esprit.

Le kitsch catholique au meilleur de sa forme.

Nos parents nous avaient élevées dans cette tradition par une espèce de loyauté culturelle – et aussi dans l'optique de nous ouvrir les portes d'une bonne école. Et comme Dieu – c'était un fait entendu – savait mieux que quiconque inculquer une bonne orthographe et les bonnes manières, j'ai fait toute ma scolarité dans une école religieuse, de la maternelle au bac, et je croyais si fort en Dieu, j'étais tellement convaincue de son existence que, lorsque des gens se disaient athées, je pensais qu'ils mentaient, qu'ils disaient ça pour paraître cool – comme quand moi je faisais semblant d'aimer The Cure. Prétendre que Dieu n'existait pas, pour moi, c'était comme nier l'existence du ciel, ou des arbres – ridicule. Dieu était un fait établi.

Chaque soir, je récitais trois prières avant d'aller au lit – le Notre Père, suivi d'un Je vous salue Marie, et je concluais par un petit envoi à mon ange gardien :

Ange de Dieu, qui êtes mon fidèle gardien, et aux soins duquel j'ai été confiée par la Bonté suprême, daignez, durant cette journée, m'éclairer, me garder, me conduire et me gouverner. Amen.

Mon ange gardien était un compagnon au quotidien qui m'aidait à réussir mes contrôles scolaires et à surmonter ma peur omniprésente qu'un cambrioleur s'introduise chez nous pendant mon sommeil. Chaque soir, je lui adressais ma prière, puis j'éteignais la lumière et, tandis que je m'entraînais à jouer la morte (pour berner les cambrioleurs : je me disais que s'ils me croyaient déjà morte, j'avais une chance d'en réchapper), je l'imaginais voleter au-dessus de moi, en battant de ses ailes dorées, comme la fée Clochette. Il était ravissant. Comme l'étaient forcément tous les anges.

Et puis, à dix-huit ans, assez soudainement, j'ai

interrompu tout commerce avec Dieu et ses subordonnés. En quittant l'école, j'ai abandonné ma foi comme on se débarrasse d'un vieil ours en peluche, distraitement. Quand j'assistais à des messes de mariage, j'attendais de ressentir une émotion, mais il ne se passait rien. Rien de rien. Puis, à l'approche de la trentaine, mon antipathie s'est muée en colère quand a émergé le scandale des prêtres pédophiles. Du coup, je n'arrivais même plus à mettre un pied dans une église. Pour moi qui, toute mon enfance, avais sagement récité mes prières, la religion est devenue un repoussoir et les anges gardiens ont été ravalés au rang de fantasmes puérils.

D'où ma sidération et ma perplexité quand j'ai découvert qu'autant d'adultes croyaient aux anges.

Entrez dans n'importe quelle librairie et vous trouverez des rayonnages entiers dévolus à l'art de communiquer avec vos anges, ainsi que des cartes représentant des anges (assorties de messages inspirants supposément envoyés par ces messagers ailés), et des CD de méditation angélique.

J'ai donc décidé de mener ma petite enquête, heureuse de trouver – enfin ! – un projet de développement personnel rémunérateur. Et qui sait ? Peut-être allais-je pouvoir recouvrer au passage un peu de la foi qui m'avait tant réconfortée enfant ?

Si certains associent le développement personnel traditionnel à des mâles américains gonflés à bloc dans le genre de Tony Robbins, j'associe plutôt la thérapie par les anges aux boutiques spécialisées dans les cristaux et les carillons éoliens. Et la reine de ce monde de cristal est Doreen Virtue, qui a écrit quarante livres sur le sujet. *Quarante.*

Doreen a découvert les anges à la faveur d'un car-jacking : avant de monter dans sa voiture, elle avait entendu dans sa tête une voix masculine lui dire de ne pas prendre le volant, mais elle l'avait ignorée. Peu après, alors qu'elle se garait, deux hommes armés s'étaient avancés vers elle. La voix avait repris la parole, pour lui dire cette fois de crier – ce qu'elle avait fait.

Elle avait été secourue, le drame avait été évité et, depuis, Doreen gagnait sa vie en parlant aux anges, elle voyageait dans le monde entier pour animer des ateliers dédiés aux anges et pour vendre pléthore de produits dérivés.

Au Waterstones de Picadilly, j'ai trouvé trois de ses ouvrages sur l'étagère « Angélisme ». Ils y côtoyaient *Angels in my Hair*[1] de Lorna Byrne (Lorna est cette Irlandaise qui affirme voir des anges depuis qu'elle est toute petite) ainsi que les œuvres de Diana Cooper, dont chaque opus comporte un cahier de coloriage angélique.

J'ai assuré mes arrières en achetant trois grands classiques de Doreen : *Le Nombre des anges 101*[2], *How to Hear Your Angels*[3] et *Messages from Your*

1. Des Anges dans mes cheveux, ouvrage non traduit en français.

2. Doreen Virtue, *Le Nombre des anges 101*, Exergue, 2011.

3. Comment entendre vos anges, ouvrage non traduit en français.

Angels[1]. Ce n'est que de retour à la maison que je me suis aperçue que j'étais incorrigible – pourquoi acheter un seul livre traitant d'un sujet auquel je ne crois pas, quand je peux en acheter plusieurs ? Comment s'étonner ensuite que mes finances soient en permanence sur des sables mouvants ?

Je me suis plongée dans *How to Hear Your Angels* et j'ai appris que chacun de nous a au moins deux anges gardiens : l'ange extraverti qui nous pousse et nous encourage, un autre, plus doux, qui nous réconforte « quand notre rencard du vendredi soir nous pose un lapin ».

Mon rencard du vendredi soir me pose un lapin depuis toujours, Doreen.

Les anges gardiens ne sont pas les esprits de nos chers disparus, mais les messagers de Dieu. Doreen affirme qu'on n'a pas besoin d'avoir la foi pour leur parler – mais je ne comprenais pas bien ce dernier point. Si on ne croit pas en Dieu, comment peut-on croire qu'il a des messagers – volants de surcroît ?

Car ils ont bel et bien des ailes, d'après Doreen, qui précise qu'ils ressemblent à ceux qui ornent les cartes de Noël, mais que ces ailes ne servent pas à la « locomotion ». « Je n'ai jamais vu un ange battre des ailes », ajoute-t-elle. Tiens donc.

J'ai parcouru en diagonale les premières pages, dans l'espoir que la suite serait plus palpitante – mais non. Elle déroulait ensuite les CV des quinze archanges qui, dans la structure managériale céleste, sont les supérieurs hiérarchiques des anges gardiens.

1. Messages de vos anges, ouvrage non traduit en français.

Ainsi ai-je appris que l'archange Jophiel est l'ange du « feng shui », et qu'il peut vous donner un coup de main pour venir à bout de votre désordre. L'archange Michel, lui, est un genre d'homme à tout faire : « Vous pouvez lui demander de vous aider à réparer tout problème d'ordre mécanique ou électrique. » Mais les talents de Mimi ne se cantonnent pas au bricolage : « Il peut vous aider à ne pas perdre de vue votre but dans la vie, et vous donner le courage de tout mettre en œuvre pour l'atteindre. »

J'ai commencé à annoter les marges de ces bouquins de « ???!!! » – ma version sténo personnelle de : « C'est quoi ce délire ? »

Ainsi le passage où Doreen nous suggère de demander aux anges de nous passer « un chargé de clientèle extrêmement gentil, chaleureux, amical et compétent » quand on veut réserver un billet d'avion par téléphone (et, si j'ai bien compris, on peut aussi faire appel aux anges pour griller la queue au comptoir d'enregistrement). Ou cet autre passage où elle dit qu'elle a aussi vu « des chevaux, et même une fois un cochon d'Inde endosser le rôle d'anges gardiens ».

Cela suffisait à faire passer *Le Secret* pour un ouvrage rationnel.

À chaque page que je tournais, je songeais : « Voilà cinq minutes de ma vie perdues à jamais. » Ce ramassis d'inepties me rendait furax. Mais des millions de gens lisaient ces bouquins et y croyaient. Quels bénéfices en retiraient-ils ? Et que voyaient-ils que moi je ne voyais pas ?

Doreen dit qu'on peut demander de l'aide aux anges à tout propos et à tout moment. Ne sachant trop quoi demander aux miens, j'ai commencé par un brin de conversation qui n'engageait à rien.

« Salut, l'ange ! » ai-je lancé tout haut dans la cuisine une fois Rachel partie au travail.

Je me sentais vraiment crétine. Où étaient les plumes, les clignotements lumineux, le parfum suave, tous ces signes via lesquels, selon Doreen, les anges manifestent leur présence ? Il n'y avait rien que le tic-tac de la pendule de la cuisine, et le son de la radio restée allumée à l'étage.

« As-tu un message pour moi ? »

Toujours rien. Sinon le tic-tac de la pendule. Et Billy Joel qui entonnait « Uptown Girl » là-haut, à la radio.

J'ai donc tenté une autre approche.

Doreen suggère de fermer les yeux, et de demander à ses deux anges gardiens de décliner leur nom. Je me suis assise à la table de la cuisine, et je leur ai demandé de se présenter. Deux noms me sont venus à l'esprit : John et Mary. J'ai essayé de me représenter Mary et John sous la forme de créatures angéliques, avec des plumes, des lumières et des flots d'amour s'échappant d'eux mais je n'y arrivais pas. Mary prenait obstinément les traits de ma mère – ce qui n'avait rien de choquant puisqu'elle se prénomme justement Mary. Pour ce qui est de John, je voyais un ouvrier du bâtiment pansu, en veste de chantier et pantalon qui descendait à mi-fesses – genre Bob le bricoleur, mais avec une barbe du soir. Je ne voulais même pas chercher à savoir ce que ce type faisait dans mon inconscient.

« As-tu un message pour moi ? » ai-je demandé *in petto* à l'ange Mary (maman).

Et la réponse a été : « Mets-y-toi. »

Typique.

J'ai essayé Bob le bricoleur.

« Fais-le, un point c'est tout », a-t-il dit.

« Me mettre à quoi ? Faire quoi ? » ai-je demandé à voix haute dans la cuisine, mais là il n'y a eu aucune réponse. Bob et Mary avaient mis les voiles.

Du coup, j'ai essayé la voie épistolaire.

Doreen suggère une technique baptisée « écriture automatique », qui consiste à écrire une note à l'adresse de ses anges, et ils en écrivent une en réponse (enfin, techniquement, c'est vous qui écrivez, mais ils guident votre main). Elle rapporte que certaines personnes voient les anges leur répondre d'une écriture différente de la leur, et en utilisant des mots qu'elles-mêmes n'utiliseraient jamais. Bizarre.

Ça ne coûtait rien d'essayer. J'ai largué John le maçon et Mary (maman) et j'ai imaginé un joli petit ange générique. J'ai commencé à écrire dans le carnet qui renfermait mon histoire d'amour tragique avec l'argent.

Moi : Cher ange, es-tu là ?

L'ange : Non.

Moi : Non ? Pourquoi ?

L'ange : Parce que tu ne veux pas que j'existe.

Moi : Pourquoi dis-tu ça ?

L'ange : Je te retourne la question…

Moi : J'ai dit ça parce que je ne crois pas à toutes ces âneries de contes de fées.

L'ange : La vie est un conte de fées.

Moi : Vraiment ?

L'ange : Oui, vraiment.

Moi : Que suis-je censée dire, maintenant ?

L'ange : Tu ne crois que lorsque tu as besoin de croire.

Moi : Qu'entends-tu par là ?

L'ange : Quand une tuile te tombe dessus, là, tu y crois.

Moi : Donc, je n'ai pas besoin de croire en ce moment.

L'ange : Non.

Moi : Super. En ce cas, salut.

L'ange : Nous nous reverrons.

Moi : Tu crois ?

L'ange : Oui.

Moi : Maintenant, j'ai peur qu'il m'arrive une tuile…

L'ange : Ce ne sera pas le cas – pas avant longtemps.

Moi : Que va-t-il se passer ?

L'ange : Rien d'important. Tout ira bien pour toi.

À aucun moment je n'ai cru qu'un ange me parlait – cette conversation était entre moi et moi.

Les livres de Doreen m'ont agacée tout au long de la semaine suivante. J'ai lu les trois, dans l'espoir d'y trouver enfin un quelconque sens, mais le contenu était toujours le même, seule la présentation changeait. Doreen a beau passer ses journées au royaume des anges, question business, elle a les deux pieds bien sur terre. Vendez le même article sous quarante formes différentes, et vous trouverez toujours quelqu'un pour l'acheter. Y compris moi, ce qui me mettait dans une colère noire.

« À mon avis, tu réagis comme ça parce que tu es triste d'avoir perdu la foi, a avancé Rachel en préparant de la salade.

— Non. C'est tout bêtement que je ne crois pas aux élucubrations de cette bonne femme et ça me rend folle qu'autant de gens dépensent de l'argent pour acheter ses bouquins et ses cartes, et croient à des chimères. C'est comme croire aux licornes, ou consulter une voyante. D'ailleurs, Doreen vend aussi des cartes « sirènes » – avec des messages de sirènes. Des sirènes ! C'est n'importe quoi !

— Il te suffit d'arrêter de lire ses livres, a observé Helen, que nous avions invitée à dîner.

— Oui, mais je ne veux pas balayer d'un revers de main quelque chose auquel tant de gens croient. Je veux garder l'esprit ouvert.

— Assure-toi simplement qu'il ne reste pas ouvert au point que ton cerveau s'en échappe, a taclé Helen.

— Pourquoi faut-il que tu sois toujours cynique ? ai-je riposté d'un ton sec.

— Marianne, détends-toi. À ce rythme, tu vas te trouver mais perdre ton sens de l'humour. »

À titre d'ultime tentative, et pour me dispenser de poursuivre mes lectures, je me suis tournée vers un genre de « jeu de cartes des anges » (12 £). L'idée consiste à en tirer chaque jour une, qui vous guidera tout au long de la journée. Histoire de rire un peu, j'ai fait un round d'essai avec Rachel tout en regardant la télé. Jusque-là, nous n'avions tiré que des cartes avec des messages génériques qui ne me parlaient pas du tout : « Ayez la Foi. » « Ayez Confiance. » Bla, bla, bla.

Le vendredi soir, seule dans mon lit, j'ai battu les cartes et, cette fois, j'ai demandé aux petits rectangles cartonnés si je trouverais un jour l'amour. J'ai pioché trois cartes. Et retourné la première.

« C'est Dieu qui décide de tout », m'a-t-elle annoncé. En voilà une bonne excuse.

La seconde ne m'aidait pas davantage : « Déleste-toi de la peur. »

Mais quand j'ai retourné la troisième, j'ai lu : « Les anges de l'amour t'aident en ce moment même. » L'illustration montrait l'archange Michel, dans une forêt, en train de batifoler avec deux chérubins.

Mon cœur s'est accéléré. Je me suis assise dans le lit. Qu'est-ce à dire ? Était-ce juste une coïncidence ? Ou bien y avait-il bel et bien des anges, là-haut, qui veillaient sur moi ?

Non, il ne pouvait s'agir que d'une coïncidence.

Deux jours plus tard, mon téléphone a bipé.

« Un texto de ton ange ? a demandé Rachel.

— Ha ha ha. »

C'était Geoff. « De passage à Londres jeudi. On dîne ensemble ? »

Je suis allée chez le coiffeur, j'ai acheté un nouveau haut et je me suis glissée de force dans un jean trop petit. Mon valeureux effort pour dire Rien à foutre aux pressions sociales et à l'impératif de minceur, c'était bien beau – mais c'est dur de se sentir épanouie avec des jambes qui ressemblent à des saucisses trop remplies.

Quand je suis arrivée au restaurant, Geoff attendait au comptoir, encore plus séduisant que dans mon souvenir, tout bronzé, en chemise bleue cintrée et jean sombre.

Il s'est levé et s'est avancé pour m'embrasser sur la joue, et je me suis sentie rougir.

Reste cool, Marianne, reste cool !

« Tu as bonne mine.

— Toi aussi ! ai-je répondu, avec trop d'enthousiasme. C'était bien, les States ?

— Fantastique… »

Il m'a tout raconté en détail – L.A., Vegas, Palm Springs… Je jouais avec mes cheveux et buvais ses paroles.

« Et… » Il a marqué une pause.

« Oui ?

— J'ai rencontré quelqu'un… »

Une lame de poignard glacée dans mon ventre.

« Ah, waouh.

— Ouais, et elle est géniale.

— C'est génial.

— C'est la sœur d'un des musiciens du groupe. Elle te plairait, j'en suis sûr… »

Il continuait à parler mais je n'écoutais plus. Je hochais la tête en répétant « génial ». Ça semblait être le seul mot dont je disposais. Génial. Génial. Génial.

J'entendais un sifflement dans ma tête.

Je suis allée aux toilettes et je me suis interdit de pleurer.

À mon retour, j'ai écouté Geoff me chanter les louanges de sa nouvelle copine – elle était parfaite. Talentueuse. Et belle.

Génial. Waouh. Génial. Tout ça m'a l'air vraiment géniaaaaal…

À la maison, Rachel m'attendait sur le canapé.

« Pourquoi ne suis-je pas assez bien pour lui ? Pourquoi je ne plais jamais aux hommes qui me plaisent ? Qu'est-ce qui cloche chez moi ?

— Rien !

— Pourquoi les hommes ne m'apprécient jamais ?

— Des tas d'hommes t'apprécient. Il y en a même un qui vient de t'inviter sur une île grecque !

— Je parlais des hommes que je désire. Solvables, adultes. Geoff a un boulot, une maison. Sa vie est sur les rails. Pourquoi ne puis-je pas avoir un homme comme lui ?

— Je pense que tu as le don de te focaliser sur les mauvaises personnes. Tu ne craques que sur ceux qui ne partagent pas tes sentiments. Le problème ne vient pas d'eux, mais de toi. »

Mon non-rencard avec Geoff a signé la fin de mon commerce avec les anges. Nous nous étions fréquentés tout juste neuf jours. C'était décidément trop bizarre, trop farfelu pour moi.

En Italie, j'avais entrevu quelque chose qui me dépassait, quelque chose de beau. Dans cette salle baignée de soleil, j'avais senti une force m'enraciner au sol, j'avais puisé dans des pouvoirs que je ne comprenais pas. Tandis que je flottais dans la piscine, je m'étais sentie aimée par le monde. J'avais été émue comme on l'est devant une belle œuvre d'art, et comme je l'avais été, autrefois, par la beauté de la foi catholique.

Mais je n'étais pas émue par quoi que ce soit de sacré, ici. Il n'y avait en moi aucun émerveillement.

Je trouvais inquiétant que des gens vulnérables dépensent autant d'argent pour ces jeux de cartes et ces livres, inquiétant qu'ils puissent à ce point déléguer toute responsabilité concernant leur vie à quelque chose qui n'existait peut-être pas. Mais en quoi était-ce différent des absolutions que vendait l'Église ? Différent des belles paroles qui affirmaient qu'on pouvait acheter son billet pour le paradis ?

J'ai tout de même creusé la question, car je voulais à tout prix comprendre pourquoi autant d'adultes *a priori* dotés de raison avaient une approche différente de la mienne. J'ai lu des articles dans lesquels des psychologues affirmaient qu'en période de morosité économique, les gens cherchent du réconfort – et c'est ce qui explique le succès de ce commerce des anges, sous forme de livres, de cartes ou de tatouages, même dans une époque où la religion ne fait plus recette. Dépassés que nous sommes par la tournure prise par les affaires terrestres, nous plaçons notre foi en quelque chose d'autre.

Des psychologues disaient que quand les gens racontaient devoir leur salut aux anges, ils souffraient peut-être d'hallucinations. D'autres soutenaient que, dans les moments de crise, un sentiment de calme descendait sur nous non parce qu'un ange se manifestait, mais parce qu'il s'agissait là d'un mécanisme de survie purement cérébral : le cerveau nous aidait à traverser les pires expériences de la vie. En d'autres termes, l'ange gardien n'était autre que nous-mêmes.

Doreen dit que nous devrions demander aux anges de nous conseiller et de guider nos pas, mais si nous prenions simplement le temps de nous poser deux minutes et d'écouter nos instincts, ne saurions-nous pas, au fond de nous, ce qui est bon pour nous ? J'en ai conclu que, quand on reçoit des messages des anges, c'est notre sagesse qui parle – pas une force supérieure.

Des années plus tôt, pour un article, j'avais discuté avec un coach de vie. On était en train de parler d'un copain que j'aimais bien et que je voyais souvent, mais il n'avait jamais tenté la moindre approche.

« Je crois que je lui plais aussi, mais il ne se passe rien, et je ne sais pas pourquoi… » avais-je dit, avant d'énumérer les obstacles ou les contretemps qui avaient surgi à plusieurs reprises. Le coach m'avait dit de fermer les yeux et de respirer profondément, dix fois de suite. Ensuite, alors que mes yeux étaient toujours fermés, elle m'avait demandé : « Pensez-vous avoir un avenir avec cet homme ? »

Ma réponse avait été on ne peut plus claire : « Non.

— En ce cas, pourquoi pensez-vous autant à lui ?

— Parce qu'il me faut bien penser à quelque chose. »

Je n'avais pas fait autre chose avec Geoff : il n'avait jamais cherché à me mener en bateau. Il voyait juste en moi une amie. Le reste, je l'avais inventé pour pouvoir faire comme d'habitude – détaler comme si le diable était à mes trousses et lâcher la proie pour l'ombre. J'ai envoyé un message au Grec. Il n'a pas répondu.

J'ai achevé le mois de septembre en proie à un sentiment de colère. J'en voulais à Doreen, aux anges, à Geoff – mais surtout à moi-même. Depuis neuf mois que je me consacrais au développement personnel, qu'avait-il amélioré dans ma vie ? J'avais dédaigné un homme qui m'appréciait pour faire une fixation sur un autre qui ne s'intéressait pas à moi. Je jetais plus que jamais l'argent par les fenêtres. Quand j'ai enfin arraché, sur la balance, l'étiquette affichant mon poids rêvé, j'ai découvert que j'avais pris six kilos depuis *Le Secret* à force de dire : « Rien à foutre ! À moi le pot de glace, le plat de pâtes, le gâteau du petit déjeuner. » Et je venais en prime de gaspiller quinze jours à essayer de parler aux anges ? Qui étais-je devenue ? Non, sérieux, qu'étais-je en train de m'infliger ?

11

Contrecoup

« Ce n'est pas sain de se regarder autant le nombril. »
Ma mère

Pour commencer, j'étais en train de me rendre malade.

Début octobre, j'ai attrapé la crève : mal de gorge, frissons, toux. J'en aurais volontiers appelé aux pouvoirs thaumaturges de mes anges, mais comme je ne croyais pas à leur existence, je suis rentrée chez ma mère, et j'ai passé une semaine à me laisser nourrir de toasts, à regarder *Gossip Girl* et à gober du paracétamol.

Au début, ça me convenait très bien. C'était même agréable d'avoir une excuse pour ne pas travailler ni faire de développement personnel, agréable de rester blottie sous la couette couleur sorbet de mon enfance, de me faire apporter du thé au lit, d'entendre ma mère me demander si je préférais de la marmelade ou du jambon sur mon toast. Mais au bout de dix jours – soit peu ou prou lorsque Netflix a voulu savoir à quelle fréquence je regardais des séries pour ados : « Souvent ?/ Très souvent ? » – la nouveauté avait fait long feu.

Le docteur m'avait dit que j'avais contracté un virus et que, avec du repos et une bonne hydratation, je serais vite sur pied. Mais comme ce n'était toujours pas le cas au bout de presque trois semaines, j'ai cherché un diagnostic alternatif – dans le développement personnel. Car, voyez-vous, au royaume du développement personnel, un virus n'explique jamais tout. Il y a forcément autre chose à l'œuvre, une cause profondément enracinée dans nos émotions ou notre psychisme.

Le Secret affirme qu'on ne tombe malade que si on se trouve sur la fréquence de la maladie. Était-ce mon cas ? Rhonda donnait l'exemple d'un cancéreux qui s'était guéri lui-même en regardant des comédies, alors j'ai commencé à regarder *Parks and Recreation* sur mon ordinateur portable. J'ai bien ri, mais mes ganglions de hamster n'ont pas désenflé.

Tony Robbins parlait d'un médecin qui guérissait les gens avec de l'eau. J'ai noyé mon organisme dans des litres et des litres d'eau. Mais il disait également que tout ce qui est récurrent survient pour combler un de nos besoins, que c'est un biais pour recevoir de l'amour, de l'attention, acquérir de la signifiance. Étais-je tombée malade à seule fin de me faire dorloter, de me sentir aimée ?

John Parkin, l'auteur de *Rien à foutre*, tombait lui aussi souvent malade autrefois – je crois qu'il souffrait d'eczéma. J'ai déniché un podcast dans lequel il raconte qu'il n'a commencé à se sentir mieux qu'après avoir dit Rien à foutre, et accepté d'avoir des plaques rouges sur la peau. Donc, allongée dans le lit les yeux fermés, je me suis répété en boucle dans la tête : « J'accepte mon mal de gorge et j'accepte mon mal de tête. » Et quand j'ai constaté que cette acceptation ne débouchait pas sur une guérison instantanée, ça m'a rendue furieuse.

Louise Hay, la matriarche du développement personnel moderne et fondatrice des éditions Hay House, avait même recensé et documenté toutes les émotions vectrices de maladie. Les gens qui souffrent régulièrement de maux de gorge, par exemple, « ravalent leurs paroles agressives » et « se sentent incapables de s'exprimer avec franchise ». Cette remarque sonnait juste – je ne disais jamais rien de ce que j'avais sur le cœur ! Je ne pouvais jamais exprimer le fond de ma pensée. Pendant des années, Gemma m'avait encouragée à arrêter de caresser tout le monde dans le sens du poil et à dire enfin ce que j'avais sur le cœur – mais on avait bien vu le résultat, quand j'avais dit mes quatre vérités à Sarah. J'aurais mieux fait de fermer ma grande gueule.

D'après un autre site, les maladies ORL à répétition étaient une façon de rester à l'état d'enfant. Ah. Cette théorie ne me plaisait pas, mais vu que je fêtais mon trente-septième anniversaire chez ma mère et que je me laissais nourrir de soupes de légumes maison, force était de reconnaître qu'il pouvait y avoir là une once de vérité.

J'ai testé ces théories sur ma mère, et aucune n'a trouvé grâce à ses yeux.

« Marianne, tu as des problèmes ORL depuis l'école primaire, comme d'autres souffrent d'arthrose ou de migraine. C'est juste ton point faible. Repose-toi et ça passera.

— Ouais mais justement, l'arthrose est causée par le ressentiment, et les migraines, je crois que ça vient de… bon, je n'en sais trop rien, mais je pense qu'elles ont un rapport avec le fait de se mettre trop de pression.

— Bon sang, Marianne. Il arrive qu'on tombe malade, un point c'est tout.

— Oui mais moi, je tombe tout le temps malade. Beaucoup plus souvent que Rachel, ou Gemma, ou toi… »

La pure vérité. J'avais toujours un truc qui n'allait pas. Si je veillais trop tard, j'attrapais un rhume. Quand j'étais débordée de boulot, je me réveillais avec un mal de gorge. À l'époque où je travaillais dans une rédaction, j'étais une angine sur pattes. Non sans ironie, j'étais à ce moment-là responsable adjointe des pages bien-être.

Je me suis fait opérer des amygdales, mais l'opération n'a rien résolu et quand les médecins m'ont annoncé que j'étais guettée par le syndrome de fatigue chronique, j'ai paniqué. Une collègue m'a alors passé *The Joy of Burnout*[1], de Dina Glouberman. La maladie, explique-t-elle, est un message qui vous souffle que quelque chose doit changer dans votre vie. J'avais donc démissionné pour travailler en free-lance, et ma santé s'en était trouvée globalement améliorée.

Étais-je en train de refaire un burn-out ? Le déve-

1. Les Joies du burn-out, ouvrage non traduit en français.

loppement personnel affectait-il ma santé ? Cette crève qui traînait en longueur était-elle le signe qu'à trop réfléchir à ma petite personne, je me faisais du mal ?

Neuf mois durant, je n'avais pensé à rien d'autre que moi, moi, moi, analysant par le menu chaque seconde de ma vie, chaque facette de ma personnalité. Rares étaient les instants où je ne me demandais pas : *Pourquoi ai-je dit ça ? Pourquoi ai-je fait ça ? Est-ce que je suis en train de me saboter ? Est-ce que j'ai peur d'être rejetée ?*

Au début, j'avais pensé que l'autoanalyse m'aiderait. Je m'étais dit que, si j'insistais, je trouverais l'origine de mes problèmes, remettrais de l'ordre dans ma tête et que je serais guérie – mais ça ne marchait pas comme ça. Plus je scrutais mes défauts, plus j'en découvrais de nouveaux. J'aurais pu consacrer une année entière à essayer d'y voir clair dans ma relation à l'argent, sans comprendre que c'était justement là un de mes problèmes. Je ne m'étais pas encore attaquée à ma relation aux hommes ! Sans même parler de ma peur de la confrontation. Ni de cette voix absurde, dans ma tête, qui me serinait que tout ce que j'entreprenais se soldait par un échec.

Or cette voix gagnait en force à chaque jour qui passait. En dépit de mes actions audacieuses et des quelques beaux moments qu'elles m'avaient valu, mon programme de développement personnel était un échec et je me sentais, plus que jamais, une ratée. Pourquoi n'étais-je pas déjà parfaite ? Ou au moins plus riche ? Ou plus productive ? À l'heure qu'il était, j'aurais au moins dû renflouer mon compte en banque. Faire quotidiennement un jogging, ou une séance de méditation. Alors qu'en l'état, tout n'avait fait qu'empirer.

Un des arguments des détracteurs du développement personnel, c'est que si ces bouquins marchaient, il suffirait d'en lire un et le problème serait réglé, nous serions guéris ! J'en avais téléchargé pas moins de cinq la semaine précédente. Plus j'en lisais, plus je voulais en lire. Je continuais de penser que le secret du bonheur me serait délivré dans le prochain livre, et sinon dans le suivant, etc. Je ne cherchais même plus à comprendre quoi que ce soit par moi-même. Je m'en remettais à ces hommes et ces femmes dont la pensée m'accompagnait : que me dirait de faire John ? Ou Tony ? Ou Susan ?

J'entretenais avec le développement personnel le même rapport qu'avec le vin : un verre, c'était trop, et douze, jamais assez.

Sur mon fil Facebook, il n'y avait plus de place pour les messages de mes amies – il était engorgé par les citations du dalaï-lama. Et moi qui autrefois détestais ces citations inspirantes tracées en caractères italiques sur fond de paysage de montagnes, j'avais le cerveau rempli d'affirmations et de slogans : « Ne pleure pas parce que c'est fini, souris parce que c'est arrivé. » « L'avenir appartient à ceux qui croient en la beauté du rêve… »

Le week-end ou le soir, je me surprenais à ignorer mes vieux amis pour accompagner Daisy à des conférences afin d'apprendre à « vivre une vie d'abondance », « écouter son esprit » ou « faire advenir des miracles ».

Alors que j'étais alitée chez ma mère, avec mes

cheveux sales et dans mon pyjama pas très frais, j'ai mesuré combien j'étais déconnectée de mon ancienne vie. Je n'avais plus de nouvelles de Sarah depuis mai, je n'avais pas revu Gemma depuis des mois. Je n'avais vu son bébé qu'une seule fois, ce qui était inexcusable. Je ne téléphonais plus que rarement à mes sœurs. Je battais froid Helen depuis qu'elle avait laissé entendre que mes tentatives de conversation angélique étaient un nouveau développement encore plus inquiétant que le yoga naturiste.

Elle avait raison – j'avais bel et bien perdu mon sens de l'humour.

J'étais devenue cette personne qu'on évite dans les soirées. Celle qui, quand on lui demande comment ça va, se lance dans une réponse de deux heures – considérations psychanalytiques sur sa petite enfance et détails déplacés sur sa relation problématique aux hommes.

La remarque de cette femme, lors du barbecue au mois d'août, me trottait dans la tête : « Le développement personnel ne sert qu'à rendre les névrosés encore plus névrosés. »

Avait-elle raison ?

J'ai appelé Rachel.

« Tu crois que ça m'aide ?

— Comment ça ?

— Tu me trouves plus sage ? Ou plus heureuse ? J'ai peur de devenir une mauvaise personne, une personne égoïste, à force de me regarder le nombril.

— C'est bien que tu te poses la question. C'est le signe que tu as encore un peu de marge », a-t-elle répondu – avec une pointe d'emphase sur le *un peu*.

Je me suis rendormie, et réveillée quatre heures plus tard dans des draps humides de transpiration. Il était à peine 16 heures et la nuit tombait déjà. J'ai retrouvé ma mère dans la cuisine, en train de faire du pain.

« Comment vas-tu ?

— Mieux. Je pense que la température est tombée.

— Parfait. Maintenant, change tes draps, prends une douche et lave-toi les cheveux. Tu te sentiras mieux après.

— D'accord.

— Et, demain, je veux que tu ailles voir Carmel. Elle me demande souvent de tes nouvelles et tu promets toujours de passer lui dire bonjour, mais tu ne le fais jamais. »

Carmel est la voisine de ma mère.

« D'accord.

— Je suis sérieuse. Cette pauvre femme peut à peine marcher mais elle ne se plaint jamais. Aucun de tes livres ne te dit donc de faire des choses pour les autres – ou bien n'y en a-t-il que pour toi ? Ce n'est pas sain, de se regarder autant le nombril – ça ne l'est pour personne. Si tu avais trois enfants sur les bras et une maison à faire tourner, tu n'aurais pas la possibilité de te prélasser comme tu le fais. »

Ces commentaires m'ont piquée au vif. Je voulais quitter la pièce drapée dans ma dignité offensée, lui rétorquer qu'elle était toujours prompte à la critique et moralisatrice, qu'elle était malheureuse et bornée, mais je ne le pouvais pas. Je savais qu'elle avait raison, ce n'était pas simplement un virus qui me rendait malade – c'était moi.

J'étais, de façon assez littérale, malade de moi-même.

Ce soir-là, j'ai regardé *X Factor*. Un adolescent se faisait bannir. Il était en larmes. « C'est vraiment cruel, a commenté ma mère. Nous ne valons pas mieux que les Romains. »

Le lendemain, j'ai rendu visite à Carmel, qui avait quatre-vingt-cinq ans et se remettait d'une opération de la hanche.

« Comment vous sentez-vous ? lui ai-je demandé.

— Je serai bientôt de retour sur la piste de danse !

— Formidable ! Vous avez bonne mine », ai-je observé. Et c'était vrai. Elle était pimpante, avec son cardigan mauve assorti aux fleurs de sa jupe et ses bouclettes qui gardaient l'empreinte des rouleaux. « Et j'aime bien votre cardigan.

— Merci. »

J'avais honte d'être dans ce salon immaculé avec ma tignasse emmêlée attachée à la va-vite et ce pull-over trop grand dans lequel j'avais peut-être dormi. Carmel, à quatre-vingt-cinq ans, mettait du rouge à lèvres tous les jours. Je ne prenais même pas la peine de passer une brosse dans mes cheveux.

« Elle est belle, ai-je dit en désignant la photo de mariage en noir et blanc sur le manteau de la cheminée. Votre mari doit vous manquer.

— À chaque minute qui passe… » a-t-elle répondu en regardant par la fenêtre, les yeux soudain humides. Mais ne parlons pas de ça ! Quelle belle journée, n'est-ce pas ? » J'ai tourné la tête. Derrière la vitre, les feuilles viraient au rouge bordeaux et au doré avant de tomber. C'était ma saison préférée, mais jusqu'à cet instant, je n'avais rien remarqué.

« Et comment ça va, au journal ?

— Oh, je ne travaille plus dans une rédaction, mais chez moi. Donc tout se passe bien.

— Quelle liberté !

— Je sais, j'ai de la chance.

— Et j'espère que tu t'amuses bien. Tu as des prétendants ?

— Non, pas vraiment, c'est plutôt le calme plat. »

Carmel a continué à bavarder, à me parler de son club de livres et d'une levée de fonds qu'organisait l'église pour une œuvre de bienfaisance.

Radio 4 était allumée à l'arrière-plan. C'était l'heure du journal. Il était question de la situation en Syrie. Après avoir passé des mois à les éviter, c'était un choc d'entendre les nouvelles du monde.

« Jamais encore je n'avais vu autant de malheur dans le monde, a observé Carmel en secouant la tête. Tout ce qu'on peut faire, c'est apprécier ce qu'on a. Tirer le meilleur parti de chaque jour. La vie est courte.

— Je sais. Vous avez raison. »

Je suis sortie balayer son allée, en savourant la caresse de l'air froid qui me rosissait les joues. Quelqu'un faisait brûler des feuilles non loin de là, et l'odeur du feu parfumait l'air. C'était une de mes odeurs préférées, annonciatrice de Noël, des nuits qui tombaient tôt.

Balayer les feuilles et les rassembler en petits tas dorés, orange et rouges avait un effet apaisant. C'était bon de respirer l'air du dehors, de reprendre pied dans le monde réel, de faire travailler mon corps au lieu de me perdre dans ma tête. D'aider quelqu'un…

C'est à ce moment-là que j'ai eu une épiphanie : je n'avais pas attrapé le développement personnel par le bon bout. Je n'avais pas besoin d'anges, ni d'affirmations : au lieu de chercher à être heureuse, je devais me préoccuper d'être quelqu'un de bien ! De penser aux autres plutôt qu'à moi. Voilà d'où ma mère et Carmel tiraient cette stabilité et ce sentiment de satisfaction qui me faisaient défaut – elles n'avaient pas le temps de penser à elles, elles avaient trop à faire à prendre soin des autres. Fais avec ! Voilà quel serait dorénavant mon mot d'ordre. J'allais revenir aux bonnes vieilles valeurs et devenir une sainte altruiste plutôt qu'une égocentrique égoïste.

Et en épater plus d'un !

12

Les 7 Habitudes de ceux qui réussissent tout ce qu'ils entreprennent de Stephen R. Covey

« Commencer avec le but en tête. »

Hormis la poignée de personnes agenouillées aux premiers rangs près de l'organiste, l'église est déserte. Le parfum des lys flotte dans l'air. Je m'avance vers le cercueil d'acajou verni disposé devant l'autel. Pour éviter que mes talons cliquettent sur les dalles en pierre, je bascule le poids du corps sur le coussin de mes plantes de pieds et je marche sur la pointe des orteils.

Je m'approche du cercueil. Le couvercle est rabattu. Quelques pas de plus, et me voilà pile à côté de la disparue. Je ne veux pas la regarder. Franchement, personne n'a envie de regarder un cadavre – *a fortiori* quand c'est le sien.

Mais je tourne les yeux, et je me vois. Morte. Raide, aussi glacée que la pierre.

Je suis livide, mon teint est encore plus cadavérique que d'habitude, la poudre lui donne une texture crayeuse. Le rouge framboise, sur mes lèvres, n'est pas très heureux. Qui diable a choisi cette couleur ? Point de vue vêtements, c'est mieux – pantalon noir, chemisier en soie blanc cassé. La mort m'amincit, c'est déjà ça.

Je relève la tête et vois ma mère qui pleure de l'autre côté du cercueil. Elle se tamponne le nez avec un mouchoir en papier ; à ses côtés, Sheila et Helen ont l'air agacé et semblent en avoir marre.

Je prends place sur un banc au premier rang et ramasse le feuillet orné d'un portrait de moi. La photocopie est de piètre qualité. Et le cliché est une photo scolaire. Quelqu'un n'aurait-il pas pu en trouver une plus récente ? Je regarde les dates imprimées sur le feuillet. Je me suis éteinte à quarante-deux ans. Waouh ! Quarante-deux… Que s'est-il passé ?

Au tréfonds de moi-même, je connais la réponse.

Je m'assieds sans bruit ; je porte les mêmes vêtements que dans le cercueil. Un prêtre apparaît et commence à discourir de la vie, de la mort et des voies impénétrables de Dieu, mais on sent qu'il n'y met pas du cœur, qu'il débite machinalement son laïus. Et comment le lui reprocher ? Il ne m'a jamais rencontrée.

« J'aimerais inviter les êtres chers à Marianne à prononcer quelques mots… » annonce-t-il à mi-voix avec solennité, avant de s'incliner obséquieusement en s'écartant du centre de la scène.

Apparaît Sarah. Elle a des cheveux magnifiques – coupés au carré. « Tu es superbe ! » ai-je envie de lui dire, mais je m'abstiens. Le moment est mal choisi.

Elle s'avance au pupitre, inspire profondément puis regarde Steve et la petite fille assise à ses côtés.

« C'est ta fille ? ai-je envie de crier. Génial ! Tu as un enfant ! »

Elle prend une nouvelle inspiration et se lance :

« Marianne avait tout mais ça ne suffisait jamais, dit-elle, le menton avancé dans une posture de défi, déterminée à dire la vérité. Ce choix est le sien, et j'en ai assez de culpabiliser à ce sujet. »

Elle regarde le cercueil – moi – puis l'assistance. Steve approuve d'un hochement de tête. *Steve, tu ne vas pas lui donner raison ! Je pensais qu'on était amis, toi et moi !*

Sarah laisse la place à Sheila et Helen, qui montent ensemble au pupitre. Sheila regarde l'assistance : « Elle a laissé le chaos derrière elle. Comme à son habitude », dit-elle. Quelques gloussements discrets fusent. Vous avez vu ! Ils se moquent gentiment de mes piètres talents de femme d'intérieur ! Tout n'allait pas si mal ! Ils me connaissaient bien et ça ne les empêchait pas de m'aimer !

« Merci de te décharger sur nous du soin de veiller sur maman », poursuit Sheila, cette fois en se tournant vers le cercueil. Helen, elle, fixe le fond de l'église, un masque de dédain sur le visage. Bien résolue à ne pas accorder un seul regard à ma dépouille.

Vient le tour de ma mère. Toute voûtée dans sa robe noire, serrant un mouchoir en papier dans son poing, elle paraît si vieille, si fragile ! J'ai envie de la prendre dans mes bras, de l'étreindre, de lui frictionner le dos et lui dire que je suis désolée. Elle est en état de choc, ses yeux sont gonflés à force de pleurer. Elle a l'air anéanti.

« Merci à vous tous d'être venus, c'est très gentil. Je ne sais pas quoi dire… Je ne comprends pas… Je ne sais pas comment elle a pu faire ça… »

Sa voix se brise, un tremblement secoue ses épaules et elle se recroqueville sur elle-même. Helen la reconduit jusqu'à son banc. Il y a de la colère dans l'air.

« Ce choix est le sien », a dit Sarah et sa remarque éveille une sensation, un souvenir, mais c'est flou, comme un rêve…

Est-ce que je m'étais suicidée ?

Quelqu'un sonnait à la porte. « J'y vais ! » a crié Rachel du rez-de-chaussée et je l'ai entendue marcher de la cuisine jusqu'à la porte. La maison embaumait l'agneau grillé.

Je n'étais pas à mes obsèques, mais dans ma chambre, à mon bureau avec un stylo dans la main et mon fidèle carnet devant moi. J'étais censée coucher par écrit les merveilleux éloges que je voulais entendre à mon enterrement. Ils étaient supposés m'inspirer et m'aider à donner le meilleur de moi. C'était loupé.

Je suis descendue rejoindre les autres pour le déjeuner dominical.

Les 7 Habitudes de ceux qui réussissent tout ce qu'ils entreprennent, de Stephen R. Covey, c'est le *Guerre et Paix* du développement personnel. Il trônait depuis des années dans ma bibliothèque mais je n'en avais jamais lu plus de quelques pages et, bien qu'il soit considéré comme un classique, je n'avais jamais rencontré personne qui l'ait lu en entier – mais cela venait peut-être de ce que je ne fréquentais pas les puissants de ce monde, qui tous professaient leur admiration pour la sagesse de Covey.

Le livre fourmille de citations d'Aristote, de Thoreau et de Benjamin Franklin, et son message – tel que je l'ai compris à partir d'interviews de l'auteur plutôt qu'en lisant ses ouvrages – est le suivant : il ne sert à rien de chercher le bonheur, car il n'est pas un but en soi mais découle du fait d'être quelqu'un de bien.

Covey voyait d'un mauvais œil le tour qu'avait pris l'industrie du développement personnel. Selon lui, les gens sont malheureux parce qu'ils cherchent des raccourcis et privilégient le superficiel au détriment du substantiel.

« Le bonheur, déclarait-il dans une interview peu avant sa mort en 2012, à l'âge de soixante-dix-neuf ans, est une conséquence indirecte d'une vie entière passée à cultiver l'intégrité, et vous constaterez que ceux qui s'exonèrent de cette tâche sont déprimés et désespérés. »

Covey, qui était mormon, avait neuf enfants et quarante-deux petits-enfants, ne préconisait pas de déambuler en marmonnant des affirmations relatives à l'abondance. Et les tableaux de visualisation, très peu pour lui. Sa seule préconisation était de s'astreindre patiemment, jour après jour, à faire ce qu'il fallait.

Après trois semaines passées à m'apitoyer sur mon sort depuis le fond de mon lit et dix mois à me complaire dans l'introspection, c'était pile ce dont j'avais besoin. Finie, la quête à tout crin d'un bonheur égoïste ! Mes maîtres mots seraient désormais valeurs et principes ! J'allais devenir une personne de parole ! De discipline ! Une personne altruiste !

Une personne efficace !

Il y avait juste un petit souci : apparemment, je ne savais plus lire.

Le lundi 3 novembre, assise à mon bureau devant un cahier vierge, je me suis brusquement rappelé pourquoi le livre de Covey m'était toujours tombé des mains.

Toutes ces histoires de « changements de paradigme » et de « synergies », c'était bien trop alambiqué pour mon esprit pressé. Et les schémas n'étaient guère mieux : des triangles, des cercles, des flèches, des diagrammes de flux, tous farcis de mots en minuscules caractères. J'avais beau plisser les paupières et les tourner dans tous les sens, rien à faire : je n'y comprenais rien. Il me fallait vingt minutes pour venir à bout d'un seul paragraphe.

J'ai essayé de me fouetter pour passer l'obstacle, comme un vieux cheval, avec un discours d'automotivation bien senti : *Allez, sale paresseuse, au boulot ! La terre est peuplée de gens qui triment et souffrent, et ce n'est pas ton cas. Pourquoi n'arrives-tu pas à lire ? Qu'est-ce qui cloche, chez toi ? Ce livre est précisément de ceux que lisent les gens qui ont réussi – les dirigeants du monde ! Les personnes de bien ! Si tu veux cesser d'être une merdeuse autocentrée, tu as besoin de lire ce livre !*

Mais le discours de l'amour vache, ça ne marchait pas.

Essayer de comprendre ce que je lisais mettait mon cerveau en surchauffe – il me semblait sentir l'odeur de caoutchouc brûlé. Aussi, le vendredi après-midi, j'ai capitulé, refermé le livre et déniché une antisèche sur Internet. Mais même ce résumé était ardu. J'ai passé le week-end à le lire et le relire. Pour finir, je suis arrivée à ma propre interprétation des sept habitudes prônées par Covey :

Habitude n° 1 : « Être proactif »

On peut ne pas forcément contrôler ce qui nous arrive, mais on peut contrôler notre réaction aux événements. Arrête de rejeter la faute sur les autres, arrête de te voir en victime, prends-toi en main, assume la responsabilité de tes actes, de tes paroles et de tes pensées.

Habitude n° 2 : « Commencer avec le but en tête »

Comment veux-tu qu'on parle de toi au terme de ta vie ? Garde ça à l'esprit, chaque jour sans exception.

Habitude n° 3 : « Commencer par le commencement »

On est tous distraits par les e-mails et les histoires de boulot, mais n'oublions jamais de nous concentrer sur ce qui est important, plutôt que sur ce qui semble urgent.

Habitude n° 4 : « Penser gagnant-gagnant »

La vraie réussite ne devrait pas se faire aux dépens des autres.

Habitude n° 5 : « Chercher d'abord à comprendre, puis à être compris »

Toujours entamer une conversation en étant disposé à écouter – à écouter vraiment – ce que dit l'autre.

Habitude n° 6 : « Synergiser »

Une fois qu'on a vraiment écouté les autres et qu'on a travaillé à créer des situations gagnant-gagnant avec eux, il se passe des choses incroyables.

Habitude n° 7 : « Affûter la scie »

La scie, ici, c'est nous. Et pour continuer de donner le meilleur de nous-mêmes, mieux vaut avoir une lame bien affûtée plutôt qu'émoussée. Pour rester « affûté », on entretient sa forme physique et mentale, on prend le temps de se reposer et de veiller à notre bien-être spirituel et émotionnel.

Mais même cette antisèche me donnait la migraine. « Proactivité. » « Affûter la scie ». La mienne, apparemment, était sacrément émoussée et incapable de faire le travail pour lequel elle était conçue. Mais je n'avais plus le droit de me plaindre.

Dans son livre, Covey raconte l'histoire d'un survivant de la Shoah, Victor Frankl : au camp de concentration, alors que toute sa famille avait été exterminée, il avait réussi à rester sain d'esprit. « On peut déposséder un homme de tout, écrit Covey, sauf de l'ultime liberté humaine : décider de son attitude en toutes circonstances… »

Et donc, tandis que tous mes neurones me suppliaient d'en finir avec le développement personnel, je me suis mise en demeure de devenir une personne bonne et proactive. J'ai arrêté de boire. De me plaindre. Je me suis inscrite à la gym et je me suis prescrit un acte de bonté par jour ; j'ai préparé à dîner pour Rachel, j'ai aidé une femme, dans le métro, qui se débattait avec une grosse valise… mais le monde se gaussait de mes efforts.

Le lundi 10 novembre, j'ai accidentellement téléchargé un logiciel malveillant qui a détruit la moitié de mes fichiers. Le mardi, j'ai reçu un e-mail de mon comptable me rappelant qu'il attendait ma déclaration de revenus pour la fin du mois. J'ai passé deux jours le nez plongé dans mes relevés bancaires, et je me suis haïe. Une fois de plus.

Ensuite, dans le bus qui me ramenait du supermarché, je me suis fait faucher mon téléphone. Et, non, il n'était pas assuré. Enfin, si – j'avais bien une assurance téléphone associée à mon compte bancaire. Mais elle n'était pas valide parce que je n'avais jamais pris la peine d'enregistrer l'appareil pour activer la garantie.

J'avais envie de hurler et de pleurer, mais rien de tout ça n'était censé m'affecter. Je devais être efficace et voir le tableau d'ensemble !

Le risque inhérent au développement personnel, c'est qu'il peut créer une attente dangereuse : si on n'est pas, chaque jour et en toutes circonstances, un croisement de Mary Poppins, de Bouddha et de Jésus, c'est qu'on s'y est mal pris. Et qu'on doit redoubler d'efforts.

Par moments, ces livres donnaient l'impression de vouloir négocier âprement la nature même de la condition humaine – faite de quantité d'émotions, y compris des mauvaises. Personne n'est parfait. Mais j'allais tout de même tenter le coup.

Et plus je hissais la barre haut, plus je me sentais nulle.

Le mois passant, je commençais à craquer. La nuit, je faisais des cauchemars dans lesquels j'assassinais des membres de ma famille avant d'être prise en chasse autour de la maison de mon enfance qui, curieusement, se métamorphosait en un parking de plusieurs étages.

Mon esprit avait toujours été un peu enclin aux pensées désordonnées ; là, elles devenaient incontrôlables. J'avais beaucoup de conversations, mais uniquement dans ma tête. J'ai acquis la certitude que mes amies et ma famille me détestaient. J'imaginais qu'on parlait de moi dans mon dos. Je m'efforçais de persévérer dans mon travail mais, apparemment, je ne savais plus écrire. J'ai passé cinq jours à suer sang et eau sur un papier que j'aurais dû boucler en une journée, et que, par retour de mail, ma rédac chef a qualifié d'« illisible ».

En treize années à vivre de ma plume, jamais je n'avais eu droit à un tel commentaire. Le bon côté, c'est que le titre de mon autobiographie était tout trouvé. Le mauvais ? Ce verdict prouvait que le développement personnel était en train de faire dérailler ma carrière.

J'étais comme la petite roue qui tourne sur l'écran de l'ordinateur lorsque le système va planter. Je m'acharnais à continuer, mais le plantage était imminent.

Et puis j'ai organisé mon enterrement.

D'après Covey, la plupart d'entre nous passent leur vie à grimper à des échelles appuyées contre le mauvais mur. Nous devons clarifier nos attentes, déterminer ce qui est important à nos yeux et quel est notre objectif, puis vivre chaque jour en adéquation avec cette vision. Et, toujours d'après Covey, pour faire toute la netteté sur celle-ci, rien de mieux qu'imaginer notre enterrement, et ce que nous aimerions que les autres disent de nous.

Tandis que Rachel préparait le déjeuner dominical, je me suis assise à mon bureau et j'ai ouvert mon carnet.

Mon enterrement, ai-je écrit. Et j'ai souligné.

Bien. Mon enterrement.

Que voulais-je que l'on dise de moi ce jour-là ? Que voulais-je avoir accompli d'ici ma mort ? Je n'en avais pas la moindre idée. Rares étaient les jours où je savais ce que je voulais manger – comment diable pouvais-je savoir ce que j'étais censée faire du reste de ma vie ?

Qui serait là pour parler de moi ? Aurais-je des enfants ? Un mari ? Ou bien des amis que j'aurais rencontrés en voyageant de par le monde ? Serais-je célibataire, à l'heure de ma mort ? Et, le cas échéant, était-ce un problème ? Étais-je heureuse ainsi ? Et serais-je riche ? Ou aurais-je mené une vie simple et frugale, et donné tout ce que je possédais aux bonnes œuvres ?

Franchement, qu'est-ce qui constituait une bonne vie ? Je n'en savais rien, et je me sentais nulle de ne pas le savoir. J'avais de plus en plus de mal à contenir la colère et la frustration qui mijotaient en moi depuis le mois d'août. Pourquoi ne savais-je pas ce que je voulais faire de ma vie ? Qu'est-ce qui clochait ? Pourquoi étais-je à ce point inutile ?

En bas, dans la cuisine, les amies de Rachel étaient en train d'ouvrir des bouteilles. J'ai salué tout le monde, mais j'avais encore la tête à mes funérailles.

« Ça va ? a demandé Rachel.

— Oui, pourquoi ? ai-je répondu d'un ton pète-sec.

— Tu as l'air stressé.

— Non, tout va bien. »

Comment pouvais-je lui dire que j'étais stressée à force de préparer mes obsèques ? Franchement, c'était ridicule, non ? Je me suis servi un verre de rouge, que j'ai bu rapidement. Je m'en suis servi un deuxième. Au troisième, j'ai senti se lever cette brume tiède et familière qui m'aidait un peu à me supporter moi-même.

Entre deux conversations à propos des gosses et du boulot, les amies de Rachel m'ont posé des questions sur le développement personnel, et je leur ai parlé de l'enterrement.

« Joan Rivers n'a-t-elle pas dit qu'elle voulait mourir sous George Clooney ? » a demandé Rachel. Tout le monde a bien rigolé, et j'ai fait semblant de rire moi aussi. Juste semblant.

Je me suis resservi quelques gouttes de vin et j'ai décroché de la conversation, qui tournait maintenant autour des projets de vacances et d'une soirée qui avait semblait-il été gratinée. En temps normal, ce genre d'après-midi aurait correspondu à mon idée du paradis, or je me sentais complètement à l'écart. Pourquoi personne ne prenait-il la vie au sérieux ? Pourquoi ne pourrions-nous pas parler de choses importantes – de ce qui définissait une bonne vie, par exemple ? Quel était le but de tout ça ?

Pourquoi gaspillions-nous tous notre temps à raconter des conneries ? C'était tellement stérile !

« Tu es sûre que ça va ? a redemandé Rachel tandis que nous rangions après le départ des invitées.

— Ouais, juste un peu fatiguée. »

Je suis remontée dans ma chambre et j'ai vu que j'avais deux appels en absence de ma mère.

Je l'ai rappelée.

« N'oublie pas que demain, c'est l'anniversaire de ta tante.

— D'accord. Merci.

— Envoie-lui un message.

— Ouais, je le ferai… Maman… ?

— Oui ?

— Qu'est-ce que tu aimerais qu'on dise de toi à ton enterrement ?

— Comment ça ?

— À ta mort, quel genre d'éloge funèbre voudrais-tu ?

— Je n'en veux aucun. Quand on est mort, on est mort. Tous ces petits numéros pour dire combien untel ou untel était merveilleux, c'est du tralala. Personne ne peut aller au pupitre pour dire qu'unetelle était une authentique peau de vache, n'est-ce pas ?

— Certes, mais… qu'aimerais-tu avoir réussi dans ta vie ?

— Faire en sorte que mes filles soient heureuses.

— Non, quelque chose qui te concerne personnellement.

— Marianne, je n'en sais rien. Je passe beaucoup moins de temps que toi à me triturer la cervelle…

— Allons ! Il y a forcément quelque chose dont tu voudrais qu'on se souvienne !

— Je suppose que ça me plairait qu'on dise de moi : "Elle n'a jamais fait de mal." »

Était-ce là le plus humble, ou le plus ambitieux des buts ? Impossible de trancher.

Arrivée la fin novembre, je continuais à chercher la teneur de ma vie parfaite, et la pression est montée d'un cran quand un magazine m'a commandé un papier sur « les éternelles célibataires ». Les chercheurs croyaient avoir découvert un « gène du célibat », ce qui signifiait que certains d'entre nous naîtraient prédisposés à vivre seuls. Je soulignais dans l'article qu'étant abonnée au célibat, j'étais moi-même peut-être porteuse de ce gène. Ma rédac chef m'a demandé d'entrer les détails – « As-tu déjà été amoureuse ? Veux-tu des enfants ? Comment envisages-tu l'avenir ? » – et sommée de trouver la réponse à toutes ces questions ô combien importantes et intimes avant la date butoir, pour les donner en pâture à la Terre entière.

Un mardi après-midi, j'étais au Bread and Bean et tandis que les enceintes diffusaient « Do They Know It's Christmas ? », j'ai senti qu'il était temps pour moi de décider de chaque facette de ma vie.

Je ne nageais plus dans le grand lac du Moi, j'étais en train de m'y noyer. L'introspection avait tourné au dégoût de soi. Quand j'ai commencé à imaginer mon suicide fictif, j'ai su qu'il était temps de dire stop.

Je n'avais pas franchi le cap de la deuxième des *7 Habitudes de ceux qui réussissent*. Tout était dit.

13

Rien ne va plus

« On sent qu'on touche du doigt le néant – et qu'on doit reculer parce qu'il n'en sortira rien de bon pour personne si on plonge. »

Chauffeur de taxi londonien

« Tu dois voir un docteur. Tu ne peux pas continuer comme ça.

— Que veux-tu dire ?

— Ces hauts et ces bas perpétuels – ça ne va pas. Tout est génial et l'univers t'adore, et la minute d'après, tout est horrible…

— Tu forces un peu le trait.

— Tu viens de passer une heure à pleurer dans un pub, un samedi soir. »

Nous étions au Queen's Head, à Islington. Il y avait de l'électricité dans l'air. Autour de nous, des gens normaux avaient des conversations normales. J'avais retrouvé Helen pour essayer de me mettre dans leur peau – dans la peau d'une personne normale, j'entends. Ça n'avait pas marché.

Pour commencer, j'avais questionné ma sœur à propos de son enterrement – un sujet dont elle n'avait pas envie de discuter.

Ensuite, lorsqu'elle avait parlé, en passant, d'un rendez-vous chez le dentiste qu'elle repoussait, j'avais basculé le buste vers elle et demandé : « Mais *pourquoi* tu le repousses ?

— Pourrions-nous s'il te plaît ne pas transformer la soirée en séance de thérapie ? » avait-elle riposté sèchement. Et voyant les larmes me monter aux yeux, elle avait ajouté, d'un ton autoritaire : « Qu'est-ce qui ne tourne pas rond chez toi ?

— Rien !

— Marianne ! Qu'est-ce qui ne va pas ?

— Tu ne m'aimes plus », avais-je bafouillé, et c'est à ce moment-là que j'avais fondu en larmes – comme une môme de quatre ans.

Et Helen de secouer la tête : « Marianne, arrête de dire n'importe quoi…

— Tu ne peux plus me voir en peinture.

— Ce n'est pas vrai.

— Tu me trouves conne.

— Je ne passe pas mes journées à penser à toi.

— Tu penses que je suis idiote de faire tous ces trucs de développement personnel.

— Je ne pense rien de tel, mais est-ce que *toi* tu penses que c'est bénéfique ?

— Je n'en sais rien.

— Je pense surtout que tu as besoin de te faire aider, mais différemment, a-t-elle poursuivi.

— Comment ça ? ai-je demandé, perplexe.

— Tu as besoin d'une aide médicale.

— Médicale ?

— Oui. Tu as besoin d'antidépresseurs. »

J'ai trouvé que, pour une fois, ce n'était pas moi qui dramatisais. Je ne voulais pas étouffer mes émotions à coups de cachets et d'alcool. Enfin, un verre par-ci par-là, d'accord… mais…

« Je n'ai pas besoin de médocs, c'est juste que… »

Que quoi ? Qu'à chaque minute de chaque jour je me sentais sur le fil du rasoir, cramponnée à ma santé mentale pour l'empêcher de se débiner ? Ou que certains jours j'avais l'impression d'être entraînée toujours plus au large, de ne plus sentir la terre ferme sous mes pieds et de m'éloigner de tout ce qui autrefois me définissait – mes amis, mon travail, mon train-train… les sorties au pub, les virées shopping…

« C'est juste quoi ? » m'a relancée Helen.

Je me suis bien gardée de lui parler du rasoir, de l'océan ou de ces cauchemars dans lesquels je tuais des gens. Tout comme j'ai passé sous silence qu'en préambule à mon enterrement fictif, je m'étais suicidée.

« Je suis fatiguée, c'est tout », ai-je répondu. Fatiguée. Combien de fois avais-je avancé cette explication, quand je ne savais pas quoi répondre d'autre ? Quand je ne savais pas comment dire, Je suis paumée, j'ai peur, je me sens seule, j'ai l'impression de perdre les pédales…

« Pourquoi ne t'accordes-tu pas un break ? Vois Sarah, passe du temps avec elle. Reprends une vie normale pendant quelques jours.

— Ça fait des mois qu'on ne s'est pas parlé.

— Quoi ? Tu n'as pas encore réglé ça ?

— Non.

— Marianne… » Helen, comme la planète entière, adorait Sarah.

« Je sais. Pas la peine d'en rajouter. »

« Pourquoi ne pars-tu pas t'aérer un peu ? Va en Irlande, va voir Gemma. Elle te fait toujours du bien. »

Ce qui était vrai.

J'avais rencontré Gemma à Dublin, à l'époque où nous débutions toutes deux dans la presse. Nos liens s'étaient tissés à la faveur des nuits de charrette, et consolidés grâce aux litres de vin rouge. Nous étions en tout le contraire l'une de l'autre – elle est toute menue, avec une peau mate qui bronze en deux secondes ; je suis grande, j'ai le teint pâle et je fuis le soleil. Elle est intrépide et dit toujours le fond de sa pensée. Je suis perpétuellement angoissée et je garde tout en moi. Le courant pourtant était passé immédiatement.

En temps normal, nous nous rendions visite à tour de rôle plusieurs fois par an, mais depuis que je m'étais lancée dans le développement personnel, elle avait eu un bébé, son premier-né, et j'avais été trop occupée, et trop fauchée, pour aller la voir. Cela faisait des mois qu'elle me disait que je n'avais pas l'air dans mon assiette et que j'allais trop loin. J'avais toujours nié, en lui assurant que tout allait bien. Je ne pouvais pas lui imposer d'écouter les délires dont j'étais seule responsable alors qu'elle devait s'occuper d'un nouveau-né.

« Je ne peux pas aller en Irlande. Je dois m'attaquer à un nouveau livre. Je suis déjà en retard sur mon programme, ai-je répondu à Helen.

— Tu ne peux pas te lancer dans un nouveau livre en ce moment – ni plus tard, d'ailleurs. Le développement personnel te met la tête à l'envers. Tu dois arrêter tout de suite, et définitivement, avant de causer de vrais dégâts. »

Peut-être avait-elle raison.

Quelques mois plus tôt à peine, dans ce même pub et dans le cadre de la thérapie du rejet, j'avais tiré ma propre pinte, papoté avec le contrebassiste, discuté de sexe avec de jeunes mamans. J'avais tremblé mais regardé en face ma situation financière et j'avais (presque) pris plaisir à me faire éconduire. Ma mission de développement personnel était un triomphe, en ce temps-là ! Elle m'ouvrait des portes, elle me stimulait. Je me sentais vivante ! Débordante d'enthousiasme, de possibilités. Que s'était-il passé ?

J'ai regardé tous ces gens autour de moi qui buvaient, qui riaient de trucs sans intérêt, parlaient de tout et de rien. Je ne savais pas qui, d'eux ou de moi, était le plus paumé.

Penchée par-dessus le bastingage, j'ai contemplé les profondeurs noires de la mer qui bouillonnait. Le vent fouettait les cheveux contre mon visage. Le froid n'était pas tant tonifiant que meurtrier, et la mer était démontée. Je me suis repliée dans la cabine en titubant et j'ai descendu tant bien que mal l'escalier menant aux toilettes. Les odeurs de vomi y étaient si puissantes que j'en suis ressortie aussitôt, avant d'être malade à mon tour. Les couloirs étaient encombrés de passagers étendus sous des couvertures ou dans des sacs de couchage. Il y avait des corps blottis dans les embrasures de portes, sur les tables, sur les appuis des hublots. J'ai trouvé une petite place par terre, j'ai fermé les yeux et, bercée par le tangage, je n'ai pas tardé à m'endormir. J'ai été réveillée par la voix qui annonçait, dans les haut-parleurs, que nous venions d'accoster dans le port de Dublin.

J'avais suivi le conseil de Helen et je m'étais décidée à aller en Irlande. Mes soucis d'argent étant toujours omniprésents, j'avais choisi l'option du ferry (à peine 40 £ pour un aller-retour) mais j'ai annulé l'économie ainsi réalisée en descendant dans un modeste bed & breakfast. Je me disais que j'avais besoin de passer deux ou trois jours seule avant de retrouver Gemma – que deux ou trois jours de tête-à-tête avec moi-même, sans développement personnel, me remettraient sur les rails de la « normalité ». Il n'en a rien été.

J'ai passé trois jours allongée sur le dessus-de-lit jaune en synthétique, avec la sensation que j'étais en train de tomber, tomber, tomber sans fin.

Je contemplais le plafond pendant que la voix dans ma tête me rappelait en boucle, des heures durant, le gâchis que j'avais fait de tout.

Le développement personnel était un échec, tout ce que j'entreprenais était un échec. Les gens me détestaient. Tout le monde me détestait.

Seul le son assourdi de la télévision, que je laissais allumée en permanence, parvenait par moments à me distraire de ces rengaines. *The Big Bang Theory*. *Friends*. *Frasier*. Les rires préenregistrés me faisaient l'effet tantôt d'un réconfort, tantôt d'une menace. Était-ce de moi qu'on se moquait ? Une nuit où je n'arrivais pas à dormir et où je me suspendais aux basques de ma santé mentale en regardant un publi-reportage pour un appareil de musculation abdominale, j'ai songé à un moment donné : « C'est exactement ce qu'on fait quand on devient fou… C'est exactement ça. »

Chaque jour, Gemma m'envoyait un texto et, chaque jour, je lui promettais de l'appeler le lendemain, mais je n'avais toujours pas décroché mon téléphone. Elle a fini par débarquer, avec son bébé dans le landau. Elle était splendide, ses cheveux brillaient sous le soleil hivernal, et en dépit de ses nuits hachées, elle avait trouvé l'énergie de s'habiller et de sortir de chez elle. La loque pas lavée que j'étais a eu honte.

« Habille-toi. On sort, a-t-elle dit.

— Je ne veux pas.

— Il le faut. Tu as besoin de t'aérer. »

Nous sommes allées marcher le long du canal, nous avons traversé Baggot Street et sommes remontées jusqu'à Portobello. Puis j'ai regagné mon bed & breakfast, sans avoir décroché un mot ou presque. J'avais perdu l'usage de la parole. À deux ou trois reprises, j'avais ouvert la bouche, mais rien n'en était sorti. Gemma avait continué à parler et ses mots étaient devenus mon radeau de sauvetage. Je m'étais accrochée à sa conversation, à ce lien avec le monde des gens normaux, sains, équilibrés, comme si ma santé mentale en dépendait.

Le lendemain, Gemma est revenue, et nous sommes ressorties nous balader. Le surlendemain, pareil. Et là, petit à petit, j'ai recommencé à parler.

Je lui ai parlé de la voix dans ma tête, des cauchemars et de ma hantise, chaque matin, de la journée à venir.

« Certains jours, j'ai l'impression que mon cerveau est en feu, comme s'il se consumait. Toute la journée, je ressasse mes échecs, sans pouvoir penser à rien d'autre. »

J'attendais que Gemma me réponde que tout le monde connaissait ce genre de coup de mou passager, et que j'avais juste besoin d'une petite coupure. Elle ne l'a pas fait.

« Ça dure depuis combien de temps ?

— Je ne sais pas. Un moment. »

Je savais que ces idées noires avaient commencé à revenir subrepticement fin août, quand je me débattais dans les histoires de fric : les paniques nocturnes étaient devenues plus fréquentes, je m'abrutissais devant la télévision, je ne supportais plus de me retrouver seule avec moi-même. Avec le dégoût de moi-même.

En septembre, avec les anges, dans un sursaut frénétique, j'avais essayé de faire en sorte que le spectacle continue, mais je sentais la colère gronder, une colère dirigée contre ces fichues chimères ailées, contre Geoff et sa fichue copine américaine, contre la vie, et contre moi-même… Après quoi j'étais tombée malade et j'avais arrêté de répondre au téléphone.

« Pourquoi ne me l'as-tu pas dit plus tôt ? a demandé Gemma. Je savais que tu n'allais pas bien, et tu continuais de me soutenir le contraire.

— Je ne voulais pas t'embêter. Tu dois t'occuper de ton bébé, tu as autre chose à faire que m'écouter.

— J'ai toujours le temps de t'écouter. Je me fais du souci pour toi.

— Je n'avais pas compris à quel point j'allais mal.

— Ce n'est pourtant pas la première fois…

— Je sais. »

J'ai toujours eu tendance à déprimer. Ça commence de manière si graduelle que je ne le remarque pas : je me réveille la nuit en proie à une panique sans objet, et je me réveille le matin avec un sentiment d'appréhension et d'anxiété. Petit à petit, le malaise prend de l'ampleur jusqu'au moment où chaque nouvelle journée m'apparaît comme une succession de falaises desquelles je vais dégringoler.

La fatigue me fond dessus. Je me replie sur moi-même. Je ne veux plus sortir. Je recharge mes batteries à la caféine pour venir à bout de mon travail mais arrive un moment où mon cerveau devient si poussif que terminer chaque phrase fait l'effet de courir un marathon. Je tombe malade. J'ai l'impression d'avoir un rhume dont je ne peux pas me débarrasser. Je commence à faire une fixation sur le sommeil. Il me semble que tout rentrerait dans l'ordre si je pouvais dormir davantage – ou manger plus de brocolis.

Mais j'ai beau dormir plus ou me gaver de brocolis, je ne me sens pas mieux.

Au début, je suis comme un piano amputé de toutes ses cordes aiguës – rien ne me procure de joie, rien ne me fait rire.

Puis on lui retire même les cordes graves. Je ne suis plus qu'un meuble vide.

« Je me déteste d'être comme ça. D'autres doivent affronter des situations vraiment graves, et ils ne dépriment pas. Les gens qui vivent dans des régions en guerre, qui perdent leurs parents, qui ont un cancer… eux ont le droit d'être déprimés. Pas moi. J'ai juste besoin de m'extirper de cet état. Helen pense que je devrais reprendre des cachets, ai-je dit à Gemma.

— Et toi, tu en penses quoi ?

— Rien. »

J'avais déjà pris des antidépresseurs par deux fois aux alentours de la trentaine. La première fois que le médecin m'avait suggéré cette option, j'avais été horrifiée.

À cette époque-là, je venais de décrocher un poste dans une rédaction et, malgré une inflammation chronique des amygdales, je bossais jour et nuit pour être à la hauteur de mon ambition. À chaque visite pour renouveler ma prescription d'antibiotiques, je pleurais et le médecin me tendait la boîte de Kleenex qui trônait sur son bureau en désordre. Il n'arrêtait pas de me dire que j'étais déprimée. Et je lui répondais invariablement : « Merci infiniment mais non, vous vous trompez. »

Je pensais qu'il était normal de sentir chaque jour la terre s'ouvrir sous ses pieds – que c'était une sensation communément partagée. Qu'il fallait juste redoubler d'efforts, ne pas se décourager, et espérer qu'un jour ça irait mieux. En outre, un diagnostic de dépression, c'était synonyme d'échec. La preuve qu'on n'avait pas été capable d'assurer dans le business de la vie.

Puis il m'avait posé toute une série de questions.

« À quelle fréquence vous identifiez-vous aux affirmations qui vont suivre – pas du tout, parfois, quasi quotidiennement, avait-il lu à voix haute. Vous éprouvez peu d'intérêt ou de plaisir à faire les choses.

— Quasi quotidiennement.

— Vous vous sentez déprimée ou désespérée.

— Quasi quotidiennement.

— Vous avez des difficultés à vous endormir ou à faire des nuits complètes, ou bien vous dormez trop.

— Quasi quotidiennement.

— Vous avez une piètre opinion de vous, ou vous avez le sentiment d'avoir échoué, d'avoir failli à votre famille, ou à vous-même…

— Quasi quotidiennement. »

Puis était arrivée LA question : « Vous arrive-t-il de penser que vous seriez mieux morte, ou d'avoir envie de vous blesser, de quelque façon que ce soit ? »

Le médecin avait relevé la tête. Ses paupières tombantes exprimaient un mélange d'ennui et de profonde sollicitude. Des poils blancs s'échappaient de son nez et ses pores dilatés avaient la taille de cratères.

« Il m'arrive de penser que la seule façon de mettre un terme à ce mal-être serait d'en finir une bonne fois pour toutes », avais-je répondu, et cela avait été un choc d'entendre ces mots sortir de ma bouche.

Je n'étais pas suicidaire. Je ne projetais aucunement

d'attenter à mes jours, mais la seule solution susceptible de mettre un terme à cette misère quotidienne semblait être de… eh, bien, ne plus être vivante.

Ma réponse avait flotté dans cette pièce confinée aux murs couleur magnolia et, l'espace d'un instant, je m'étais laissé balayer par la magnitude de mon malheur.

Les joues striées de larmes, j'avais regardé le médecin dans l'attente qu'il m'exprime sa sympathie et son inquiétude. Au lieu de quoi j'ai obtenu une réponse qui a dégonflé direct mon mélodrame.

« Oh, ça, ce n'est pas grave, avait-il répondu. Je dirais même que c'est une réaction parfaitement normale. » Et il m'avait tendu une prescription de Deroxat.

En l'espace de quatre semaines, j'avais remarqué une différence. Je me revois, assise à mon bureau, à la maison, regarder un arbre par la fenêtre et le trouver beau. Pour première fois depuis des mois, je voyais de la beauté quelque part. Et il flottait dans l'air comme une sensation de légèreté, que j'avais mis du temps à cerner. Tu es juste heureuse ! m'étais-je dit un beau jour. Voilà ce qu'on ressent quand on est heureux !

Cela faisait si longtemps.

J'ai passé un an sous antidépresseurs. L'avant/après avait été aussi contrasté que le jour et la nuit.

Puis j'avais décidé que je n'en avais plus besoin. Je ne voulais pas devoir prendre des médicaments pour traverser la vie, et tout s'était bien passé pendant quelques années, jusqu'à la rechute. J'ai repris des antidépresseurs, je les ai de nouveau arrêtés.

Je voulais être capable de résoudre les problèmes

de la vie par moi-même. J'en étais capable, je le savais – il me suffisait de boire moins, faire plus de sport, être plus positive. Mais j'avais essayé de faire tout ça, et regardez où ça m'avait menée.

« Je me donne jusqu'à janvier. Si je suis toujours aussi mal, j'irai voir le médecin, ai-je dit à Gemma – elle était la seule de mes amies à savoir que j'avais pris des antidépresseurs.

— D'accord, mais d'ici là, essaie de t'amuser. Et range tes livres.

— Mais je suis déjà en retard sur mon programme ! J'avais dit que j'en ferais douze en douze mois, et je n'en suis qu'au neuvième.

— Qui va y trouver à redire ?

— Moi ! Si je ne mène pas ce projet à son terme, j'aurais encore plus le sentiment d'être une ratée.

— Dans quel domaine es-tu une ratée ? Aujourd'hui, au kiosque, tu as des articles dans deux magazines et dans un quotidien. Explique-moi sur quelle planète cela fait de toi une ratée ? »

Elle avait raison. Si quelqu'un m'avait dit, quelques années plus tôt, que j'aurais trois parutions un même jour, j'aurais fait des bonds de joie. Or ces trois articles n'étaient à mes yeux que le reflet du boulet que j'étais devenue.

« Ouais, mais c'est des papiers sans intérêt – il y en a même un qui parle du fait que je n'arrive pas à trouver de mec.

— Sans même parler du travail, tu es quelqu'un de bien. Je t'adore. Tout le monde t'adore. Si seulement tu pouvais le voir ! Pourquoi fais-tu tout ça ? Tu te rends folle, et pour quoi ? Tu n'as pas besoin de t'améliorer. Tu es déjà une belle personne. Quand vas-tu enfin le voir et l'admettre ?

— Je ne me sens pas comme telle, ai-je répondu et ma voix s'est fêlée, les larmes ont commencé à couler.

— Marianne, tous ces reproches que tu t'adresses ne sont pas fondés, sache-le. Tu dois mettre un terme à ce projet et accepter l'idée que tu as toujours été très bien telle que tu es. »

J'ai continué à pleurer. Si seulement j'avais pu partager ce sentiment !

« Je m'inquiète pour toi, a poursuivi Gemma. Le cerveau, c'est comme un élastique – tu peux l'étirer, l'étirer, et il retrouvera sa forme, mais si tu forces trop, il claquera. Je ne veux pas que tu claques.

— Moi non plus. »

J'ai passé trois semaines en Irlande. Quand je ne dormais pas, j'allais me balader avec Gemma et son bébé, puis je regardais la télé. Chaque jour qui passait, je me sentais mieux.

Le 20 décembre, j'ai repris le ferry jusqu'au pays de Galles, puis un train pour Londres. Je suis arrivée à Euston Station à 20 heures passées, c'était un vendredi soir et mon sac me semblait bien lourd.

Je pouvais attendre le 91, ou prendre un taxi. Je me suis mise dans la queue des taxis, derrière un couple d'Américains qui tiraient des sacs à roulettes de la taille de cercueils. Ils semblaient nerveux. Ils sont montés dans leur voiture. J'ai patienté encore un peu. Un minivan est venu se garer devant moi. Je déteste les minivans.

« Vous allez où ? a demandé le chauffeur, un petit chauve.

— Archway, s'il vous plaît. »

J'ai observé par la vitre les rues éclairées, la foule. Des bandes de collègues en pull de Noël, des filles en talons hauts, jambes nues et couvertes chair de poule. C'était en général ma période préférée de l'année. Les guirlandes lumineuses, le whiskey, « Fairytale of New York [1] »... Mais là, tout ça me laissait de marbre.

« C'est drôlement animé, ce soir... a observé le chauffeur.

— Ouais.

— Vous allez ressortir, plus tard ?

— Non.

— Moi j'en ai probablement jusqu'à 3 heures. »

Le chauffeur était d'humeur bavarde ; ça me semblait malpoli de ne répondre que par monosyllabes.

« Ça doit être dur, le service de nuit.

— Pas tant que ça. Il n'y a pas d'embouteillage, les clients sont moins stressés, et on peut gagner davantage. Il me suffit de trois nuits par semaine pour faire tourner mon affaire.

— C'est bien.

— Ouais, le boulot, c'est pas trop mon truc. » Il a rigolé. « Je suis une grosse feignasse.

— Moi aussi, ai-je répondu, et l'homme m'a souri par rétroviseur interposé.

— Je vous trouvais l'air détendu, a-t-il dit.

— Ah bon ? Non, je ne me sens pas détendue, j'ai l'impression de devenir folle. »

1. Chanson des Pogues.

À la seconde où ces mots sont sortis de ma bouche, je me suis demandé pourquoi je me confessais à un parfait inconnu. Qui continuait à me dévisager via le rétroviseur.

« Et pourquoi ça ? a-t-il demandé.

— Oh, c'est une longue histoire.

— Vous faites quoi dans la vie, si je peux me permettre ?

— Je suis journaliste – ou du moins je l'étais. Je ne travaille pas des masses, en ce moment.

— Ah bon ? Pourquoi ? »

Il ne me quittait pas des yeux. Je me suis sentie gênée. Que pourrait bien penser un chauffeur de taxi d'une soixantaine d'années d'une folie provoquée par une année de quête effrénée d'autoamélioration ?

« Vous avez entendu parler des livres de développement personnel ? Ces bouquins qui vous disent comment gagner de la confiance en soi, ne plus se laisser ronger par les soucis, dépasser ses peurs…

— Oui.

— Eh bien, en ce moment, j'en lis un par mois et je suis leurs conseils à la lettre pour voir s'ils rendent heureux. »

Le regard du chauffeur a fait un rapide aller-retour entre la route et le rétroviseur. Je m'attendais, pour toute réponse, à un blanc dans la conversation, un silence d'incompréhension.

« Vous creusez en profondeur, alors, a-t-il dit.

— Oui, c'est ça. » J'étais stupéfaite.

« C'est comme un oignon, a-t-il poursuivi. Vous pelez une peau après l'autre.

— C'est exactement ça, ai-je répondu, éberluée.

— Ce n'est pas facile, hein ?

— Je confirme. J'ai l'impression de craquer de partout. » J'ai senti sur mes joues la tiédeur familière des larmes. Nom d'un chien ! Je ne pouvais donc pas passer une seule journée sans chialer en public ?

« Et vous ressentez quoi, quand vous craquez ? » a-t-il repris, apparemment indifférent à mes larmes.

Nous étions en train de descendre Caledonian Road. L'habitacle plongé dans la pénombre avait des airs de confessionnal.

« Je ne peux plus rien faire de ce que je faisais avant, ai-je bafouillé. J'ai un mal fou à me mettre au boulot, alors qu'autrefois j'étais une bête de travail. Je n'ai plus envie de sortir comme avant. J'ai perdu le contact avec mes amis. Je pense que tout le monde me hait et que je suis une mauvaise personne. Je fais des cauchemars dans lesquels je tue mes parents. Et je pleure tout le temps. »

Le chauffeur n'a rien répondu, le temps pour lui de digérer ce que je venais de dire.

« Bon, ce n'est pas rien, ce que vous faites. C'est du jus de crâne.

— Mais c'est juste des bouquins de développement personnel ! me suis-je récriée. J'étais loin de me douter que ça me conduirait à ça !

— Si vous l'aviez su, vous ne vous seriez jamais lancée. C'est kamikaze, votre truc. Fouiller dans sa tête, c'est dangereux. J'en sais quelque chose…

— Vous avez vécu en fonction des livres de développement personnel ? »

Il a gloussé. « Pire que ça : j'ai commencé un doctorat sur Thomas Hardy. Le malheur fait homme.

Du coup, j'ai plaqué ma thèse et je suis parti vivre en Italie, dans une petite maison au milieu de nulle part, sans eau courante ni électricité. J'y ai passé neuf mois. Je ne faisais rien de mes journées sinon marcher sept, huit, neuf heures par jour. Je marchais et je cogitais. Je ne me nourrissais plus. J'oscillais entre pics d'euphorie et dégringolades spectaculaires… Je passais du paradis à l'enfer. Il fallait que je revienne, sinon j'allais perdre la boule… Je contemplais le néant. Et c'est ce que vous faites en ce moment, a-t-il ajouté après une pause. Vous devez reculer, car s'il vous aspire, personne n'aura rien à y gagner. »

Il décrivait exactement ce que je ressentais depuis plusieurs semaines.

« J'ai connu les années 60, quand tous les hippies disaient : "Te prends pas le chou, mec, lâche prise…" a-t-il repris. Ces types parlaient sans savoir. Lâcher prise, c'est atroce. Terrifiant. »

Les larmes continuaient à couler sur mes joues.

« Oui, ça l'est, vraiment », ai-je confirmé.

La perspective de lâcher prise et de congédier l'ancien moi, le moi accro au travail, à l'appréciation positive d'autrui, à l'intégration dans le groupe, loin de me rasséréner, m'épouvantait – bien plus que je ne pouvais l'expliquer. J'avais débuté l'année en pensant que je voulais changer, mais le changement était terrifiant. Si je n'étais plus mon ancien moi, alors qui étais-je ? Comment savoir si je réussirais à en reconstruire un nouveau, si je n'allais pas rester à jamais cette loque en mille morceaux ?

« J'ai l'impression d'être en pleine dépression, ai-je repris. Et de perdre la tête.

— En un sens, c'est le cas, a répondu le chauffeur. Mais ce n'est pas un problème. Je crois que c'est Gide qui a dit : "L'homme ne peut découvrir de nouveaux océans que s'il a le courage de perdre de vue le rivage." En ce moment, vous en êtes là – vous avez perdu le rivage de vue. Mais rien n'est foutu. Vous devez juste faire l'effort de vous maintenir à flot. Reposez-vous. Occupez-vous de vous, faites des trucs normaux. Et si vous voulez pleurer, ne vous retenez pas. Moi, je pleurais tout le temps ; je conduisais avec des lunettes noires, pour que les clients ne le voient pas. Allez vous asseoir dans un parc, et pleurez un bon coup…

— D'accord.

— Avez-vous envisagé d'en parler à quelqu'un ? Un psy ?

— Non.

— Vous devriez peut-être y réfléchir. Un psy ramènera tout à votre famille, c'est leur dada – mais souvenez-vous que le sujet, ce n'est pas vos parents, c'est vous. C'est votre tentative pour conquérir la liberté. »

J'ai frissonné. Depuis le mois des anges, je me demandais : à quoi bon tout ça ? Au début, j'avais en tête d'améliorer un peu ma vie, me sentir mieux, comme quand on perd cinq kilos et qu'on retrouve la forme, ou qu'on rencontre quelqu'un qui nous plaît. Mais cet homme avait raison. Sans en avoir conscience, la liberté était au cœur de ma quête : je voulais me libérer de la sensation que quelque chose ne tournait pas rond chez moi, me libérer de ce sempiternel sentiment de n'être jamais à la hauteur, quoi que je fasse, de cette peur omniprésente de tout et de tout le monde… Je voulais conquérir la liberté d'être moi. Ou d'être, tout simplement.

Un homme affublé d'un bonnet de Père Noël a toqué à la vitre. J'ai fait un bond, et me suis aperçue que nous étions à l'arrêt, garés devant chez Rachel. Depuis combien de temps, je n'en avais aucune idée.

« Vous feriez bien d'y aller, a dit le chauffeur avec un sourire. Vous avez du pain sur la planche.

— Oui, bien sûr. Pardon de vous avoir retenu.

— Ne dites pas de bêtises, voyons. »

Il est descendu m'ouvrir la portière et sortir mon sac du coffre. On s'est dévisagés un instant, sur le trottoir.

« On se reverra », a-t-il dit, puis il a hoché la tête et chargé une bande de petits jeunes en train de brailler : « C'est Noëëël ! »

Il ne m'avait même pas dit son nom. Il ne connaissait pas le mien. Cet homme qui avait vu à l'intérieur de mon âme.

J'ai gravi le perron jusqu'à notre porte d'entrée. Il faisait si froid que je voyais la condensation de mon souffle. Les guirlandes lumineuses d'un sapin étincelaient derrière la fenêtre du voisin.

Cette conversation qui venait d'avoir lieu – l'avais-je rêvée ?

Je n'ai pas eu le temps de tourner la clé que la porte s'est ouverte. Rachel m'a accueillie avec un sourire jusqu'aux oreilles.

« Tu roulais des pelles au chauffeur ? Tu es devant la porte depuis plus d'une heure ! »

14

Le pouvoir du moment présent
par Eckhart Tolle

« Quantité de gens vivent avec un persécuteur dans leur tête, qui n'a de cesse de les attaquer, de les punir, de les vider de leur énergie vitale. C'est là la cause d'une détresse indicible, d'un immense mal de vivre et des maladies. »

Noël a passé sans incident notable. J'ai mangé, bu, dormi et beaucoup regardé la télé. Rachel m'a offert un album où les scènes de la Nativité étaient jouées par des cochons d'Inde costumés, et qui m'a bien fait rire. Recommencer à rire était bon signe. En famille, nous avons réussi à survivre aux fêtes sans nous entretuer et ces quinze jours de repos, à revoir *Bonjour les vacances* et manger des Quality Street, ont agi comme un baume sur mon cerveau. Une vie normale, en somme.

Le 31, je suis rentrée à Londres, et comme Rachel se trouvait chez des amis en Écosse, j'ai passé la soirée seule, ce qui me convenait très bien.

J'ai toujours détesté le réveillon de la Saint-Sylvestre

et la pression de devoir passer une soirée géniale au motif que c'est le 31 décembre. Plutôt que de sortir, j'ai mangé des spaghettis à la bolognaise et regardé le feu d'artifice par la fenêtre. Daisy faisait une retraite de yoga au Kerala, et Helen, la bringue chez des copains ; Sheila était au Mexique, et Gemma, en famille. J'ignorais ce que faisait Sarah.

Je me suis endormie sur le canapé, devant la télé, et réveillée au moment où Jools Holland et ses musiciens entonnaient « Ce n'est qu'un au revoir »…

1er janvier. Le début d'une nouvelle année.

À cette date, j'étais censée être venue à bout de douze ouvrages de développement personnel. Il aurait dû y avoir des hauts et des bas, des larmes et des révélations, des histoires d'amour et de rejet, et tout cela se serait assemblé pour former une sorte d'épiphanie bouleversante, mais claire et nette.

Mon nouveau moi perfectionné se serait senti luisant comme un sou neuf, éclairé – ainsi que plus mince et plus riche, il va de soi. Idéalement, il y aurait eu un mec canon en pull cachemire dans la coulisse. Car à quoi bon se voiler la face ? N'est-ce pas à ça que se résume en général le développement personnel : argent, sexe et apparence ? Malheureusement, je n'étais pas devenue le moi parfait que je m'étais fixé pour objectif. J'avais terminé l'année plus dingue que jamais.

À midi et demi, mon téléphone a bipé : *Bonne année* 😄

C'était le Grec. *Bonne année à toi aussi !*, ai-je répondu immédiatement.

Désolé pour le silence radio. Mon père était à l'hôpital. Je pense souvent à toi 😄

Je l'ai imaginé à Athènes, prenant soin de ses vieux parents malades, dans un contexte économique catastrophique. Lui avait de vrais problèmes.

Trois petits points sont apparus sur l'écran. Il était encore en train d'écrire.

As-tu terminé ton challenge ?

Je ne sais pas.

Tu veux parler ?

Il m'a appelée sur Skype et, aux petites heures de ce 1er janvier, je lui ai raconté tout ce qui s'était passé depuis le jour de notre rencontre au café.

« Je ne sais pas si je vais poursuivre mon projet ou laisser tomber. Je ne crois pas qu'il m'ait fait beaucoup de bien – il a été extrême.

— Peut-être doit-il l'être pour obtenir un résultat. La première fois que tu avais lu ces livres, ta vie n'avait pas changé, n'est-ce pas ?

— Non.

— Alors que maintenant, oui.

— Certes, mais je n'ai pas la sensation que ce changement soit bénéfique.

— Peut-être fallait-il en passer par là. Te casser, pour te reconstruire sur de nouvelles bases.

— D'accord, mais quand interviendra la reconstruction ? Pour l'instant, je suis juste en mille morceaux.

— Ce n'est pas ce que j'entends à ta voix.

— Pardon. Je dramatise. Ça va beaucoup mieux. Je me suis beaucoup reposée le mois dernier. Et toi, comment vas-tu ? »

Il m'a parlé de la maladie de son père et de l'anxiété de sa mère. Contraint de s'occuper de l'un et de l'autre, lui-même ne dormait plus que quelques heures par nuit. Je ne savais pas comment il faisait.

« Je suis leur fils. Leur seul enfant. C'est mon tour de prendre soin d'eux, a-t-il dit, sans la moindre trace de ressentiment ni d'autoapitoiement.

— Ce que je suis en train de faire doit te sembler totalement décadent, comparé à ta vie.

— Non, je trouve ça génial. Mais n'oublie pas que tu as déjà une belle vie et que tu devrais l'apprécier. »

Le lendemain matin, je me suis réveillée à 7 heures sur le canapé. Helen m'avait envoyé un texto à 4 heures – « Bonne année !!! » – et Sheila, une photo d'un cocktail sur fond de soleil couchant.

Je me suis levée et j'ai regardé par la fenêtre. Le ciel était gris. Il n'y avait pas un chat dans la rue. Tout le monde était encore au lit, en attendant que la journée passe. J'ai branché la bouilloire et préparé du café. Donc. Une autre année. Et ensuite ? Devais-je tirer un trait sur le développement personnel, ou continuer ? La majorité semblait pencher pour la première option. Quiconque doté de bon sens aurait dit que je devais arrêter les frais.

Mais je ne voulais pas. Sans pouvoir l'expliquer, je voulais mener ce projet à son terme. J'avais la certitude qu'il en sortirait quelque chose de positif si j'insistais. Néanmoins, j'avais besoin d'aide.

J'ai suivi le conseil du chauffeur de taxi, et pris rendez-vous avec une psychothérapeute. Au départ, c'était prometteur.

« Ce fiasco ne me surprend pas, a dit la psy. Vous

avez fait de vous votre propre cobaye, sans aucun encadrement.

— Je n'avais jamais vu la chose sous cet angle.

— Savez-vous ce qu'est l'inconscient ? a-t-elle enchaîné en basculant son fauteuil ergonomique vers moi.

— Vaguement.

— Votre inconscient est un réservoir de sentiments, de pensées et de souvenirs qui vivent en deçà de la conscience. Les petites expériences auxquelles vous vous livrez depuis un an titillent votre inconscient et elles ont fait remonter à la surface des choses dont vous ne saviez même pas qu'elles étaient là. D'où les larmes, les accès de colère, les cauchemars. »

La suite a été conforme aux prédictions du chauffeur de taxi.

« Dans vos rêves, avez-vous pour mission de sauver votre famille ?

— Oui.

— Et vous ne le faites pas ?

— Si. Enfin, non. Je n'en suis pas capable.

— Vous arrive-t-il souvent de penser qu'il vous incombe de sauver tout le monde ?

— Non. Je ne sais pas. Je ne crois pas.

— Est-ce un rôle que vous vous appropriez au sein de votre famille ?

— Vous allez systématiquement tout ramener à ma famille ? » me suis-je impatientée.

Elle a souri. « On va voir.

— Vous pensez que je fais une dépression nerveuse ? ai-je demandé, en essayant de changer de sujet.

— Certains diraient que vous êtes en pleine percée – en plein éveil spirituel.

— En plein *quoi* ? »

J'étais en train de claquer 70 £ de l'heure pour discuter « éveil spirituel » avec une psy. Ma mère m'aurait tuée.

« C'est un moment où on questionne tout. Cela peut arriver quand il se produit un changement majeur dans la vie, et que les règles auxquelles on se conformait jusque-là semblent ne plus avoir de sens.

— C'est ce que j'éprouve en ce moment.

— Quand vous avez débuté cette expérience, qu'espériez-vous en retirer ?

— Je voulais être heureuse.

— Ça signifie quoi, être heureuse ?

— Je ne sais pas… Heureuse, c'est tout.

— Personne ne peut être heureux en continu, mais on peut être satisfait. Éprouver une certaine paix.

— Va pour la paix. Ça m'irait.

— Pourquoi ne l'avez-vous pas trouvée, selon vous ? Vous avez lu tous ces livres, absorbé toute cette sagesse. Pourquoi, selon vous, rien de tout ça ne vous a aidée ?

— Je ne sais pas. Vous croyez que ça marche, le développement personnel ?

— Le problème, avec les livres de développement personnel, c'est qu'en les lisant, vous êtes encore dans l'état d'esprit qui vous a rendue malheureuse. Pour vous mettre au défi et vous montrer un autre angle, vous avez besoin d'une perspective extérieure. »

Cela faisait sens.

« Alors, vous pensez que je devrais m'en tenir là et ne pas poursuivre mon programme ? ai-je demandé.

— Et vous, vous pensez que vous devriez vous en tenir là ? » a-t-elle rétorqué.

Ça alors ! Les psys faisaient donc vraiment ça – retourner la question à l'envoyeur ? J'avais toujours cru que c'était une blague.

« Non, je veux aller au bout de cette entreprise, mais j'ai peur qu'elle ne soit qu'une quête égocentrique. Pourquoi ne puis-je pas simplement vivre ma vie, comme tout le monde ?

— Votre projet n'a rien d'une quête égocentrique, à mes yeux. C'est un voyage à la découverte de vous-même et, pour moi, le jeu en vaut la chandelle. C'est un investissement. Un investissement en vous-même – mais vous ne devriez pas le faire seule. »

Tiens donc, ai-je songé.

Mon temps de consultation était écoulé. Quand la psy m'a demandé si je voulais la revoir, je lui ai répondu que je la recontacterais. En me reconduisant à la porte, elle m'a demandé : « Avez-vous lu *Le Pouvoir du moment présent* ?

— Non. Je l'ai à la maison, mais je n'ai jamais pu dépasser les quelques premières pages.

— Vous pourriez l'apprécier, maintenant. »

Voilà donc comment, en janvier, j'ai trouvé LE livre – celui qui me disait juste ça : le meilleur viendrait du pire.

La première fois que j'avais essayé de le lire, deux ou trois ans auparavant, *Le Pouvoir du moment présent,* d'Eckart Tolle, m'avait fait l'effet d'un charabia New Age impénétrable. Je ne comprenais pas comment ce bouquin avait pu devenir ce best-seller que tout le monde portait aux nues, d'Oprah (on s'en serait douté) à Paris Hilton, qui l'avait embarqué en prison quand elle avait été arrêtée pour conduite en état d'ivresse. Pour tout dire, je n'y comprenais rien, point barre.

Et bien que résolue à prouver que ma faculté de lecture surpassait – ou à tout le moins égalait – celle de mademoiselle Hilton, j'avais décroché aux alentours de la vingtième page.

Des phrases telles que « Il s'agit d'une perception erronée de votre réalité essentielle qui est en deçà de la naissance et de la mort, et résulte des limitations de votre esprit, qui, déconnecté de l'Être, fait du corps la preuve de cette croyance illusoire dans la séparation et pour justifier sa peur », c'était trop pour moi.

Ensuite, il était question de « corps de souffrance » qui sont des « entités psychiques semi-autonomes ». Pardon ? Des quoi ?

Cette fois, cependant, il en allait différemment : chacune de ces phrases bizarrement formulées semblait énoncer la vérité. D'ailleurs, je devrais ici utiliser des majuscules, pour bien insister : La Vérité.

J'ai consacré les trois jours suivants à le lire.

Jamais, depuis que ma prof d'anglais de terminale nous avait fait découvrir un système de codes couleur pour déconstruire *Les Hauts de Hurlevent*, je n'avais autant annoté un livre. Une page sur deux s'ornait en marge d'un OUI !!! extatique ; des paragraphes entiers étaient soulignés, des étoiles et des points d'exclamation signalaient les passages clés. Je comprenais maintenant pourquoi Oprah présentait Eckhart Tolle comme un prophète de notre époque et je commençais à soupçonner que Paris Hilton en avait plus dans la cervelle qu'on ne voulait bien le croire.

En 1979, à la date de son « réveil spirituel », Eckhart Tolle était un diplômé allemand de vingt-neuf ans qui vivait dans un studio, en banlieue nord de Londres. Le soir où tout est arrivé, il projetait de se suicider. Après des années de dépression et d'angoisse permanentes, il en avait assez. « Je ne peux plus vivre avec moi-même un instant de plus », avait-il pensé.

Mais, à ce moment-là, il avait eu une révélation : « Si je ne peux pas vivre avec moi-même, c'est bien que nous sommes deux : "Je", et ce "moi" avec lequel je n'arrive pas à vivre. » Et sitôt arrivé à la conclusion qu'un seul des deux était réel, toutes ses pensées négatives ont cessé.

Le lendemain, au réveil, tout était différent – il se trouvait dans un état « de paix et de félicité profondes et ininterrompues ». Ce matin-là, écrit-il, « je me suis promené en ville, aussi ébahi par le miracle de la vie sur Terre que si je venais de naître ».

Tolle avait transcendé ses pensées – la voix dans sa tête.

Pour la plupart d'entre nous, explique-t-il, il y a en permanence une voix dans notre tête, qui nous critique, juge, interprète la réalité, et détermine notre humeur. Ainsi, ajoute-t-il, ces gens qu'on croise en train de parler tout seuls dans la rue et qu'on suppose fous ne font en réalité que prononcer à voix haute ce qui se passe dans leur tête.

Assez souvent, la voix n'est même pas concentrée sur le présent : elle ressasse des événements passés ou s'inquiète de quelque situation imaginaire à venir.

« Pour certains, il n'est pas rare que la voix soit leur pire ennemi. Quantité de gens vivent avec un persécuteur dans leur tête, qui n'a de cesse de les attaquer, de les punir, de les vider de leur énergie vitale. C'est là la cause d'une détresse indicible, d'un immense mal de vivre et des maladies », écrit-il, et en lisant ça je me suis redressée dans le lit.

Ce petit Allemand était en train de raconter ce qui se passait dans ma tête.

Il explique que cette voix nous empêche d'apprécier la seule chose qui est réelle : l'instant présent. Or ce n'est qu'en vivant dans l'instant présent que nous trouverons la paix et la joie.

La lecture de chaque page me donnait l'impression de vivre une expérience d'ordre religieux.

Je le tenais enfin ! Le livre.

Si je pouvais découvrir comment clouer le bec à la voix malveillante dans ma tête, tout s'améliorerait. Mais comment procéder ?

La première étape consiste à ne pas occulter nos pensées compulsives. Tolle nous invite à ne pas les juger, à ne pas nous en vouloir de les avoir formées, ni à les laisser nous emporter : il faut juste prendre du recul et les observer.

Plus on observe nos pensées – plutôt que les laisser nous emprisonner –, plus elles perdront de leur pouvoir. Elles continueront à surgir de temps à autre, mais elles ne s'installeront pas comme elles le faisaient auparavant. On pourra les ignorer, comme on le ferait d'un vieil oncle gaga.

J'ai suivi son conseil. J'ai commencé à observer mes pensées ; à écouter les disques qui passaient dans ma tête. Et c'était déprimant.

Venait d'abord le disque « surpoids ». Celui-ci se lançait à la seconde où j'ouvrais les yeux et sentais la masse de mes cuisses grassouillettes en les balançant hors du lit : *Tu es dégoûtante. Pourquoi manges-tu autant ? Tu n'as aucune discipline, tu t'es goinfrée, hier…* Suivait un inventaire mental de tout ce que j'avais avalé la veille, et je me jurais de faire l'impasse sur les glucides toute la journée.

En descendant prendre mon petit déjeuner, je lançais le disque « paresse » : *Pourquoi ne t'es-tu pas levée plus tôt ? Pourquoi as-tu éteint l'alarme du réveil ? Pourquoi as-tu bu autant hier soir ? Tu as tellement de pain sur la planche aujourd'hui, tu n'as rien fichu hier. Pourquoi es-tu si désorganisée ?* Cela fait, je passais mentalement en revue mes amies productives, tellement mieux organisées que moi…

Quand j'essayais ensuite de me mettre au travail, ce disque-là me serinait : *Tu ne fais que de la merde. Pourquoi ton cerveau est-il à ce point embrumé ? Reprends-toi, bois un autre café. Tout ce que tu as écrit n'est que du remplissage. Pourquoi ne te dépêtres-tu pas d'un papier sur des collants ? Pour l'amour du ciel, c'est à la portée de n'importe quelle idiote ! D'autres journalistes l'auraient bouclé en moitié moins de temps, elles auraient déjà écrit trois articles, à l'heure qu'il est, alors que toi, regarde ! Tu n'en as même pas écrit la moitié, et en plus c'est nul…*

Une fois la journée achevée, quand j'essayais de noyer la voix dans l'alcool, je lançais le disque « Je bois trop » : *Pourquoi bois-tu ? Tu as dit que tu ne boirais pas aujourd'hui. Tu n'as aucune discipline, tu seras dans les choux demain…*

Et si jamais j'étais avec des amies : *Les gens te trouvent chiante, ferme-la, tu n'intéresses personne, contente-toi d'écouter et d'être sympa, tout le monde pense que tu es idiote et nombriliste.*

Ou avec des hommes : *Tu ne plairas jamais à aucun homme, tu as les dents de traviole et un gros cul, en plus d'être rouquine. Il voit bien qu'il te plaît et il est en train de se dire, Pas question*, etc., etc.

Ensuite, il y avait bien évidemment le disque « finances », qui pouvait se lancer à n'importe quel moment du jour ou de la nuit – encore que, il se mettait généralement en route pile au moment où j'essayais de m'endormir : *Pauvre conne, tu as tout gâché, tu es une affreuse pourrie-gâtée… Les gens de ton âge ont des économies et une maison. Et toi, tu as quoi ? Pas même un bas de laine. Jamais tu ne pourras t'acheter un appartement…*

Voilà donc quelle était l'atroce bande-son de mes journées. C'était tellement normal pour moi que je n'y avais jamais pris garde.

Voilà aussi pourquoi j'étais en permanence malade. J'empoisonnais mon corps avec mes pensées. En me malmenant, je pensais m'éperonner, mais produisais l'effet inverse. Ma voix était un tyran qui anéantissait toute joie et me vidait de mon énergie. Sans compter qu'elle me paralysait : j'étais trop occupée à me noyer dans mes erreurs passées et de futurs désastres imaginaires pour m'atteler à la tâche du jour. J'étais trop occupée à me haïr pour apprécier la vie agréable qui se déroulait autour de moi. J'étais enfermée dans une prison mentale que j'avais moi-même construite.

Tolle dit que, pour être dans l'instant présent, nous n'avons pas besoin de nous asseoir par terre en tailleur. Prendre le temps, dans la journée, de regarder pendant une minute ou deux par la fenêtre suffit à nous ramener dans le moment présent. Sortir se balader et regarder le ciel, les arbres et les oiseaux aide également. Tout comme s'absorber dans les sensations physiques de l'activité qui nous occupe – qu'il s'agisse de faire la vaisselle ou monter un escalier. En règle générale, dit-il, on ne peut pas être en même temps dans son corps et dans sa tête. Aussi conseille-t-il, quand nos pensées s'emballent, de se focaliser sur l'énergie de notre corps. Il suggère de fermer les yeux et de se concentrer sur l'énergie qu'on sent dans nos mains, nos pieds, l'abdomen, la poitrine. Cela nous calmera instantanément.

J'ai donc essayé. Tout en écrivant un article sur un nouveau régime, l'Ice Diet (qui consiste à manger des glaçons pour perdre du poids – puisqu'il n'y a pas de calories dans la glace), je regardais par la fenêtre, j'inspirais profondément, je sentais mes extrémités… Mais rien à faire, mon papier piétinait toujours autant.

Au terme d'une semaine passée à respirer profondément, à parler aux arbres, à sentir mes pieds, le volume de mes pensées négatives n'avait guère baissé. Pour tout dire, j'ai même découvert un fait intéressant : j'éprouvais pour elles un certain attachement.

Je l'ai compris un soir devant une assiette de pâtes chez Helen. L'appartement était douillet et accueillant, le repas délicieux. Cela aurait dû être une soirée de détente mais, dans ma tête, ça s'en donnait à cœur joie avec ce petit monologue intime : *Tu ne devrais pas boire, tu n'es qu'une feignante, une bonne à rien. Mais ne le dis pas, Helen trouvera ça idiot… Et pourquoi te ressers-tu des pâtes ? Ton jean te meurtrit déjà le ventre. Et n'avais-tu pas dit que tu ferais l'impasse sur les glucides ? Tu en as mangé à chaque repas, aujourd'hui…*

J'ai eu beau appliquer la méthode du « Sois ici maintenant » – en inspirant profondément et en sentant mes pieds – rien n'y faisait, je continuais à passer mes vieux disques.

La vérité, c'est que mes visions négatives et mon auto-apitoiement me procuraient un plaisir pervers.

« L'esprit, conditionné comme il l'est par le passé, cherche toujours à recréer ce qu'il connaît et ce qui lui est familier. Même si c'est douloureux, au moins, c'est familier, dit Tolle. Observez le plaisir particulier que vous retirez à être malheureux. »

Mon Dieu, il avait raison. Être malheureuse me procurait une sensation forte. Mais pourquoi ?

D'après Tolle, le responsable, c'est notre « ego » – qu'il définit comme la fausse identité que nous nous créons, basée sur nos pensées et les histoires qu'on se raconte. On pense tous qu'une personne avec un gros ego est quelqu'un qui se croit supérieur aux autres, mais le contraire est tout aussi vrai.

« Chaque ego veut se distinguer du lot, a expliqué un jour Tolle sur le plateau d'Oprah. S'il ne peut pas y parvenir par sa supériorité, il se satisfera également d'être particulièrement malheureux. À celui qui dit "J'ai mal à la tête", un autre répondra "J'ai souffert de migraines pendant des semaines". C'est à celui qui sera le plus malheureux ! Et l'ego qui entre dans cette compétition est tout aussi fort que celui qui se pense supérieur aux autres. »

Nous sommes nombreux, ajoute-t-il, à construire notre identité autour de nos problèmes et nous répugnons à nous en délester car nous aurions le sentiment de perdre une part de notre identité.

Tony Robbins avait dit exactement la même chose : nous n'avons pas pire addiction que nos problèmes. Et on se leurre en pensant qu'on s'en passerait volontiers, car les problèmes comblent un besoin. Ce n'est qu'à ce moment-là que j'ai compris combien c'était vrai.

Et devant *The Voice*, en écoutant une jolie fille interpréter une chanson de Coldplay, j'ai eu une révélation mineure :

J'AIMAIS MES PROBLÈMES – JE LES ADORAIS. MÊME SI JE N'AVAIS PAS DE PROBLÈMES À PROPREMENT PARLER. HORMIS CEUX QUE JE M'INVENTAIS.

Dès que l'inquiétude nous assaille, dit Tolle, on devrait se demander : « Existe-t-il un problème dans le moment présent ? » Dans quatre-vingt-dix-neuf pour cent des cas, la réponse est non.

Mais je continuais d'en inventer. Je préférais rester dans mes pensées négatives, même si elles me rendaient malheureuse, parce qu'elles coïncidaient avec qui je pensais être. Elles constituaient l'histoire que je me racontais, d'aussi loin que remontaient mes souvenirs.

Tolle dit que prendre nos distances d'avec notre ego (nos histoires) nous donne, littéralement, la sensation d'être en train de mourir, et que, par conséquent, notre ego (sous la forme de pensées compulsives et échevelées) fera tout ce qui est en son pouvoir pour nous maintenir dans cette même vieille spirale.

« Une fois qu'on s'est identifié à une forme ou une autre de négativité, on ne veut plus s'en séparer et, sur un plan profondément inconscient, on refuse tout changement positif. Parce que celui-ci menacerait notre identité de personne déprimée, en colère et lésée, on s'opposera ou sabotera ce qui peut survenir de positif dans notre vie », écrit-il.

Et, comme si mes pensées négatives ne suffisaient pas, il paraît que nous sommes tous également attachés à nos sensations négatives. C'est ici qu'intervient le mystérieux « corps de souffrance » qui, d'après Tolle, est une douleur ancienne que nous trimballons partout avec nous.

Du jour où on mouille sa culotte à l'école et éprouve de la honte, à la douleur de notre première peine de cœur et à cette colère à l'égard de notre père… Ces émotions, si on les étouffe, si on ne les exprime pas, si on ne les libère pas sur le moment, s'installeront en nous et dicteront notre réponse aux événements du quotidien, même cinquante ans après.

Nous recherchons inconsciemment des situations qui confirment que notre « corps de souffrance » est dans le vrai. Par exemple, quelqu'un manquant de confiance en soi trouvera en toute occasion confirmation que personne ne l'apprécie, et recherchera même à nouer des relations avec des gens qu'il n'intéresse pas, juste pour confirmer les sensations de son corps de souffrance.

La voilà, l'explication. Je recherchais en permanence des situations ardues. Des choses avec lesquelles batailler. Des gens qui allaient me rejeter – même si, comme je l'avais découvert pendant le mois de la thérapie du rejet, la plupart du temps, le rejet venait de moi.

« On préférera souffrir, écrit Tolle, que tenter un saut dans l'inconnu et risquer de perdre notre ego malheureux mais familier. »

Exactement ! Je me remettais toujours dans le rôle de la pauvre rouquine grassouillette que personne n'invitait à danser aux boums de l'école, parce que je pouvais alors m'apitoyer sur mon sort et me poser en victime, plutôt que me jeter dans la mêlée, me salir les mains et encaisser les coups, comme tout le monde.

Tout en cherchant de nouveaux contenus sur le site de l'auteur – j'étais devenue insatiable –, je suis tombée sur un résumé encore plus lapidaire : « Le corps souffrant n'est autre qu'une addiction au mal de vivre. »

C'était exactement moi ! J'étais accro à mon malheur.

J'adorais être malheureuse ! Je me shootais à l'auto-apitoiement !

Dans le bus de nuit qui me ramenait à la maison, j'ai bataillé ferme pour appréhender cette nouvelle donne. Toutes ces pensées dans ma tête n'étaient que des inepties fabriquées de toutes pièces, sans aucun rapport avec la réalité.

Le lendemain matin, au réveil, j'étais encore sous le coup de cette révélation. Qui serais-je si je me défaisais de mes histoires, si j'arrêtais de me raconter que j'étais grosse, moche, panier percé et perpétuellement malade ? Ces histoires constituaient mon identité. Serais-je encore moi-même ? Ou bien serais-je… eh bien, plus rien ?

L'idée de me défaire de mes problèmes ne me procurerait aucun bien-être – pour être franche, ça me terrifiait. Comme de me laisser tomber dans le vide du haut d'une falaise.

En faisant ma promenade quotidienne dans le parc et en réfléchissant à ces grandes questions existentielles, il m'est apparu que c'est peut-être pour ça que, souvent, les livres de développement personnel échouent à nous aider sur le long terme. On croit vouloir changer, mais il n'en est rien. On retombe dans nos travers, on renoue avec notre ancien moi et nos vieilles histoires parce qu'il est trop effrayant de s'en séparer.

Parce que changer vraiment, cela veut dire se perdre complètement.

C'est là que j'ai commencé à avoir le tournis. À la fin de la troisième semaine de janvier, je me suis retrouvée à errer dans Hyde Park, en essayant de trouver du sens à quelque chose qui n'en avait aucun pour moi.

Si nous ne sommes pas nos pensées ni nos sentiments, alors que sommes-nous exactement ?

D'après Tolle, notre ego veut qu'on se sente différent des gens qui nous entourent, quand, en vérité, nous participons tous de la même conscience, de la même force vitale. Nous ne faisons qu'un avec les fleurs, les arbres, les animaux, la terre, les autres êtres humains – avec tout ce qui est vivant. Nous sommes tous la même masse d'énergie ou de conscience, qui a simplement pris des formes différentes. Tolle décrit cela comme une vague qui se pense distincte de l'océan. Ce n'est pas le cas. La vague fait partie de l'océan et si, momentanément, elle prend une forme qui lui est propre, elle reviendra se diluer dans l'océan. C'est à ça que ressemblent la vie et la mort pour nous, dit-il encore. Notre corps naîtra et disparaîtra, mais notre « Être » sera toujours là et nous participons tous du même « Être ».

« En deçà du niveau des apparences physiques et d'une forme distincte, écrit-il, nous ne faisons qu'un avec tout ce qui existe. »

J'ai lu et relu ses phrases en essayant d'en fixer le sens, mais elles restaient insaisissables. L'Être était-il un autre nom pour Dieu ? Existait-il un Dieu ? Existait-il une force divine ? Était-ce là ce qu'il disait ? Je ne comprenais pas. Oui, bien sûr que nous sommes distincts. Je suis moi, tu es toi… et… Oh, j'ai mal au crâne !

Sans y prendre garde, j'avais traversé Hyde Park, remonté Edgware Road, et je me trouvais maintenant dans Baker Street. Nous étions en fin d'après-midi, les bureaux se vidaient et les trottoirs grouillaient d'employés de bureau élégamment vêtus qui se hâtaient vers le métro.

Je suis entrée dans un Costa et j'ai commandé un chocolat chaud. À côté de moi, au comptoir, une femme était en train de choisir un muffin aux myrtilles pendant qu'un jeune couple se souriait et flirtait. Un rencard sans alcool – une idée presque aussi déconcertante que le concept de conscience.

J'ai ouvert mon ordinateur portable et je me suis surprise à taper « Existe-t-il un Dieu ? » dans la barre de recherche Google. Deux heures durant, j'ai surfé sur des sites dédiés à des théories New Age assez absconses sur la Conscience, l'Énergie, la Connexion… Je n'y comprenais rien, mais je voulais comprendre.

Jamais jusque-là je n'avais réfléchi aux grandes questions – j'étais bien trop occupée par mes fixettes sur mes névroses insignifiantes. Comme une sotte, j'avais passé ma vie enfermée dans la minuscule prison de mes pensées et j'étais en train de rater l'expérience d'être en vie !

En redescendant Marylebone Road paralysée par les embouteillages du vendredi soir, j'avais le tournis. Pourquoi étions-nous tous ici ? Si nous étions tous connectés, pourquoi n'étions-nous pas plus bienveillants les uns avec les autres ? Pourquoi la vie ne pouvait-elle pas être une sorte de paradis ?

J'ai appelé ma mère. Elle était prof. Elle avait forcément des réponses.

« *Le Pouvoir du moment présent* dit que nous sommes plus que nos pensées et nos sentiments, mais si c'est vrai, alors que sommes-nous exactement ? lui ai-je demandé. On est juste Énergie ? Ou Amour ? Ou Conscience ? Tu crois qu'il existe un Dieu ? Je ne parle pas du Dieu le Père Fouettard des catholiques, mais d'une sorte d'instance supérieure qui nous relie tous les uns aux autres ? »

Après un long silence, la réponse de ma mère à la question philosophique majeure qui sous-tendait toute notre existence a été succincte : « Je ne sais pas, Marianne, mais je dois te laisser. L'émission de Graham Norton va commencer. »

Même si je ne comprenais pas entièrement le propos de Tolle, ses mots avaient eu un impact. À la fin janvier, j'éprouvais un calme inédit pour moi.

La nuit, plutôt que d'attendre le sommeil pendant des heures à force de me tourmenter à propos de tout et rien, je me concentrais sur chaque partie de mon corps pour sentir l'énergie dans mes pieds, mes jambes, mes hanches… et, en général, je m'endormais quelque part autour des épaules.

Les journées débutaient encore avec une petite bouffée d'angoisse mais je me remettais sur les bons rails en me répétant : « Sois dans le moment présent, sois dans le moment présent… »

Je descendais à la cuisine, je préparais mon café en pleine conscience, puis je dégustais mon toast au lieu de l'engloutir en deux bouchées. Ensuite, je partais faire de la marche rapide dans le parc voisin. En général, mon approche consistait à gravir la colline au pas de charge, fessiers contractés et au son d'un morceau d'eurodance merdique, afin de cravacher ma motivation pour la journée. Mais le vendredi 30 janvier, j'ai opté pour une tactique différente.

Tout en faisant ma promenade matinale dans Hampstead Heath, j'ai passé mentalement en revue mon menu du jour : boucler un énième article sur les frisottis, et en écrire un autre sur la pleine conscience pour un quotidien irlandais. En temps normal, cette perspective m'aurait précipitée dans une spirale d'adrénaline, j'aurais marché de plus en plus vite en me réprimandant de ne m'être pas réveillée plus tôt. J'aurais, de façon assez ridicule, été stressée à l'idée d'écrire comment on peut se défaire du stress grâce à la pleine conscience.

Ce jour-là, je ne me sentais pas submergée par avance.

Au contraire, j'avais l'esprit en paix. J'ai essayé quelque chose de radical : j'ai retiré mes écouteurs et marché en silence.

J'ai ralenti le pas et écouté le martèlement discret de mes pieds sur le sol, et le frottement des manches de ma veste contre mes flancs. J'ai pris conscience de l'air froid qui me caressait les joues. En me privant de musique, j'avais exacerbé mes sens.

Il me semblait entendre des cris de mouette. Étaient-ils réels – pouvais-je entendre des mouettes à Londres ? Il y avait des aboiements de chiens, aussi, et le grondement lointain d'un aéroplane.

Je me suis immobilisée.

J'ai regardé les arbres bruns et dénudés éparpillés dans le parc. Ils étaient élégants, silencieux, forts. J'aimerais être ces arbres, ai-je songé. Je parie que rien ne les ennuie jamais.

Je sentais mon cœur battre.

Deux femmes en tenue de lycra m'ont dépassée d'un pas vif. « Il ne s'est même pas fendu d'un texto, disait l'une.

— C'est minable », a craché son amie, et elles ont continué de leur pas martial, éperonnées par leur indignation et leur hargne.

Nous sommes vraiment bêtes, ai-je songé, de nous mettre en pétard pour des choses insignifiantes.

Un labrador vanille et crotté m'a dépassé au galop, un bâton en travers de la gueule ; il haletait de ravissement et tremblait d'excitation. Les chiens sont incroyablement heureux, n'est-ce pas ? Donnez-leur un pré et un bâton, et ils explosent de joie. Rien ne peut indigner, offenser ou inquiéter leur précieux ego. Ils sentent leurs pattes clapoter dans un champ boueux, ils voient cette balle de tennis mâchonnée voler dans les airs, et elle est pas belle, la vie ?

Pourquoi ne pouvons-nous pas être comme ça ?

Je suis rentrée à la maison gorgée de sérénité. J'ai expédié tout mon travail en cinq heures – sans le moindre drame.

Vers 15 heures, je me suis accordé une pause-déjeuner. La lumière déclinante entrait par la fenêtre et la maison silencieuse donnait l'impression de fredonner tout bas. On percevait la vibration discrète du sèche-linge qui terminait son cycle à l'étage. Je pouvais presque sentir l'électricité et l'eau circuler dans les fils et les tuyaux.

J'ai inspiré.

J'ai contemplé la nourriture joliment disposée sur mon assiette et j'ai glissé une fleurette de brocoli dans ma bouche. Elle a éclaté de vie sur ma langue. Comment avais-je pu ne pas remarquer plus tôt combien le brocoli vibrait à ce point de vie ? J'avais toujours aimé ce chou, mais celui-là en particulier avait un goût de brocoli magique.

J'ai regardé de nouveau par la fenêtre. Un écureuil était assis dans l'herbe, dans le jardin. Je me suis souvenue combien ces animaux exaspéraient Rachel – ils passaient leur temps à dévaster les plantations – mais celui-ci avait un port presque régalien assis là, avec sa queue luxuriante. Comment pouvait-il susciter de la colère ?

J'ai pris une autre inspiration.

J'ai regardé le plateau de la table et j'ai fixé le grain du bois couleur caramel. J'ai regardé les tulipes orange brûlé au garde-à-vous dans leur vase. Elles me paraissaient incroyablement vivantes – comme si elles étaient des personnes miniatures. À cet instant, je pouvais voir la vitalité de tout. La magie de tout.

Pourquoi, pourquoi m'étais-je à ce point compliqué la vie ? Tout ce dont j'avais besoin était là. Un afflux d'amour a réchauffé mon corps. La sensation était presque douloureuse tant elle était puissante, et des larmes m'ont picoté les yeux tant j'étais bouleversée.

J'ai pensé à ma mère et la force de mon amour pour elle était telle que j'aurais pu éclater. J'ai pensé à mes sœurs, à mes amies… à des gens auxquels je n'avais plus pensé depuis des années, et qui, pour certains, m'avaient blessée, ou agacée ; je voyais que tous avaient eu leurs raisons. J'ai pensé aux personnes que moi-même j'avais blessées et j'ai espéré qu'elles se sentent dans les mêmes dispositions à mon égard.

Ça semblait soudain d'une perfection presque insoutenable, d'avoir du sang qui circulait dans nos veines, un cœur qui battait, un ciel qui le soir virait au rose, violet et doré. Nous avions des gens qui nous aimaient, des plantes, la vie, la mort, la lumière qui brillait à travers les vitres.

J'entendais le bavardage des petits voisins, le bruit d'un avion dans le ciel… Peut-être allait-il à New York, où vivait ma sœur… Quelqu'un de ma famille vivait à New York ! N'était-ce pas le comble du cool ? Les gens en connaissaient d'autres partout dans le monde, et ils montaient dans des avions pour leur rendre visite, ils voyageaient dans le ciel…

La tuyauterie laissait entendre des bruits lancinants, j'avais envie de dormir, j'étais bien au chaud et prête pour une sieste. Je suis allée m'asseoir dans le canapé du salon et j'ai étendu un plaid écossais sur mes genoux. Le canapé était mou. J'ai fermé les yeux et je me suis laissée couler… Ah, une petite sieste, un des meilleurs trucs au monde. Mais tellement de choses entrent dans cette catégorie… le café, les sourires, les embrassades…

Je me suis réveillée dans le noir, dans une maison silencieuse. La félicité était toujours là, dans mon corps, dans ma tête, dans la pièce… puis, l'espace d'une seconde, mes pensées se sont remises en branle. *Pourquoi t'es-tu endormie ? Tu as encore des trucs à faire… Feignante ! Rachel ne dort pas dans la journée, elle !* Mais cette fois, j'ai éclaté de rire tant tout ça était prévisible.

« Ton cerveau fait comme à son habitude, me suis-je dit. Rien de plus. Ce n'est qu'un disque. »

Le disque s'est arrêté. Et, là, je me suis sentie un peu perdue.

C'était étrange d'avoir renoncé à entendre cette voix – et un peu effrayant.

Il était 19 heures 20, Rachel n'était toujours pas rentrée. Je suis restée assise dans le silence. Et maintenant ?

Si vivre dans l'instant est la réponse au bonheur, cela signifiait-il que j'étais tirée d'affaire ? Que je n'avais plus besoin de développement personnel, plus besoin de chercher à m'améliorer ?

Devais-je simplement sortir me dénicher un banc dans un parc, et y prendre mes quartiers ? Ne plus me soucier de mes dettes et renoncer à mes ambitions ou à mes rêves ?

La question m'a ramenée à mon projet : pourquoi le faisais-je ? Que cherchais-je à obtenir ?

Eckhart Tolle aurait dit que j'avais déjà tout ce dont j'avais besoin : j'étais vivante, je respirais, je n'étais menacée par aucun danger. Pourtant, je ne m'en contentais toujours pas.

Était-ce mal ? Cela signifiait-il que je n'étais pas dans le moment présent ?

Même si une part de moi désirait un avenir agréable, penser à mes buts et à mes objectifs me stressait invariablement. Le fait seul de vouloir ceci ou cela me stressait. Je commençais à paniquer et m'intimais l'ordre de redoubler d'efforts, de faire plus, de concrétiser. Vouloir, c'est le contraire d'être dans le moment présent.

Tolle décrit le stress comme le fait d'« être ici » mais de vouloir « être là-bas ».

C'est un penchant naturel chez nous tous de former des projets d'avenir, dit-il, mais le futur ne doit jamais avoir la préséance sur le présent. Se fixer des objectifs, et travailler pour les atteindre, c'est très bien, tant qu'on accorde la plus grande attention au pas que l'on fait maintenant, et non à la destination finale.

Sinon, dit-il, notre vie n'est plus une aventure, elle se réduit à ce besoin obsessionnel d'arriver à destination pour « réussir ». Du coup, on ne voit ni ne sent plus les fleurs sur le bord de la route, on n'a plus conscience de la beauté ou du miracle de la vie qui se déploient autour de nous.

Toute ma vie, sans relâche, j'avais essayé de « réussir » et d'« y arriver ». Je pensais que tout irait bien dès lors que j'aurais engrangé plus de succès professionnels, que je serais plus mince ou que j'aurais de l'argent. Je pensais que je me sentirais mieux dans ma peau si j'avais un petit ami ou si je parvenais à m'améliorer.

Mais rien de tout cela n'avait fonctionné parce qu'on fait le lit du bonheur non en luttant mais en s'immergeant entièrement dans chaque instant. En se délectant du travail, non du résultat. En savourant le rire de Rachel, ou le goût du toast tiède beurré. Ou encore la volupté qu'il y a à s'enfoncer dans des replis veloutés du sommeil quand on s'assoupit sur le canapé un vendredi après-midi.

Être dans le moment présent ne signifie pas tout laisser tomber et ne plus rien faire. On peut agir autant qu'on le souhaite, du moment qu'on garde les pieds fermement ancrés dans le présent. Tolle affirme que c'est quand on est au calme et en paix qu'on trouve notre meilleure inspiration et qu'on accomplit le meilleur travail – pas quand on est stressé et qu'on se démène pour atteindre un but. J'ai repensé à l'Italie, et à la facilité avec laquelle je m'étais emparée de la friandise lorsque j'avais arrêté de faire des efforts. C'était la même idée.

Mais peu d'entre nous vivent la vie ainsi. Nous sommes tous trop occupés à courir après ce que nous n'avons pas encore, indéfiniment. C'est ainsi que la société nous dit que nous devrions être. Mais c'est de la folie.

« L'espèce humaine, dit Tolle, est dangereusement folle et très malade. Ce n'est pas un jugement, mais un fait. »

Il suggère d'ouvrir un livre d'histoire et d'étudier ce qui s'est passé au siècle dernier. Guerres mondiales, génocides, déforestation, destruction de la nature – ce n'est pas là le comportement d'une société bien portante, affirme-t-il. Nous sommes littéralement en train de nous entretuer et de détruire la planète dont notre existence dépend. Ce qui est également un suicide.

Tolle était dans des dispositions suicidaires lorsqu'il a eu sa grande révélation. Il est convaincu que ce n'est qu'en touchant le fond qu'on comprend qu'il faut adopter un mode de vie différent.

Et c'est précisément le rôle qu'ont joué ces quelques derniers mois pour moi.

J'ai pensé à Gemma et à l'image de l'élastique,

et je me suis souvenue à quel point j'avais été près de claquer. Continuer de vivre comme je l'avais fait jusque-là, m'autoflageller en permanence, me pousser toujours plus loin et me punir n'était plus une option.

Comme l'écrit Tolle : « Celui qui est prisonnier d'un cauchemar sera probablement plus motivé pour se réveiller que quelqu'un qui est simplement ballotté par les remous d'un rêve ordinaire. »

Je m'étais réveillée.

Fin janvier, ayant passé un mois à faire la vaisselle, contempler les arbres, sentir mes pieds – il n'y avait nulle part ailleurs où j'aurais préféré être, personne d'autre que j'aurais préféré être.

Le samedi 31 janvier, je buvais un café au Bread and Bean et cette chanson de Depeche Mode est passée à la radio : « All I ever wanted/All I ever needed/Is here in my arms[1] », ai-je fredonné en regardant par la devanture. Il était en train de neiger, on aurait dit que les flocons chuchotaient un secret. Le monde semblait empreint de douceur. Un homme chauve et obèse, chaussé de baskets rose pétard, est passé sur le trottoir. Une sensation de paix, un sentiment de joie m'ont réchauffée, et ils étaient si profonds qu'une fois de plus des larmes m'ont picoté les yeux. J'ai vu que la vie était belle, que j'allais bien. Ces instants sont précieux, mais pour peu que l'on soit attentif, on s'aperçoit qu'ils sont loin d'être rares.

---

1. Tout ce que j'ai toujours voulu / Tout ce dont j'ai toujours eu besoin / Est ici entre mes bras.

15

Trouver un mec

« Rencontrer LE mec devient une telle obsession que vous n'en rencontrez aucun. »

Matthew Hussey

« Le parfum des roses, c'est bien beau, mais quand est-ce que tu vas passer à l'action ? Et le cul dans tout ça ? Où sont les parties de jambes en l'air ? » a demandé Paul, l'ami de Rachel, qui avait descendu trois pintes et était dans une forme olympique. Nous étions au St John, un pub d'Archway plein à craquer de clients résolus à fêter la fin du mois de janvier et du régime sans alcool qu'ils s'étaient imposé. Pour ma part, c'était ma première sortie un samedi soir depuis des mois.

J'étais lancée dans de grandes envolées lyriques sur les bienfaits de vivre le moment présent et d'accepter les choses telles qu'elles étaient. Il me paraissait dégager un calme et une sérénité que tout le monde autour de moi allait percevoir (et jalouser), mais personne ne semblait avoir remarqué qu'il picolait en compagnie d'un bouddha roux.

« Je pensais que tu allais lire un bouquin sur les rencards, a renchéri Rachel.

— C'était mon intention, mais je ne sais pas si je dois m'embêter à en lire d'autres. *Le Pouvoir du moment présent* a été le livre clé pour moi. Je voulais être heureuse, et maintenant je le suis, donc mission accomplie.

— Mais des rencards, ce pourrait être amusant après toute cette quête spirituelle, non ? a insisté Rachel.

— Les rencards, je ne trouve pas ça amusant, ai-je répliqué. En plus, les livres sont unanimes : tu n'as pas besoin de trouver quelqu'un d'autre pour te rendre heureux – toi seul peux le faire. Et c'est ce que j'ai fait.

— Le type qui a écrit *Le Pouvoir du moment présent,* il est célibataire ?

— Non, il est en couple.

— Et John Rien à foutre ?

— Il est marié.

— Ils pensent donc forcément que l'amour est une bonne chose. Tu ne veux pas rencontrer quelqu'un ? » a insisté Rachel.

Je ne savais jamais comment répondre à cette question.

« Et si tu allais chercher la prochaine tournée et en profiter pour flirter avec le barman ? a suggéré Paul. Quand il te rend la monnaie, tu lui caresses la main et tu le regardes droit dans les yeux.

— Hors de question ! »

Tout en patientant au comptoir, j'ai donné libre cours à mon agacement. Après tout ce que j'avais fait l'année précédente, mes amis ne voulaient savoir qu'une seule chose : quand allais-je rencontrer un homme ?

Pourquoi fallait-il que tout en revienne toujours à ça ? N'était-ce pas suffisant d'avoir trouvé la paix et le contentement ? D'avoir trouvé le bonheur dans les brocolis et réduit les voix dans ma tête à un fredonnement discret ? D'avoir peut-être – je dis bien *peut-être*, et ne le répétez à personne – eu un réveil spirituel ?

« Que désirez-vous ? »

J'ai relevé la tête et le regard noisette du barman m'a électrisée. Waouh !

« Deux verres de vin rouge et une pinte d'IPA, s'il vous plaît. »

Je me suis sentie rougir et j'ai détourné le regard.

Et d'un coup d'un seul, j'étais de retour. De retour dans la réalité. Dans le jeu de la séduction – si tant est que j'y avais jamais été.

Entrez « rencontres amoureuses » dans Amazon, et vous obtiendrez 13 111 résultats. Des titres tels que *Soyez femmes mais pensez comme un homme*[1], *Laisse tomber, il te mérite pas*[2] *!* et *Getting to « I Do*[3] *»*, qui

1. Steve Harvey, *Soyez femme mais pensez comme un homme*, Trésor caché, 2016.

2. Greg Behrendt et Liz Tuccillo, *Laisse tomber, il te mérite pas !*, Albin Michel, 2005.

3. Patricia Allen et Sandra Harmon, ouvrage non traduit en français.

promettent tous de vous révéler comment capturer l'homme idéal, me hérissaient.

Après une heure ou deux à éplucher la liste des titres proposés, j'ai commandé *Get the Guy*, de Matthew Hussey, un Anglais expert en rencontres amoureuses. Quantité de commentaires lui décernaient cinq étoiles. D'après ses lectrices, l'ouvrage n'avait rien d'un traité de séduction fantaisiste mais était au contraire réaliste et utile. Apparemment, même Eva Longoria en était fan – encore que j'aie du mal à croire qu'elle ait des problèmes pour meubler ses vendredis soir.

Selon la quatrième de couverture, « Matthew Hussey fait mondialement autorité sur le sujet de l'attraction amoureuse. Pour son étude, il a interrogé plus de dix mille hommes et analysé plus de cinq mille rencontres amoureuses, dans le seul but de vous dévoiler ce que les hommes pensent vraiment, et comment vous pouvez attirer les meilleurs d'entre eux. »

Ce volume promet de vous enseigner « comment et où rencontrer les meilleurs partis, quels sont les huit mots qui développent instantanément une attraction et une alchimie avec n'importe quel homme et les techniques imparables pour vous faire remarquer par celui qui vous plaît »…

Et, coup de chance, d'après Hussey, les cafés constituent l'un des meilleurs terrains de rencontre.

« Vous pourriez lui demander de se pousser légèrement afin d'attraper quelque chose sur une étagère, suggère-t-il. Ou lui demander s'il accepterait de tenir votre parapluie, le temps de sortir votre porte-monnaie, ou encore lui demander où il se positionne dans le débat café au lait *vs* cappuccino… »

Du sublime au ridicule. Quelques jours plus tôt je m'interrogeais sur l'existence d'un Dieu, et là on m'enseignait comment flirter au comptoir d'un café… Ce qui m'a fait penser au Grec. Depuis le 1er janvier, nous nous parlions chaque semaine, et ça me semblait malhonnête de me remettre sur le marché sans le lui dire.

Je me trouvais par hasard à proximité de Soho pour le boulot, je l'ai donc appelé du café dans lequel nous nous étions rencontrés.

« Si seulement je pouvais être là avec toi ! a-t-il dit lorsque je lui ai précisé où j'étais.

— Bah, tu ne rates rien. Il fait gris et il pleut.

— Alors, quoi de neuf ?

— Eh bien, je dois m'atteler à un nouveau livre…

— Sur quel thème, cette fois ?

— Les rencontres amoureuses. »

Silence.

« Oh, OK, a-t-il dit, et il a marqué une pause. Bon, c'est bien que tu t'amuses un peu…

— Et toi ? Tu vois quelqu'un ? »

C'était la première fois que nous abordions ce sujet.

« Non, a-t-il répondu. Il y a une fille, dans mon bar de quartier, avec qui je flirte, mais je ne pense pas que… Je n'ai pas grand-chose à offrir à une femme en ce moment. »

Et il a écourté la communication.

Hussey dit que la plupart d'entre nous abandonnent leur vie amoureuse entre les mains du destin. À se concentrer sur chaque autre domaine de notre vie – amical, familial, professionnel – les années passent et, un beau jour, on se réveille, on s'aperçoit qu'on a trente-sept ans, que l'homme idéal n'est toujours pas tombé du ciel. Et là, panique à bord.

La quête de l'homme idéal devient une telle obsession qu'on n'en rencontre aucun.

Pour rencontrer plus d'hommes, dit Hussey, il faut… multiplier les occasions. « Chaque interaction avec un autre être humain, écrit-il, ouvre potentiellement une porte sur un nouvel univers ou une nouvelle expérience qui peut, à son tour, vous mettre en présence de l'amour de votre vie. » Il conseille d'engager la conversation partout – dans les parcs, dans les librairies, à la salle de gym. De demander leur nom aux inconnus. De ne pas être avare de compliments, de sourires. D'inciter des inconnus à parler des livres qu'ils aiment – ou de leurs gadgets, un de leur péché mignon d'après Hussey. Et peu importe si ces hommes ne vous plaisent pas vraiment : il s'agit juste de s'entraîner à sourire, bavarder et flirter.

Car tout ça s'apparente à un calcul de probabilités : Hussey pense que dans une soirée qui réunirait cent hommes (sacrée soirée), une femme aura des atomes crochus avec une vingtaine d'entre eux. Sur cette vingtaine, après un brin de conversation, il pourrait en rester dix qu'elle apprécie suffisamment pour envisager un rencard, et cinq susceptibles d'en justifier un second – et si un seul vous plaisait assez pour le revoir, ce serait un beau succès.

Combien d'inconnus rencontrez-vous dans une semaine normale ? demande Hussey. Si la réponse est un (ou aucun), combien de temps vous faudra-t-il pour trouver quelqu'un qui vous plaît ?

Réponse : longtemps.

Mon challenge pour la première semaine de l'opération Trouver un mec consistait donc à sourire, complimenter et bavarder tous azimuts. Et c'est ce que j'ai fait. Je suis devenue une machine à charmer. J'ai parlé de la météo avec les éboueurs. J'ai demandé au gérant du lavomatic comment s'étaient passées ses vacances. J'ai complimenté le serveur de notre petit restau italien de quartier – celui qui vante le gâteau au chocolat « à trois étages » et qui nous assure qu'il est là pour « combler nos désirs » – pour sa maîtrise fantastique de l'anglais. J'ai dit à l'employé de notre supérette que son pull me plaisait, et au nouveau collègue de Mike, au Bread and Bean, que j'aimais bien sa barbe. Du coup, j'ai dit à Mike que j'aimais ses tatouages, ce qui a semblé le dérouter puisque je les voyais depuis un an quasiment un jour sur deux. Mais il m'a remerciée, et a dit qu'il aimait bien mon pull.

« Merci. Mon amie dit que je dois arrêter de porter ces gros pulls, mais je m'y sens bien.

— Selon moi, c'est le principal, a répondu Mike.

— Donc, tu ne serais pas rebuté par une fille qui porte un gros pull ? »

Il a marqué un temps d'arrêt.

« Non, c'est agréable à voir, quelqu'un qui est bien dans ses baskets. »

Youpi ! Une pluie de compliments.

Le deuxième jour, dans le métro, j'ai demandé à un passager quel était le sujet du bouquin qu'il lisait – et qui s'intitulait *Stuffocation*[1].

Il a l'air surpris. « Euh… ça parle du fait que tous ces trucs qu'on accumule dans la vie finissent par nous étouffer.

— Et c'est bien ?

— Je ne sais pas, je commence tout juste. »

J'ai baissé les yeux – il n'en était qu'à la première page.

« Vous croyez que ça vous donnera envie de faire le vide, une fois rentré chez vous ? ai-je poursuivi.

— Non. »

Bon.

En sortant du métro, je suis allée au supermarché pour acheter à manger. Il était 18 heures, et l'endroit grouillait d'hommes. Matthew dit qu'en matière de rencontres, tous les terrains de chasse sont permis – mais de là à draguer au Tesco d'Archway… Ne serait-ce pas franchir la ligne jaune du désespoir ?

Le premier homme que j'ai repéré arborait un blouson en cuir et se tenait devant les armoires réfrigérées. En me rapprochant – nonchalamment – j'ai vu qu'il s'intéressait aux crèmes glacées. Allais-je vraiment faire ça ? Je suis restée un instant paralysée, le temps de trouver quelque chose à dire. Hussey n'avait pas donné d'instructions. *Rien à foutre ! Marianne, dis juste un truc !*

« Hm… Vous avez déjà goûté ce parfum ? »

---

1. Mot valise. *Stuff* signifie « choses », « fourbi ».

Le type a semblé surpris, mais s'est fendu d'un sourire. « Non.

— C'est lequel ? ai-je demandé.

— Beurre de cacahouète et confiture de framboises. »

Sans doute ai-je grimacé car il a éclaté de rire : « Ouais, c'est peut-être un peu extrême. » Qu'il qualifie une crème glacée d'« extrême » m'a bien plu, mais avant que je puisse l'entraîner dans quelque fascinant débat lexical, il a replacé le pot en rayon et tourné les talons.

J'ai eu la sensation d'essuyer un rejet. C'était gênant. J'ai regardé autour de moi. Personne, apparemment, n'avait prêté attention à cet échange mais, au cas où, j'ai pris à mon tour un pot de crème glacée extrême pour donner l'impression qu'elle était mon seul motif d'intérêt.

Voulant faire bon usage de ma montée d'adrénaline, j'ai avisé un homme, petit, avec un look arty et une écharpe bleu vif, qui hésitait entre une salade niçoise peu appétissante et une salade à la feta qui ne l'était pas davantage. Il a choisi cette dernière.

Vas-y Marianne, fonce.

« Vous en avez déjà acheté ? ai-je demandé.

— Non, a répondu l'homme, mais cette fois j'ai eu droit à un large sourire. J'espère qu'elle sera bonne. C'est mon dîner. »

À son accent, il pouvait être italien, et il semblait tout disposé à bavarder mais je ne savais pas comment poursuivre cette conversation. « Bon appétit ! » ai-je lancé d'une voix de fausset, avant de rentrer chez moi manger mon pot de glace. Qui, soit dit en passant, n'était pas mauvaise du tout – l'association du beurre de cacahouète et de la confiture de framboises fonctionnait étonnamment bien. Et n'avait rien d'extrême.

À mi-pot, j'ai pris conscience que j'étais devenue plutôt douée pour adresser la parole au sexe opposé. Grâce à ces mois consacrés à m'endurcir face au rejet et à combattre ma peur, j'avais dompté ma gêne. Mon seul problème concernait les hommes qui me plaisaient vraiment, ainsi que je l'ai découvert le lendemain après-midi à Hampstead Heath en voyant arriver vers moi un grand type brun en blazer de tweed, qui promenait son labrador. Il était négligé mais avec élégance, et séduisant, sans tomber dans la catégorie des jolis garçons. Disons qu'il était un mélange de Heathcliff[1] et de Ryan Gosling. On voyait au premier coup d'œil qu'il était gentil et intelligent, doué de ses mains et qu'il réussissait probablement très bien dans un créneau artistique mais ancré dans le concret…

Tandis qu'il s'approchait, mes pensées se sont emballées.

Regarde-le, souris-lui et dis bonjour !

Il approchait encore.

Allez, fais-le.

Plus que quelques pas…

Souris, Marianne. Un sourire, c'est tout. Ou bien regarde-le, ça suffit…

Mais je ne lui ai pas souri, je ne l'ai pas non plus

1. Héros du roman d'Emily Brontë *Les Hauts de Hurlevent*, interprété par Laurence Olivier dans l'adaptation de William Wyler (1939).

regardé. À la place, j'ai bifurqué sur un sentier pour l'éviter. J'avais tellement peur que j'ai quasiment foncé dans un buisson.

Sérieusement, qu'est-ce qui cloche chez toi ?

Après tout ce que j'avais accompli, je n'étais pas fichue de *sourire* à un bel homme ?

Pourquoi fallait-il que ça se termine toujours en débandade ? Et quand cela allait-il changer ?

Qu'aurait-il pu se passer, au pire ? Je lui aurais souri, et il ne m'aurait pas retourné mon sourire ? Et alors ?

J'ai rebroussé chemin, furax contre moi-même. Quels progrès avais-je réalisés au bout d'une année entière si je restais incapable de faire ce qui était à la portée de tout le monde ? J'avais presque quarante ans ! Des gamines de treize ans s'y prenaient mieux que moi.

En passant devant le St John, j'ai jeté machinalement un œil par la vitre, au cas où j'apercevrais une tête connue à l'intérieur. Il n'y avait là que le barman à l'œil pétillant qui m'avait servie le soir où j'étais venue avec Rachel et Paul. J'ai poursuivi mon chemin en me réprimandant… et, soudain, une idée m'est venue. OK, j'avais tout foiré avec Heathcliff, mais je pouvais me rattraper avec le barman. Il le fallait.

D'autant que je venais de me rappeler une remarque de Matthew Hussey – le personnel étant payé pour être aimable, j'étais à l'abri d'un rejet.

J'ai fait demi-tour, poussé la lourde porte du pub et je suis allée me percher sur un tabouret, au comptoir. Tout au bout, un homme d'un certain âge m'a saluée d'un signe de tête. J'ai fait de même. Je me sentais un peu mal à l'aise. Je n'allais jamais seule au pub.

D'un coup d'un seul, le barman s'est matérialisé à côté de moi. Souriant. Pétillant.

Je lui ai souri, et j'ai paniqué.

Cache un peu ton jeu, Marianne ! Il va croire qu'il te plaît vraiment et te prendre pour une pauvre fille aux abois, infichue de se trouver un mec et réduite à traîner seule dans les bars.

« Bonjour.

— Bonjour. » Mon cœur cognait fort.

« Qu'est-ce que je vous sers ?

— Euh… un petit verre de rouge, s'il vous plaît.

— Lequel ? »

Mon esprit s'est figé. Après des années d'entraînement, on aurait pu croire que je connaissais mes goûts… Eh bien non.

« Euh…

— Syrah, merlot… pinot noir ?

— Merlot, s'il vous plaît. »

Alors qu'il me servait, j'ai sorti mon téléphone. Histoire de me poser en fille qui avait des amis, une vie. Qui était très demandée. Je n'avais aucun SMS. J'ai commencé à taper dans Notes… *Je suis seule dans un pub.*

Le barman a posé le verre devant moi et, là, j'ai laissé échapper la remarque qu'aucune femme ne devrait jamais prononcer devant un homme : « Il est minuscule…

— Vous m'avez bien demandé un petit verre ?

— Ah oui, c'est vrai. Pardon. »

Jamais je ne commande de petit verre. Je l'avais fait par peur d'être cataloguée alcoolique.

Pendant la vingtaine de minutes qui ont suivi, il a servi d'autres clients et j'ai siroté mon (petit) verre de vin tout en envoyant des textos d'appel à l'aide à Rachel. Et maintenant ? Matthew disait que je devais lui demander son nom, ou découvrir une information à son sujet.

M. Pétillant est revenu vers moi pour tirer une pinte.

« Vous en voulez un autre ? » m'a-t-il demandé en souriant.

Il avait un sourire adorable. Je lui ai souri à mon tour et, comme je ne voulais pas qu'il me prenne pour une de ces filles qui traînent seules dans les bars pour essayer – en vain – de lever le barman, j'ai menti :

« J'ai rendez-vous avec une amie, mais elle est coincée au boulot. Je ne sais pas si je l'attends encore un peu, ou si je rentre.

— Prenez-en un autre, ça caille dehors », a-t-il répondu, en me décochant un nouveau sourire. Disait-il cela parce qu'il m'aimait bien ou parce qu'il faisait son boulot ?

« Bon, d'accord, pourquoi pas.

— Un petit ? » Sourire.

« Oh et puis zut, un grand… » Je lui ai retourné son sourire. Étions-nous en train de flirter ?

Là, je suis passée à l'action. « Au fait, je m'appelle Marianne. Et vous ?

— Antonio.

— Vous avez un accent. D'où venez-vous ? » Mon

cœur battait à toute berzingue et j'avais le feu aux joues.

« Du Brésil.

— Ça fait longtemps que vous êtes à Londres ?

— Presque un an.

— Et ça vous plaît ?

— Ça va, mais c'est dur. Boulot, métro, dodo… »

C'était prometteur : entre métro et dodo, il n'avait pas dit « je fais l'amour à ma magnifique copine ».

« Je pense que je ne suis pas fait pour la ville. Je viens de la campagne. D'un village.

— Pourquoi avoir choisi Londres, si vous n'aimez pas les grandes villes ? »

Il a haussé les épaules. Je ne vais pas mentir, cette conversation douchait un peu mon enthousiasme.

C'est pour cette raison que Matthew Hussey conseille d'engager la conversation avec les hommes qui nous plaisent – au risque, sinon, de les idéaliser après coup, quand cinq minutes de conversation auraient suffi à rendre évident un manque d'atomes crochus. Cependant, même si ce garçon ne respirait pas la joie de vivre, il me plaisait bien. Au moins, il était sincère.

Et semblait aussi se sentir un peu seul. Pendant qu'il s'occupait d'un autre client, j'ai répété les phrases dans ma tête – « Si ça vous dit de découvrir des endroits sympas de Londres, dites-moi… » ou « Si vous avez un jour de repos, je serais ravie de jouer les guides » –, bien résolue à les prononcer sitôt qu'il reviendrait vers moi et…

J'ai senti une tape sur l'épaule. C'était Rachel. Mon appel à l'aide m'était sorti de l'esprit.

Elle a regardé le barman, qui revenait vers nous.

« Tu préfères que je reparte ?

— Non, non ! » ai-je protesté, terrifiée à l'idée qu'il ait pu l'entendre. Après ça, je me suis dégonflée. Le pub s'est rempli, et Antonio courait d'un client à l'autre. Rachel et moi avons terminé nos verres et levé le camp. Je ne lui avais pas dit que j'aimais bien son sourire ; je ne lui avais pas posé de questions sur son iPhone. Je me sentais gênée, et rejetée – comme chaque fois que j'étais en présence d'un homme qui me plaisait. Et ce, quoi qu'ils aient fait, ou dit.

Ce soir-là, j'étais trop perturbée pour trouver le sommeil. Les histoires de mec, ça ouvrait toujours grand la porte à toutes sortes de sentiments : espoir, insécurité, peur… M'avait-il pris pour une pauvre fille parce que j'étais seule dans un pub ? Cela crevait-il les yeux qu'il me plaisait ? Que pensait-il de moi ? J'ai ressorti mes vieux disques – j'ai pensé à mes kilos en trop et dressé la liste de tout ce que j'avais mangé dans la journée… J'ai pensé à mes dents de traviole et mes cheveux frisottés… Pourquoi ne puis-je pas avoir une chevelure raide et brillante à la place de ce tampon à récurer orange pétard ?

Arrête, Marianne. Concentre-toi sur tes pieds. Sens-les. Sois dans l'instant présent.

J'ai fermé les yeux et je me suis focalisée sur mon corps, un segment après l'autre, en remontant des orteils… aux hanches… puis…

« C'est lequel ? a beuglé Paul lorsque nous sommes entrés dans le pub. La crevette ou celui avec la chemise ? »

J'avais commis l'erreur de parler du barman à Paul et je m'en mordais les doigts. Il m'avait obligée à retourner au pub, en me promettant de rester à l'écart. Maintenant, il faisait l'imbécile et j'avais envie de disparaître sous terre.

« Ferme-la ou je me casse, ai-je craché avant de lui assener un coup de poing dans le bras, puis de gagner la table libre la plus éloignée du bar.

— Je te jure qu'il n'a rien entendu, m'a assuré Paul lorsqu'il est revenu avec nos consommations. Donc, c'est celui avec la chemise ?

— Oui. »

Je me suis calmée et j'ai risqué un regard en direction du comptoir pile au moment où M. Pétillant relevait la tête.

Nos yeux se sont croisés. Mon estomac s'est soulevé.

Matthew Hussey dit que le contact visuel est un élément essentiel du flirt. À l'en croire, toutes les filles s'imaginent douées pour les œillades, mais ce n'est pas le cas : pour qu'un mec capte le message, il faut en faire des TONNES. Son conseil ? Regarder le type qui nous plaît et soutenir son regard quelques secondes de plus qu'il n'est confortable. Puis détourner les yeux. Et le regarder de nouveau, avec cette fois un sourire espiègle qui ne laisse aucun doute quant à l'intérêt qu'il nous inspire.

Je trouvais sa méthode terrifiante. Pour ne rien dire du sourire espiègle – c'est quoi, d'ailleurs, un sourire espiègle ? Qu'est-ce qui le différencie d'un sourire normal ? Le Grec m'avait dit que si une fille lui souriait trois fois, il irait la brancher. Donc le sourire était bel et bien important. Et je pouvais sourire à tout le monde – pas uniquement aux hommes qui me plaisaient. J'ai regardé de nouveau le barman et je lui ai souri. Il m'a souri en retour. Une décharge électrique m'a traversée.

Je faisais semblant d'écouter la conversation entre Rachel et Paul, pendant que mon cœur battait à tout rompre et que je vidais mon verre.

« OK. Je me lance. »

Rachel a souri et applaudi.

« Chut ! N'en fais pas toute une histoire », ai-je protesté en me levant. Mes jambes flageolaient autant que pendant le stand-up. Je me suis dirigée vers le comptoir. Nouvel échange de sourires.

« Ça va ? ai-je demandé.

— Bien. Et toi ?

— Je voudrais une bouteille de merlot et une pinte d'IPA, s'il te plaît.

— Combien de verres, pour le vin ?

— Aucun, merci.

— Vous allez boire à la bouteille ?

— Oui, mais si tu as une paille, je suis preneuse. »

Vous avez vu ? J'étais presque drôle.

Il a posé ma commande sur le comptoir, et c'est là que Matthew aurait vu d'un bon œil que je lui dise que j'aimais bien son sourire ou ses yeux… ou que je m'enquière de sa position dans le débat café au lait *vs* cappuccino, mais la phrase qui a fusé de ma bouche a été : « Mes amis me taquinent parce que je craque sur toi. »

La conversation a calé net. On s'est regardés. Mes mots sont restés comme en suspens. Autour de moi, les conversations continuaient et tous ces gens qui se retrouvaient autour d'un verre après leur semaine de travail étaient loin de se douter de la partie de poker émotionnel à gros enjeu qui se jouait à quelques mètres d'eux.

Nous étions toujours en train de nous dévisager.

« Ah », a-t-il enfin lâché, le regard vide.

Puis il a poussé le terminal de carte bleue vers moi. « Ça fera vingt-cinq livres s'il te plaît. »

Ah.

J'ai pianoté mon code d'un doigt tremblant, puis j'ai soulevé les consommations et regagné notre table. Mes mains tremblaient tellement que j'avais peur de lâcher la bouteille. Je me sentais humiliée, en colère… Mais, très vite, un autre sentiment, inattendu, nullement familier… Qu'était-ce donc ? Oui, c'est ça : j'étais euphorique. J'avais fait une chose à laquelle je ne m'étais jamais risquée jusque-là ! J'avais loupé mon coup, et alors ? Pourquoi en faire tout un plat ? Je ne connaissais pas ce mec, il ne me connaissait pas. Tout ce qui comptait, c'est que j'avais affronté mes peurs, une fois de plus, et que j'avais essayé. Matthew Hussey est d'accord avec moi : « Parfois, le type qui vous intéresse vous battra froid, ou sera déjà pris… mais peu importe. L'important, c'est que vous aurez essayé. Et la réussite, elle est là. »

« Il n'a peut-être pas compris ce que veut dire

“craquer”, a hasardé Rachel lorsque je leur ai raconté ce qui venait de se passer.

— Peut-être.

— Ou alors il a déjà une copine, a-t-elle ajouté.

— Tu l’as fait, et c’est le principal, a tranché Paul en levant son verre. Maintenant, on va en face trouver le candidat suivant. »

Au Hideway, le DJ passait « Sexual Healing » de Marvin Gaye. On a commandé à boire. Une tournée. Une deuxième. Une troisième.

À ce stade, je souriais à tout le monde, y compris au vieux type édenté qui passe ses journées devant la boutique du bookmaker, et à un petit jeune dépoitraillé.

Puis j’ai souri à un homme avec une tignasse bouclée qui se tenait près du bar. Il m’a souri. Chacun a soutenu le regard de l’autre pendant quelques secondes. J’ai tourné la tête, puis je l’ai regardé de nouveau. Il ne m’avait pas quittée des yeux.

D’après Hussey, si un homme ne l’aborde pas, une femme en conclura qu’elle ne lui plaît pas, mais c’est faux. Le plus souvent, les hommes ne tenteront rien par peur de se ridiculiser devant leurs copains – et ce même s’ils trouvent que vous êtes la femme la plus sexy de la place. Donc c’est à nous de leur faciliter la tâche en positionnant notre groupe près du sien.

Hussey ne recommande pas de boire une bouteille de vin avant d’entamer les manœuvres d’approche mais, en ce qui me concerne, j’ai trouvé que ça aidait bien.

« Oups, pardon ! ai-je dit en bousculant M. Boucles

folles (je m'étais avancée au comptoir pour commander une nouvelle tournée).

— Vous êtes toute pardonnée. »

Il avait un grand nez et des yeux d'un bleu incroyable. Je lui ai décoché un sourire espiègle – ou peut-être éméché.

« Je vous ai vue, tout à l'heure, a-t-il dit.

— Moi aussi.

— Vous savez soutenir un regard. »

Il embaumait un after-shave que je connaissais mais dont le nom m'échappait.

« Je peux vous offrir un verre ?

— Merci. La même chose que vous.

— C'est un Malibu ananas.

— Sérieux ? »

On a papoté. Il bossait dans l'informatique. Il jouait du ukulélé. Il était en plein divorce. Elle était en train de le plumer. En prime, elle avait embarqué le chat. À cause de la musique, je n'entendais que la moitié de ce qu'il me racontait. Il a commandé deux autres verres. Je commençais à voir double. On a dansé sur Britney Spears. Je mourais de chaud dans mon pull. Je ne savais pas où étaient passées les autres, mais nous n'étions plus que tous les deux. En train de danser sur « Only Girl (in the World) » de Rihanna… J'ai lancé les bras en l'air et fermé les yeux. Voilà la vie, la vraie ! Danser ! Boire ! S'amuser ! De quoi diable pouvait-on avoir peur ? Les mecs m'aimaient bien. Évidemment qu'ils m'aimaient bien.

Il m'a raccompagnée à la maison dans l'obscurité.

« Franchement, je ne m'attendais pas à divorcer un jour, disait-il. Je déteste vivre seul. »

Puis il a reparlé du chat.

Tout ce dont je me souviens après ça, c'est qu'on était devant chez Rachel, en train de s'embrasser sur le perron. C'était un affreux carambolage de dents. Un baiser désordonné, à tâtons, vraiment bizarre. Sa bouche avait un goût d'ananas et de tabac.

« C'est agréable », a-t-il dit, et j'ai opiné.

Il m'a regardé monter les marches puis batailler avec mes clés. « Je t'appelle », a-t-il dit. Même dans ma brume alcoolisée, je savais que nous n'avions pas échangé nos numéros de téléphone.

Le lendemain matin, je me suis réveillée tout habillée et dans un état proche de l'Ohio.

« Bon, au moins, tu as eu un baiser, a dit Rachel pendant qu'on regardait *Jusqu'au bout du rêve,* avec Kevin Costner, en grignotant un Snickers géant.

« C'est vrai.

— Et le barman ?

— Peut-on, s'il te plaît, clore définitivement ce chapitre ? »

Lui : *Salut Marianne !*

Moi : *Salut Jon !*

Lui : *J'adore tes cheveux !*

Moi : *Merci !*

Lui : *Si on veut que le sale boulot soit fait, il faut prendre une rousse...*

Moi : *???*

Lui : *Bruce Springsteen.*

Moi : *Et par « sale boulot », j'imagine qu'il entend « décaper le four » ?*

Lui : *Ça ne me déplairait pas de te voir penchée devant mon four. Ou bien est-ce trop grossier ?*

Oui, effectivement, ça l'était. Je n'ai pas répondu.

Une heure plus tard, nouveau message : *Tu pourrais porter des gants en caoutchouc.*

Là non plus je n'ai pas répondu.

Encore une heure plus tard, une ultime supplique : *Est-ce qu'on peut oublier les gants ?*

Le fan de Bruce Springsteen était talonné de près par un autre soupirant qui n'avait mis qu'une seule photo sur son profil – il portait des lunettes de soleil. J'aurais dû deviner que ce détail n'était pas bon signe.

Lui : *Hello ! Ça va ?*

Moi : *Bien. Et toi ?*

Lui : *Ça gaze. Jolies, tes photos. Tu as déjà trouvé l'amour ?*

Moi. *Merci. Non, toujours pas. Et toi ?*

Lui : *Je ne cherche pas l'amour. Je cherche une maîtresse.*

Moi : *Donc tu es marié ?*

Lui : *Oui. Ça te fait flipper ?*

Moi : *Non, ça ne me fait pas flipper, mais ce n'est pas le chemin sur lequel je souhaite m'engager.*

Lui : *Puis-je faire quoi que ce soit pour te faire changer d'avis ?*

Moi : *Non, j'en ai bien peur.*

Dix minutes plus tard : *Tu peux me brancher avec une de tes copines ?*

Matthew Hussey n'est pas fan des sites de rencontre. Pour lui, c'est un bon moyen d'élargir le filet, mais on ne devrait pas s'en remettre exclusivement à eux : papoter en ligne sans bouger de son canapé, c'est une solution de facilité qui évite les interactions avec les hommes de chair et de sang tels qu'ils sont dans la vraie vie. C'est la raison qui m'avait poussée à télécharger Tinder.

Qui a besoin de se prendre des vestes par des barmen et d'entrechoquer ses dents avec celles de divorcés au cœur brisé quand on peut flirter sans sortir de chez soi ?

Je n'avais jamais été sur Tinder et cette application était une révélation – voilà où étaient tous les célibataires londoniens ! Affairés à poster des photos d'eux avec ou sans chemise. Tout sourires, ou affichant des moues de grand ténébreux magnifiées par le noir et blanc. Au pub, à côté d'une voiture de sport, au sommet d'une montagne, en train de cajoler leur chien. Seuls, ou entourés de filles glamour – ça, c'est la photo qui dit, Regardez, elles sont toutes folles de moi. Je suis une affaire !

J'étais d'humeur généreuse : j'accordais le bénéfice du doute à tous ceux qui avaient un beau sourire et n'avaient pas tombé la chemise. Du coup, j'avais pas mal de matchs, et je recevais un nouveau message toutes les heures : *Salut Marianne ! Comment se passe ta journée ?*

Je trouvais bizarre de partager cette information avec un parfait inconnu – tenait-il vraiment à savoir qu'après plusieurs jours de procrastination j'allais enfin me laver les cheveux ? Ou que je m'apprêtais à sortir acheter du lait ? Franchement, j'en doutais. J'ai donc opté pour un vague et terne : *Super bien, merci ! Et toi, ça va ?*

À la fin de ma deuxième journée sur Tinder, j'avais quatre rencards notés sur mon agenda.

Mes angoisses n'attendaient que ce signal pour se déchaîner et balayer tout le zen du *Pouvoir du moment présent*.

Mon travail à temps plein consistait maintenant à détester mes dents, mes fesses et mes cheveux. La voix dans ma tête s'est emballée : et si je ne leur plaisais pas ? Et s'ils me reprochaient de ne pas ressembler à mes photos – reproche qui serait fondé vu que je n'avais mis en ligne que mes portraits les plus flatteurs. Je sais que ça fait partie du jeu mais, franchement, j'aurais pu me faire pincer pour publicité mensongère.

J'ai appelé ma mère, ce qui était une erreur. « Ne bois pas trop. Tu sais que l'alcool te rend toute rose et bouffie » – tel a été son conseil.

Mais j'ai trop bu. Quand j'étais nerveuse, je buvais.

D'abord, le fonctionnaire. Il habitait dans le Surrey mais était disposé à venir à Londres pour me rencontrer. On s'est retrouvés le 10 février, un mardi soir, au bar du British Film Institute. J'avais passé trois heures à me préparer, à essayer des jeans et des hauts. Des robes et des bottes. Des jupes et des pulls. Et lorsque j'avais quitté la maison (en jean, top en soie et bottes), j'avais entretemps calmé mes nerfs avec deux grands verres de vin. À 18 heures un mardi, j'avais déjà une demi-bouteille de vin au compteur. Après tout ce stress et cette anticipation, j'ai su à la seconde où je l'ai vu que je ne voudrais jamais approcher mes lèvres des siennes. La conversation a roulé sans encombre, mais zéro atome crochu.

C'est une autre des raisons qui font dire à Hussey que les rencontres en ligne ne marchent pas : dans la vie réelle, on est séduit chez l'autre par de minuscules détails – sa façon de marcher, de parler, de bouger les mains. En ligne, on est privé de ces signaux – et c'est comme ça qu'on passe une semaine à déprimer à cause d'un homme dont on aurait su en dix secondes, si on l'avait vu en chair et en os, qu'il n'est pas pour nous.

Dans le métro, en rentrant à la maison, je sentais cependant subsister une certaine excitation. Mon premier rencard Tinder ! Fait ! Et cela avait été moins dur et moins effrayant que prévu.

Le mercredi soir, j'avais rendez-vous pour un café avec un photo-reporter fraîchement rentré d'Irak. Il avait été sur la plupart des théâtres de désastre dans le monde, avait-il dit dans ses messages. Il semblait intéressant. Un avis qu'il partageait. En deux heures, je n'ai pas pu en placer une.

Le jeudi soir, je devais retrouver un type qui se décrivait comme un « gars de Liverpool, 1,82 m, et un penchant pour l'absurde ». Sur ses photos de profil, il s'était affublé d'une perruque et d'une fausse moustache, et sur d'autres clichés, on le voyait dans un festival, vêtu de ce qui ressemblait à un costume de danseur de flamenco…

Rien de tout ça n'était ma tasse de thé. J'étais trop

coincée pour les déguisements. Quant à l'absurde, je trouvais ça bête et puéril.

Mais il y avait une autre photo, normale, où il souriait, et, voyant qu'il vivait à Londres, je l'avais contacté. Nous avions échangé quelques messages qui m'avaient fait rire. Il m'avait vanté ses hamburgers, et avait dit ne pas aimer les gens paresseux. Quand je lui avais répondu que j'étais une calamité aux fourneaux et que j'avais un gros poil dans la main, il avait admiré mon honnêteté. Je lui avais avoué que j'aimais bien les hamburgers.

Lui n'aimait pas les échanges écrits qui s'éternisaient : voulais-je qu'on se rencontre ?

On s'est donné rendez-vous à Camden, au Crown and Goose, à 18 heures.

Après vingt minutes d'une conversation pour le moins assommante, il a porté l'estocade.

« Alors, on va chez toi ?

— Pardon ?

— On va chez toi, après ?

— Non !

— Pourquoi ?

— Parce que je ne veux pas.

— OK. »

Il ne paraissait pas agacé. Je dirais même qu'il semblait soulagé d'avoir évacué cette question.

Sans surprise, Hussey n'est pas très chaud pour qu'on se précipite au lit au bout de dix minutes. Si tous les hommes sont intéressés par le sexe, dit-il, ils n'aiment pas avoir l'impression que vous coucheriez avec le premier venu. Ils veulent se sentir uniques.

« Ça marche systématiquement ? ai-je demandé.

— Quoi donc ?

— De poser cette question de but en blanc.

— Ouais.

— Comment ça se passe ?

— Je rencontre une fille, je lui dis “On va chez toi”, et elle me répond “D’accord”, et puis on baise.

— Et ensuite ?

— Comment ça, ensuite ?

— Vous faites quoi après avoir baisé ?

— On remet ça.

— Et après ?

— Après, on cherche un autre partenaire, et c’est reparti pour un tour. »

J’avais la sensation d’être mère Teresa en rendez-vous galant avec Hugh Hefner.

« Tu attends quoi, au juste ? a-t-il demandé. Un coup de foudre ?

— Peut-être.

— Tu ne voudrais pas te contenter d’une petite ondée ? »

J’ai trouvé ça drôle. Quand il sortait de son rôle de gros dégueulasse, il était marrant. J’ai ri et il s’est penché pour m’embrasser. Je l’ai laissé faire.

C’était un baiser baveux et poilu mais néanmoins agréable. « Tu es sûre qu’on peut pas aller chez toi ? a-t-il insisté.

— Je n’ai jamais été plus sûre de quoi que ce soit de ma vie. »

Je suis rentrée à la maison découragée. La conception que ce type avait des rencards était plombante. Rencontrer quelqu’un, foncer au lit, rencontrer quelqu’un d’autre… une douche, et hop ! on recommence. D'accord, c'était un jeu basé sur un calcul de probabilités – mais je n'avais pas l'énergie, ni mentale ni physique, pour y jouer. Nous n'étions que jeudi, et j'étais déjà épuisée.

Trois rencards en une semaine et je n'avais rencontré personne qui me plaisait. Il me restait à voir ce que donnerait ma quatrième touche – un mec qui travaillait dans une association caritative. Nous étions convenus de boire un verre au Charlotte Street Hotel samedi soir – qui se trouvait être également le soir de la Saint-Valentin. Le samedi matin, par texto, il m'a annoncé qu'il se sentait patraque. Je lui ai répondu de se requinquer, que ce n'était que partie remise. Plus tard, il m'a supprimée de sa liste de matchs. Je me suis sentie blessée, je n'ai pas compris, mais j'étais également soulagée.

J'ai passé la Saint-Valentin sur le canapé en compagnie de Rachel, devant un film avec Ashton Kutcher. Sa lune de miel avec Britney Murphy tournait au désastre. Je me suis endormie avant le moment où ils découvrent qu'ils s'aiment pour de bon.

Troisième semaine, et le dernier de mes rencards Tinder devait être un Écossais qui travaillait pour le NHS[1] – Alistair.

Dans sa description, il indiquait qu'il aimait bien faire des hypothèses à l'emporte-pièce à partir des photos de profil. Il avait deviné que j'étais irlandaise,

1. National Health Service : service de santé publique du Royaume-Uni.

que j'aimais le swing et les vêtements vintage. J'avais deviné qu'il était écossais.

Nous échangions des messages depuis quelques jours, et il me faisait rire. C'était facile.

Quand il m'a demandé si je voulais qu'on se rencontre, j'ai répondu oui. On a pris date pour le jeudi 19 et il m'a dit qu'il me recontacterait plus tard dans la semaine pour convenir du lieu.

Le mercredi soir, j'étais toujours sans nouvelles de lui. C'était agaçant. L'orgueil m'empêchait de le relancer, mais je voulais savoir si notre rendez-vous tenait toujours, afin de pouvoir faire d'autres projets si ce n'était pas le cas.

Donc, je lui ai envoyé un message : *Bonjour Alistair, ça va ? Ça tient toujours, pour demain soir ?*

La réponse est arrivée cinq minutes plus tard : *Semaine infernale au boulot, commencé tôt, fini tard, c'est loupé pour l'apéro.*

Pas de « Bonjour comment vas-tu ? » Aucune excuse pour ne s'être pas manifesté. Pas même un « Oui, ça tient toujours ».

Puis un second message est arrivé : *Je pourrai probablement être dispo vers 20 h/20 h 30.*

Oh, monsieur est trop bon.

Ma première réaction a été d'effacer le message et de fulminer dans mon coin, mais ensuite j'ai respiré un bon coup et décidé de la jouer grand seigneur : *Laissons tomber, tu es manifestement débordé.*

Il a répondu : *Ouais, semaine de dingue.*

Il a dressé ensuite une longue liste de ce qui se passait à son travail, en précisant qu'il était épuisé, et stressé… et cela m'a remise en colère. Je me fichais pas mal de ses intrigues de bureau. Je ne connaissais même pas ce type.

D'accord, on était sur Tinder mais tout de même ! À ce stade des échanges, n'était-on pas censé faire un petit effort ? Charmer son partenaire potentiel ? Le courtiser ?

Malgré tout j'aimerais bien te rencontrer, à moins que tu n'aies changé d'avis, a-t-il ajouté une fois venu à bout de sa liste de doléances.

Eh bien oui, précisément, j'avais changé d'avis.

Je comprends très bien que le boulot prenne le pas sur tout, ai-je répondu, *mais je suis un peu à cheval sur les bonnes manières. J'aurais apprécié que tu te manifestes plus tôt, même si c'était pour reporter notre rendez-vous. Pour être franche, je jongle probablement avec trop de rencards en ce moment, restons-en là. Bonne chance pour tout et merci pour les textos marrants. Ils m'ont bien fait rire.*

J'étais très satisfaite de ma remarque sur le trop-plein de rencards. Pour tout dire, j'étais très satisfaite du message dans son ensemble. Jamais je ne m'étais défendue ainsi – face aux hommes, aux amis, face à qui que ce soit. C'était vraiment valorisant de dire, poliment, Tout bien réfléchi, je ne peux pas me contenter de ça.

Pour moi, c'était une révolution.

Hussey dit qu'en faisant front de la sorte, je m'étais hissée dans la catégorie des Femmes de Valeur Supérieure. Cela ne signifie pas difficile à vivre ou à séduire – cela signifie qu'on a confiance en soi, qu'on a de l'assurance, qu'on sait ce qu'on veut et qu'on n'a pas peur de le dire.

« Une femme sûre d'elle, écrit-il, possède une solide estime de soi. Si une relation sentimentale échoue à lui apporter ce qu'elle veut ou ce dont elle a besoin, elle ne craindra pas d'énoncer clairement ses attentes, ou de tourner les talons. Cela est également vrai dans les tout premiers moments d'une rencontre : si l'homme l'ennuie à mourir par sa conversation, ou s'il se révèle n'être qu'un fanfaron, une femme sûre d'elle s'extirpera poliment de ce mauvais pas plutôt que de perdre son temps. »

J'ai repensé aux innombrables conversations ennuyeuses que, par politesse, j'avais endurées en feignant de l'intérêt. Hussey dit que, quand nous posons clairement nos critères, les hommes s'adaptent et passent la vitesse supérieure.

Il avait raison.

Suite à mon message, le ton d'Alistair a changé du tout au tout. Il m'a bombardée de messages pour s'excuser de ne pas m'avoir recontactée plus tôt, me demander avec insistance de ne pas le passer à la trappe, m'assurer qu'il adorerait m'inviter à dîner un soir prochain… Mais c'était un peu tard. Je l'avais déjà viré de ma liste de matchs.

Je ne doutais pas qu'Alistair soit un mec chouette – simplement, par paresse, il s'était reposé sur ses lauriers. Je ne valais pas mieux, cela dit. Au cours de mes quinze jours sur Tinder, j'avais mis un terme à des conversations sans dire au revoir, uniquement parce que j'avais perdu tout intérêt pour mon interlocuteur. J'envoyais des messages en regardant la télé, en mangeant ou en bavardant avec Rachel. Ces échanges ne relevaient pas d'une vraie communication. Et ils donnaient peu à peu l'impression de n'être qu'un jeu ; il était facile d'oublier qu'on avait affaire à des personnes véritables.

En entamant la dernière semaine de février, j'étais à plat, mentalement et physiquement. En trois semaines, j'avais eu plus d'interactions avec les hommes que dans toute ma vie d'adulte, et cette accélération m'avait fait perdre pied. Les rencontres amoureuses me poussaient à couper les cheveux en quatre – étais-je trop difficile ? Pas assez ?

Cependant, c'était agréable de démystifier le jeu des rencontres amoureuses. De voir que les hommes n'étaient pas différents de moi – ils faisaient de leur mieux pour trouver quelqu'un. J'avais été agréablement surprise de découvrir qu'il était assez facile de rencontrer des hommes – mais rencontrer le bon, ça, c'était une autre histoire. Cela m'arriverait-il un jour ? Et, surtout, en avais-je envie ? Il me restait une semaine pour le découvrir. Mais sans l'aide de Tinder : il était temps pour moi de recommencer à accoster des inconnus dans la rue. Ou dans une salle de conseil d'administration.

16

Trouver un mari ?

« Je n'ai jamais pensé que tu te marierais
et aurais des enfants. »
Ma mère

La stupéfaction était générale. Des rires ont fusé. Un homme s'est à moitié étranglé avec une gorgée de café. Un autre, embarrassé, a détourné la tête. Une femme d'un certain âge, avec des cheveux gris coupés au carré, a lâché un glapissement aigu.

« Je dois dire que c'est une première ! » s'est exclamé un chauve en costume et au crâne luisant qui se tortillait dans son fauteuil. Il a balayé des yeux la vingtaine d'hommes et de femmes d'affaires réunis autour de la table de conférence, tous muets d'étonnement devant leurs classeurs, leurs blocs-notes et leurs stylos-billes.

« Je vous inviterais volontiers à dîner, mais ma femme ne serait sans doute pas d'accord », a lancé une voix du fond de la salle.

J'ai cherché des yeux l'auteur de cette intervention, et je lui ai souri.

« La mienne non plus, a renchéri un autre homme. Mais si j'étais célibataire…

— Si j'avais vingt ans de moins, je vous emmènerais faire la tournée des grands ducs ! s'est esclaffé un homme qui ressemblait à un Père Noël en costume trois pièces.

— Bon, qui ne risque rien n'a rien ! » ai-je lancé, les joues en feu, avant de me rasseoir.

Une autre première : je m'étais levée dans une pièce remplie d'inconnus et j'avais demandé si quelqu'un serait intéressé par un rencard. Je n'aurais su dire si, avec ce nouvel épisode, j'atteignais un sommet, ou tombais dans un ravin sur ma route du développement personnel… Qui espérais-je berner ? C'était le second cas de figure. Évidemment.

Quand Paul avait suggéré que je l'accompagne à un petit déjeuner de réseautage au motif que la gent masculine y serait représentée en force, j'avais accepté parce que Matthew Hussey dit qu'on ne doit négliger aucune invitation.

Ce n'est qu'une fois dans le métro, à 6 heures et demie du matin, que Paul m'a annoncé que tous les nouveaux participants étaient tenus de se présenter en quelques mots. « Tu peux dire que tu es journaliste free-lance et dispo pour du rédactionnel, avait-il dit. Ou alors, tu pourrais annoncer que tu cherches un rencard. »

J'ai choisi cette dernière option. Après avoir écouté un type nous vanter ses services d'imprimerie, et un autre nous vendre ses talents pour le marketing en ligne, je me suis levée et, au milieu de trente types en costard, arborant moi aussi un badge autocollant avec mon nom griffonné au feutre bleu, j'ai demandé si quelqu'un serait intéressé par un rencard. À 7 heures et demie du matin.

Alors qu'un an plus tôt j'aurais préféré mourir, maintenant, eh bien, c'était juste un jeudi matin comme un autre. Je me sentais gênée, mais moins que prévu. Et sitôt rassise, les commentaires sont allés bon train. « Bravo ! a lancé une voix de femme du fond de la salle. Je suis également libre à dîner ! Que tous ceux qui sont intéressés veuillent bien faire la queue – et sans se bousculer, s'il vous plaît ! »

Tout le monde a ri. Instantanément, ces hommes et ces femmes d'affaires guindés sont devenus à mes yeux charmants, et humains.

Tandis que la réunion reprenait son cours normal, un homme en blazer bleu marine et qui arborait une grosse chevalière m'a glissé un petit mot : « Je vous invite… »

« Super ! » ai-je répondu par le même canal.

« Un café en sortant d'ici ? »

« Ça marche ! »

À peine avions-nous bu la moitié de nos cafés au lait qu'il a mis la question sur le tapis.

« Vous voulez vous marier ? »

Était-ce une proposition ? Ou simplement de la curiosité ? Impossible à savoir. Mais dans l'un ou l'autre cas, posée de but en blanc dans un Starbucks à 9 heures et demie par un homme dont je ne connaissais même pas le nom de famille, elle restait une question sacrément culottée.

« Euh… en fait, je n'en sais trop rien, ai-je répondu. Je ne sais pas si je veux me marier et avoir des enfants. Je ne crois pas que ce soit le chemin que je vais choisir. »

Il a semblé surpris. Ma prise de parole à la réunion lui avait probablement donné l'impression que j'étais pressée de me caser. Une conclusion tout à fait légitime, au demeurant.

« Peut-être n'avez-vous pas trouvé la bonne personne ?

— Oui, peut-être », ai-je concédé.

Jusque-là, la conversation était très plaisante, nous avions évoqué ses voyages, ses affaires, et la disparition de ses parents.

« Moi, je suis prêt à me caser et à fonder une famille. J'ai créé ma boîte, je me suis bien débrouillé. Les aventures sans lendemain, ça ne m'intéresse pas – plus. Je veux passer à autre chose. Je veux une vraie relation. »

J'ai admiré son honnêteté et envié sa certitude.

« La semaine prochaine, je suis en déplacement. Mais à mon retour, on devrait dîner ensemble. Je vous recontacte.

— Euh… d'accord. Peut-être… »

Et il est parti.

Dans le métro, en rentrant à la maison après cette nouvelle expérience bizarre, je ne me sentais pas plus avancée que lorsque je m'étais lancée dans ce projet : qu'est-ce que je voulais ? Me marier et me caser ? Avoir des enfants ? Que je sois encore célibataire et sans enfant n'était-il pas le signe que ma voie se trouvait ailleurs ? Ou bien mon indépendance était-elle simplement un symptôme de ma peur ? A-t-on besoin de vivre avec quelqu'un pour jouir d'une belle vie, épanouie et bien remplie, ou peut-on accéder au même résultat en solo ? Ces questions se poseraient-elles encore si je rencontrais le bon candidat – ou étais-je tellement refermée sur moi-même que je ne reconnaîtrais pas cet homme s'il me souriait dans un café ?

Nous vivons dans un monde où le bonheur est assimilé au mariage et aux enfants – et où, le plus souvent, le célibataire est accueilli avec un sourire compatissant et un commentaire du genre « Tu finiras bien pas rencontrer quelqu'un » ou « Ne t'inquiète pas, tu as encore le temps » et cela m'énervait vraiment. Le sous-entendu étant que, si vous ne rencontriez personne, votre vie serait un échec.

En sortant du métro à Archway, j'ai appelé ma mère.

« Où es-tu ? ai-je demandé.

— À la maison, en train de repasser.

— OK.

— Et toi, tu fais quoi ?

— Je reviens d'un nouveau rendez-vous.

— Ah ! Ça s'est passé comment ?

— Il ne me plaisait pas.

— Toi, tu lui plaisais ?

— Il m'a semblé que oui.

— Ah bon ?

— Maman, tu pourrais te dispenser d'avoir l'air de tomber de l'armoire.

— Je ne t'avais jamais vue comme une femme fatale ! »

Elle semblait trouver cette idée très drôle.

« Tu ne trouves pas étrange que toutes mes amies se marient et que je sois toujours célibataire ? »

Jamais encore je ne lui avais posé cette question. Elle a pris son temps pour répondre et, pendant cette plage de silence, j'entendais la radio à l'arrière-plan.

« Bon, tu as toujours été très indépendante…

— On peut être indépendante et néanmoins en couple.

— Je n'ai jamais pensé que tu te marierais et que tu aurais des enfants. »

C'était une sacrée nouvelle à encaisser devant le kebab de Junction Road.

« Tu ne te souviens pas que je te l'avais dit, quand tu étais encore adolescente ?

— Non.

— Tes sœurs et toi me demandiez comment j'imaginais votre vie quand vous seriez grandes, et j'avais répondu que, selon moi, tu ne te caserais pas. Tu t'étais mise très en colère, et ton père m'en a beaucoup voulu.

— Je n'en ai aucun souvenir. Qu'est-ce qui te faisait dire ça ?

— Je te voyais mal supporter une vie domestique. J'ai toujours pensé que tu te sentirais prise au piège. »

Mon premier sentiment a été le soulagement : entendre ma mère me dire que rien ne m'obligeait à suivre la voie de la conjugalité me libérait d'un poids. La seule idée du mariage à la vie à la mort, des gamins, d'un foyer, me donnait bel et bien la sensation d'être piégée – au point que ça me donnait envie de m'arracher la peau…

Et puis, toute la scène m'est revenue et j'ai eu l'impression de recevoir un coup de pied dans l'estomac. Brusquement, je me suis revue dans la cuisine de mon enfance, en train de boire du thé, et je me suis souvenue de la souffrance aiguë que j'avais ressentie en songeant que même ma mère était convaincue qu'aucun homme ne voudrait m'épouser.

« De toute évidence, elle me connaît vraiment bien, ai-je dit à ma psy le lendemain. Peut-être a-t-elle raison. Peut-être suis-je destinée à une vie en solo.

— Il est difficile de savoir si c'est parce qu'elle a dit ça que vous vivez seule aujourd'hui.

— Certes, mais quel soulagement, quand j'ai entendu ça ! Toute ma vie, j'ai eu l'impression d'être une pauvre fille parce que je ne me mariais pas, ou que je n'avais pas de petit ami, mais peut-être que ce modèle ne me convient pas ? J'aime ma liberté, et j'aime vraiment être seule. Lorsque je réfléchis à ce que je veux dans l'avenir, je pense voyages et rigolade. Je veux connaître une vie sexuelle épanouie et des histoires d'amour, mais l'idée de me caser me donne la sensation d'être prise au piège. Et ma mère a raison, je déteste cuisiner, je déteste la vie domestique.

— C'est une vision très démodée du couple, a objecté la psy. Chaque couple invente son propre modus vivendi.

— Pensez-vous que je puisse être heureuse, si je ne me marie pas ?

— Bien sûr. Vous aurez une belle vie, quelque choix que vous fassiez.

— Mais pensez-vous que je serais plus heureuse si je rencontrais quelqu'un ?

— Oui, si ce quelqu'un est la bonne personne. Mais il faut l'aimer vraiment – aimer son odeur, sa peau. Pas chercher à se caser à tout prix.

— Comment la reconnaître, la bonne personne ? Peut-être que je suis trop difficile.

— Ça, je ne sais pas, mais essayez de garder l'esprit ouvert… »

Garder l'esprit ouvert, c'est bien beau, mais c'est fatigant. Chaque jour, espérer, tout en se défendant de le faire. Dévisager tous les hommes qu'on croise dans la rue et s'interroger : devrais-je lui demander son nom ? lui demander où il se situe dans le débat café au lait *vs* cappuccino ?

Et pile au moment où je m'apprêtais à abandonner, c'est arrivé. *Il* est arrivé.

Il patientait au feu pour traverser Old Street. Il était grand, brun, barbu. Il portait une veste en tweed, comme le type sur lequel j'avais flashé à Hampstead Heath. D'ailleurs, je n'aurais pas mis ma main à couper que ce n'était pas lui. Il était tout aussi séduisant. Avec des cheveux poivre et sel…

Bon sang, ne déguerpis pas, Marianne. Fais quelque chose.

Si j'en crois Hussey, même au XXIe siècle, une

femme ne peut pas prononcer une phrase plus attirante que « J'aurais vraiment besoin que vous m'aidiez à… » Ce sont des mots qui parlent aux instincts primitifs du mâle (subvenir aux besoins et protéger) et qui hérissent tous mes instincts féministes, mais je l'ai fait ; j'ai joué à la damoiselle en détresse.

« Excusez-moi… » ai-je dit en le regardant. Il avait ses écouteurs et ne m'avait pas entendue.

J'ai effleuré sa manche. Il a sursauté violemment, et quand il a retiré ses écouteurs, j'ai distingué un morceau de musique classique.

« Pardon… Je me demandais si vous pourriez m'aider ? Je cherche le Hoxton Hotel… Savez-vous dans quelle direction je dois aller ? »

Il a hésité une seconde. Il m'a dévisagée, et son regard noisette s'est adouci.

« Oui. Continuez tout droit, puis tournez à gauche au niveau des feux.

— Merci beaucoup. » Je lui ai souri, et il m'a rendu mon sourire.

« Je vais dans cette direction », a-t-il repris.

Nous avons marché côte à côte dans un silence inconfortable. Quand le crachin qui tombait depuis le matin s'est accentué, il a ouvert un parapluie. « Vous voulez le partager ? » a-t-il demandé.

Hussey dit qu'on doit toujours répondre par l'affirmative quand un homme nous propose sa veste ou son parapluie. Ça lui procure un sentiment d'utilité. Je me suis glissée sous son parapluie et nous avons continué de marcher dans un silence toujours aussi inconfortable. C'était beaucoup de promiscuité pour deux inconnus.

J'ai paniqué et commencé à parler à tort et à travers, à lui demander où il allait et ce qu'il faisait dans la vie.

Je n'ai pas tardé à apprendre qu'il partait rejoindre son frère et qu'il travaillait pour une association caritative. Une association caritative ! Je l'avais enfin trouvé, mon saint sexy !

« Donc, vous êtes quelqu'un de bien ?

— Ça, je n'en sais rien, mais je fais de mon mieux », a-t-il répondu en regardant le sol.

Un homme altruiste, séduisant mais humble ! Et qui m'abritait sous son parapluie ! Merci Matthew Hussey ! Merci le monde !

« Je continue tout droit, mais le Hoxton est juste là, un peu plus bas, a-t-il dit en me désignant un point sur la gauche.

— D'accord. Merci beaucoup.

— Je vous en prie.

— Ravie de vous avoir rencontré.

— De même. »

Mais ni lui ni moi ne bougions. Je me souvenais d'une scène identique aux tourniquets du métro en janvier, avec l'artiste à la barbe de hipster. Cette fois, je n'ai pas pris mes jambes à mon cou. Je suis restée immobile et j'ai continué à regarder M. Parapluie. Qui me regardait lui aussi. Puis j'ai éclaté de rire. Et il en a fait autant.

« Euh… C'est pas dans mes habitudes de lever des filles dans la rue mais… euh… vous voulez qu'on boive un verre, un de ces quatre ?

— Oui, ce serait super, ai-je répondu d'un ton qui suggérait que cette proposition n'avait rien d'exceptionnel, que je recevais tous les jours des invitations de la part d'hommes séduisants croisés dans la rue.

— Oh ! Oh, OK. Super.

— Tout à fait !

— Bon, je suppose que je devrais noter votre numéro. »

Je le lui ai dicté en essayant de contenir un sourire béat. *Du calme. Joue-la cool, Marianne.*

« C'est noté. Salut.

— Salut, ai-je répondu en me remettant en marche.

— Je m'appelle Harry, au fait ! a-t-il crié dans mon dos.

— À bientôt Harry Au Fait ! » ai-je crié en retour. Il a eu l'air surpris mais il a souri, et quand je me suis remise en route, je sautillais quasiment.

En fin de journée, j'ai reçu un texto : il voulait savoir si j'étais libre le lendemain soir.

Pendant vingt-quatre heures, mon cerveau a tourné en sur-régime. Je n'arrivais pas à me concentrer sur mon travail. Je ne pouvais rien avaler. J'avais peur de ne pas être assez jolie pour lui – ce qui, d'après Hussey, est une crainte idiote : si un homme souhaite nous revoir, c'est qu'il aime déjà notre apparence. Ensuite, j'ai pensé aux mille et une façons dont je pourrais tout gâcher si jamais il s'avérait le candidat parfait. Je me voyais déjà rencontrer ses amis, qui seraient tous intelligents et couronnés de succès dans leur vie professionnelle, puis je me suis demandé où nous habiterions… Lui vivait au sud de la Tamise, ce qui n'était pas l'idéal mais, s'il le fallait, j'étais prête à essayer Brixton… Je me représentais sa maison, qui était certainement remplie de livres et avait de grandes fenêtres. Je nous ai vus recevoir à dîner et lézarder le dimanche devant le petit déjeuner.

Je me projetais à fond.

Ce qui, pour Hussey, est un autre écueil à éviter : les femmes, explique-t-il, vont trop vite en besogne dans leur tête. À peine rencontrent-elles un homme que déjà elles le transforment en prince charmant. En faisant ça, on s'autorise à éprouver des sentiments pour quelqu'un avant même qu'il ait fait ses preuves, et notre empressement donne l'impression que nous sommes de « moindre valeur ». Nous ne devons pas oublier, insiste-t-il, que même si un homme nous plaît, il doit encore nous démontrer de quoi il est capable.

Nous sommes allés dîner dans un restaurant éthiopien. La suggestion venait de moi. J'en avais repéré un à Tufnell Park, que j'avais toujours eu envie d'essayer. Harry était déjà là quand je suis arrivée. C'était sympa de le revoir. Je me suis sentie timide et mal à l'aise en lui disant bonjour. Il s'est penché pour m'embrasser sur la joue, et j'étais déjà en train de reculer alors qu'il s'apprêtait à enchaîner avec une bise sur l'autre joue. « Je ne sais jamais s'il faut en faire une ou deux, a-t-il dit.

— Désolée. »

Nous avons gagné notre table et tout me mettait mal à l'aise – marcher devant lui, savoir qu'il me regardait marcher… Je me suis assise pile au moment où il contournait la table pour tirer ma chaise.

« Vous avez ruiné mon petit effet, a-t-il plaisanté. J'ai passé la journée à m'entraîner avec ma chaise. »

Je me suis relevée. « Allez-y…

— Non, c'est trop tard », a-t-il répondu avec un sourire.

Une fois la commande passée, la conversation s'est engagée. Nous avions choisi une grande crêpe accompagnée de diverses garnitures. J'étais gênée de manger devant lui. Plus nous discutions, plus il me plaisait. Il était intelligent, drôle. Il semblait être quelqu'un de bien. Il avait son propre appart, un bon boulot, une vraie vie d'adulte – peut-être trop adulte, comparée à la mienne. Il m'a questionnée sur mes anciennes relations amoureuses et je me suis sentie rougir en lui disant qu'il n'y en avait eu aucune sérieuse. Il a proposé de me raccompagner chez moi et quand il a glissé son bras autour de ma taille, là encore, je me suis sentie mal à l'aise. Mon corps s'était raidi.

« J'ai passé une très bonne soirée », a-t-il dit.

Je n'ai rien répondu.

« Et toi ? a-t-il insisté en souriant.

— Euh… oui. » J'étais pétrifiée, comme une imbécile. *Arrête de te comporter comme une conne, Marianne. Sois normale !*

Matthew Hussey dit qu'une importante part des rencontres consiste à favoriser une atmosphère de tension sexuelle, et être à l'aise avec ça.

Je ne le suis pas.

« Les femmes que cette tension met mal à l'aise, écrit-il, repousseront souvent les marques d'affection d'un homme et changeront de sujet lorsqu'il tentera de communiquer son désir à lui. Parfois, la femme fera retomber la tension en se fermant lorsque la conversation déviera vers un territoire plus intime. Si vous ne souhaitez pas aller plus loin dans la relation, cela n'est pas un problème. Mais si vous êtes intéressée, cette dérobade peut le refroidir. »

C'est exactement ce que je fais : je refroidis n'importe qui.

D'après Hussey, beaucoup de femmes qui ont réussi dans la vie peuvent converser avec qui que ce soit mais quand il s'agit de se montrer joueuse, féminine, aguichante, elles sont terrifiées. Eh bien voilà. C'est exactement moi.

Flirter me plonge dans un tel embarras que même mes dents en rougissent.

Harry m'a raccompagnée. Devant ma porte, il s'est avancé pour m'embrasser et j'ai paniqué. Je lui ai planté un baiser sur la joue et j'ai grimpé quatre à quatre les marches en lançant « Bonne nuit ! » du même ton que j'aurais dit au revoir à ma grand-mère. Et quand, en haut du perron, je me suis retournée, il avait déjà commencé à s'éloigner.

Mon cœur a chaviré.

Le lendemain, je lui ai envoyé un message pour le remercier de cette charmante soirée. Il n'a pas répondu de la journée. À 20 heures, j'ai reçu un texto disant qu'il était lui aussi ravi de m'avoir rencontrée. Sans cependant proposer qu'on se revoie. Il fallait que je rattrape le coup !

Tu veux qu'on se revoie ? lui ai-je demandé par SMS.

Deux heures plus tard, la réponse : *Je vais être*

souvent en déplacement dans les semaines à venir. Question timing, ça tombe mal.

J'avais tout gâché.

Pendant des années, j'avais cru que j'étais célibataire parce que je n'étais pas assez jolie, pas assez mince, pas assez blonde. Quelles conneries ! Ça me crevait les yeux, maintenant : je n'avais pas de mec parce que j'étais terrifiée.

J'étais visiblement capable d'en rencontrer – et plus facilement que je ne le pensais. Je bavardais sans problème avec eux. Mais quand je rencontrais un type susceptible de me plaire, là je fuyais à toutes jambes, épouvantée. Et aucun tuyau en matière de séduction ne pourrait probablement m'aider. Quand on est célibataire depuis si longtemps, c'est que la racine du mal est plus profonde qu'il n'y paraît…

17

Vulnérabilité

« Entrer en relation avec les autres – voilà pourquoi nous sommes là. Le courage commence en se dévoilant et en se laissant voir. »

Brené Brown, *Daring Greatly*

« Je n'ai jamais été amoureuse, et personne n'a jamais été amoureux de moi. » Les mots sont restés en suspens. Il n'y avait pas un bruit dans la salle. Et vingt-cinq paires d'yeux me fixaient depuis les chaises en plastique disposées en cercle.

« Je n'ai jamais eu de relation sentimentale à proprement parler. Je n'ai jamais vécu avec qui que ce soit. Jamais partagé mon intimité. »

Les yeux continuaient à me fixer, impassibles.

« Je ne sais pas ce qui cloche chez moi… » Ma voix et mes jambes tremblaient.

« Je… je… je ne pense pas que quelqu'un de bien voudrait de moi. »

Elle sortait enfin, la vérité – celle dont j'ignorais jusqu'à l'existence et qui était pourtant la pierre angulaire du problème : ce sentiment que personne en pleine possession de son esprit ne puisse m'aimer, cette certitude que quelque chose ne tournait pas rond chez moi, et que je ne pouvais pas être aimée comme l'étaient les autres femmes.

À ce stade, je ne pleurais plus – je sanglotais, sans parvenir à reprendre mon souffle. La morve se mêlait aux larmes et il me semblait que mes jambes allaient me lâcher pour de bon.

Jamais je ne m'étais sentie à ce point exposée et vulnérable.

Avant que je ne m'engage dans mon aventure de développement personnel, une amie m'avait parlé de cette semaine de thérapie complètement barrée que sa sœur avait suivie. Bien des détails restaient mystérieux mais, pour ce qu'elle en avait compris, cette thérapie consistait à dévoiler ses secrets les plus noirs et les plus enfouis à un groupe de parfaits inconnus, et à molester des coussins à coups de batte de base-ball. Il était aussi question de se délester de ses « bagages » et d'entrer en contact avec son « enfant intérieur ».

En deux mots : l'enfer.

« Franchement, il faut être au fond du trou pour s'infliger de son plein gré un truc pareil », avais-je dit à mon amie sur le moment, tout en rangeant le nom de la thérapie en question dans un coin de ma tête – sans doute suspectais-je qu'un jour, j'aurais atteint ce stade de désespoir.

Voilà comment je m'étais laissé embringuer dans le

fameux Processus Hoffman, et que je me retrouvais en train de craquer devant vingt-cinq personnes dans une maison de campagne du Sussex.

Quand j'en ai eu terminé avec mes propos décousus et incohérents, j'ai regagné mon siège et quelqu'un d'autre s'est levé pour partager son histoire, mais je n'écoutais pas, je me repassais dans la tête mes propos. J'avais dévoilé à ces inconnus bien plus qu'à mes amies en toute une vie – bien plus, même, que ce que j'étais prête à admettre en mon for intérieur.

Mes jambes flageolaient encore lorsque je me suis levée pour la pause. J'ai gagné la cuisine en gardant la tête baissée et j'ai rejoint la file d'attente pour me préparer une tasse de thé. J'étais incapable de croiser le moindre regard. Le calme et le silence qui régnaient étaient à la mesure de l'état de choc général. Nous étions tous hébétés par ce qui se passait. J'ai été prise de nausée et j'ai filé dans le jardin sans attendre ma tasse de thé.

Il faisait froid. Et gris. Un rouge-gorge sautillait sur l'herbe givrée. J'avais la sensation d'être tombée du bord de la planète. Était-ce vraiment ce que je pensais ? Que personne ne m'aimerait jamais ?

Le gravier a crissé derrière moi ; une femme blonde avec un carré très court et une jupe crayon s'est immobilisée non loin de moi, une cigarette entre les doigts. J'ai relevé la tête et je lui ai adressé un pâle sourire. En des circonstances normales, j'aurais déployé tout mon charme, je l'aurais bombardée de questions, écoutée, je lui aurais souri et j'aurais fait assaut d'amabilités. Mais à quoi bon se donner du mal, dès lors que l'auditoire entier m'avait vue nue ?

« C'était très courageux », a-t-elle dit.

Était-ce un langage codé pour signifier « gênant, idiot, pathétique » ? Me jugeait-elle, avec sa jupe crayon impeccable et son élégante coupe à la garçonne ?

« Je pouvais m'identifier à tout ce que vous disiez », a-t-elle poursuivi, mais il était évident qu'elle cherchait simplement à se montrer gentille. Elle, elle avait raconté qu'elle était sous pression au boulot. J'étais prête à parier qu'elle avait un poste à responsabilité dans une grosse boîte et une vie bien organisée, dans une grande maison avec mari et enfants. Nous n'avions strictement rien en commun.

« J'ai été lâche, a-t-elle continué. Je n'ai pas dit la vérité. Mon mari m'a quittée. Je passe mes week-ends claquemurée dans un studio, à fumer clope sur clope et m'abrutir devant la télé. Je me gave de chocolat jusqu'à la nausée, puis je me fais vomir. L'an dernier, j'ai fait une tentative de suicide. »

Oh.

On n'a rien dit pendant quelques minutes. On regardait le rouge-gorge, et elle tirait sur sa cigarette.

« Je suis vraiment désolée… » ai-je soufflé.

Elle a hoché la tête.

Il n'y avait rien à ajouter.

Quand la cloche a sonné la fin de la récré, la femme a écrasé sa cigarette et nous avons repris le chemin de la maison. À côté de la porte, un homme, grand, la peau hâlée, terminait lui aussi sa cigarette. Il portait un pull gris et souple, et il avait ce teint lumineux et cette peau sans pores qui sont l'apanage des gens très riches. J'étais incapable de croiser son regard. J'avais trop honte qu'il m'ait vue avec le nez dégoulinant de morve. Mais il n'y avait nulle part où se cacher. Le mal était fait. J'avais craché le morceau. J'étais en loques.

J'ai levé les yeux et je lui ai décoché un faible sourire.

Et il s'est passé quelque chose d'incroyable. Cet homme à la peau entretenue à grands frais s'est penché vers moi, il a passé les bras autour de mes épaules et il est resté sans bouger.

Nous n'avons pas échangé un mot. Trois étrangers, côte à côte, muets. Seuls. Ensemble. D'autres larmes ont roulé sur mes joues. L'homme m'a tendu un mouchoir.

« On y retourne ? » a-t-il demandé.

On y est retournés. Ensemble.

Huit jours durant, assis en cercle, nous avons parlé de nos sentiments, de notre vie et de notre famille. Les âges s'échelonnaient de dix-neuf à soixante-cinq ans, et tous les milieux sociaux étaient représentés.

Comme prévu, nous avons roué des coussins de coups de batte en plastique tout en hurlant à pleins poumons pour expulser notre colère. Nous avons pataugé dans des champs boueux en feignant de porter en terre des êtres chers pour dire ce que nous avions sur le cœur. Nous nous sommes même enterrés nous-mêmes – ou plus exactement nous avons enterré nos pires aspects. J'avais maintenant assisté par deux fois à mon propre enterrement.

À chaque exercice, je songeais : « C'est l'idée que je me fais de l'enfer », mais le suivant le surpassait systématiquement. Et certains atteignaient un tel degré de ridicule que je soupçonnais Ruby Wax de nous filmer en caméra cachée pour un de ses documentaires : « Regardez à quoi en sont réduits ces dégénérés des pays industrialisés pour être heureux ! » commenterait-elle quand un plan panoramique nous montrerait chacun en train de caresser un coussin en velours censé représenter son enfant intérieur.

La semaine était encore plus atroce que ce à quoi je m'attendais.

Mais c'était également une des meilleures choses que j'avais faites dans ma vie.

J'ai dévoilé mes pires travers à des gens sans qu'ils prennent les jambes à leur cou – bien au contraire. Ils étaient d'une gentillesse indéfectible. Pour la première fois de ma vie, je ne me sentais pas seule. Ça me semblait de l'ordre du miracle.

Mais le plus grand miracle tenait à cette évidence qui a rapidement émergé : en deçà de nos parcours différents, nous étions tous les mêmes. Nous nous sentions tous imparfaits. Pas à la hauteur. Indignes d'amour.

Sans en avoir conscience, le problème que j'avais partagé le premier jour – celui dont j'avais tellement honte, ce secret coupable que je m'étais caché à moi-même – se trouvait être la source de douleur la plus banale qui soit pour les êtres humains. Tous les livres de développement personnel que j'avais lus y faisaient allusion, sans que jamais je percute.

« Nous craignons tous de ne pas être assez ceci, ou assez cela », dit Tony Robbins. Au fond de chacun de nous, il y a cette faille qui nous donne le sentiment de n'être pas assez intelligent, pas assez jeune, assez vieux, assez riche, assez drôle, assez quelque chose. Et c'est le pire des sentiments parce que c'est sur son terreau que prospère la peur qui nous fait dire : « Personne ne n'aimera jamais. »

Eckhart Tolle est du même avis : « Sentir que quelque chose ne tourne pas rond chez soi n'est pas un problème personnel, mais universel, il est partie prenante de la condition humaine. Peut-être serez-vous surpris de l'apprendre, mais ce schéma de pensée est commun à des millions, des milliards d'hommes et de femmes. Il participe tout simplement de l'ego. »

De retour chez moi après l'épisode Hoffman, j'ai découvert une femme qui était devenue célèbre pour avoir énoncé clairement ce sentiment. Quelques années plus tôt, Brené Brown avait fait une conférence TED devant quelques centaines de personnes dans sa ville natale de Houston, au Texas.

Dans un monde obsédé par la pensée positive et la productivité, elle abordait un sujet peu susceptible d'enthousiasmer les foules : la honte – qu'elle définit comme « un sentiment ou une expérience intensément douloureuse qui nous incite à croire que nous sommes imparfaits et, par conséquent, indignes d'amour et de reconnaissance sociale ».

La vidéo de ce TED Talk était devenue virale et avait été visionnée par des dizaines de millions d'internautes de par le monde. La conférence avait débouché sur la publication d'un livre intitulé *Daring Greatly*, dans lequel Brown explique qu'on croit souvent que la honte est réservée à ceux d'entre nous ayant subi un traumatisme – ce qui est faux : nous en faisons tous l'expérience. Brown dit même qu'une épidémie de honte bat son plein sur la planète : personne ne se pense assez bon, assez mince, assez intelligent, assez riche, assez accompli, assez bien habillé.

Quelques personnes m'avaient déjà parlé de cette conférence de Brené Brown – dont, étonnamment, ce type un peu lourd rencontré sur Tinder et qui voulait scorer dès le premier soir – mais je n'avais jamais poussé plus loin les investigations. Ce n'est qu'à mon retour du Processus Hoffman que j'ai visionné et revisionné le TED Talk et que j'ai lu *Daring Greatly,* de la première à la dernière ligne. Trois fois de suite. L'ouvrage semblait parfaitement cerner l'essence de notre condition d'être humain et cerner également des schémas comportementaux qui, à mon insu, avaient gouverné ma vie. En deux mots : il expliquait pourquoi vider mon sac pendant une semaine devant de parfaits inconnus m'avait transformée comme aucun livre de développement personnel ne l'avait fait.

Brené dit que, face à la honte, nous déployons plusieurs parades. D'abord, on essaie d'être parfait. On pense que si on parvient à être plus mince, plus intelligent, plus accompli, on se sentira mieux, les gens nous aimeront et on s'en sortira sans dommage.

Quand cela ne marche pas – et ça ne marche jamais –, on tente une autre approche : on cherche à engourdir la honte. En regardant la télévision. En buvant. En se goinfrant. En se droguant. Brown voit dans la prévalence élevée de l'obésité, des addictions et de la dépression un contrecoup de cette anesthésie généralisée.

Lorsque perfectionnisme et engourdissement ont échoué, reste la troisième parade : se couper du monde, étouffer nos sentiments et décider de faire cavalier seul.

Grosso modo, Brené décrivait ma vie.

Je n'avais pas emprunté la route qui, d'après elle, est la seule à mener quelque part : nouer le contact avec l'autre. Se montrer tel qu'on est vraiment à ceux qui nous aimeront et nous accepteront avec tous nos petits défauts.

Accepter d'être vulnérable.

« Si nous partageons notre histoire avec quelqu'un qui répond avec empathie et compréhension, la honte n'a plus aucune chance de survie. »

À cet égard, Brené déplore que le développement personnel ressorte d'un projet souvent mené en solitaire : « Selon moi, déclare-t-elle dans une interview, nous ne sommes pas censés faire ça seuls dans notre coin. La guérison vient de ce qu'on partage notre histoire avec quelqu'un qui est digne de l'entendre. »

Elle avait raison, et elle m'a ouvert les yeux : je faisais tout de travers depuis le début. Seule, je ne pourrais pas mener à bien mon projet de développement personnel. Après avoir passé ma vie à me rabâcher que j'étais forte et que je n'avais besoin de personne, il s'avérait que, eh bien si – j'avais besoin des autres.

Montrer mon vrai moi aux autres participants du Processus Hoffman m'avait pétrifiée, mais c'était pile ce dont j'avais besoin. En dépit de mes larmes, je m'étais sentie acceptée, aimée et vue comme jamais je ne l'avais été dans ma vie. Et même si je n'en avais pas conscience, tous les êtres humains partagent une seule et même aspiration : nous ne voulons pas un nouveau jean, un nouveau boulot, un nouvel appart, un nouveau boy-friend, une nouvelle voiture – nous voulons juste avoir le sentiment d'être aimés et intégrés.

Brené a écrit dans un précédent ouvrage, *La Grâce de l'imperfection*[1] : « La certitude d'être aimé et intégré est un besoin irréductiblement ancré chez toutes les femmes, tous les hommes, tous les enfants. Nous sommes biologiquement, cognitivement, physiquement et mentalement programmés pour aimer, être aimé et intégré. Quand ces besoins ne sont pas satisfaits, notre bon fonctionnement s'en ressent. On se casse. On s'effondre. On s'engourdit. On souffre. On fait du mal aux autres. On tombe malade. »

J'avais passé ma vie à me casser, à m'engourdir, à souffrir et à tomber malade. À toujours faire cavalier seul. Il était temps d'y mettre le holà, avec l'aide de Brené Brown – et de mes amis.

Brené parle beaucoup des amis. « Je conserve dans mon portefeuille un petit papier sur lequel sont notés les noms des personnes dont l'opinion compte pour moi. Pour figurer sur cette liste, vous devez m'aimer pour mes forces et mes combats… Vous devez aimer et respecter le fait que je ne suis absolument pas cool. »

---

1. Brené Brown, *La Grâce de l'imperfection*, Béliveau Éditeur, 2017.

Les amis qui figurent sur cette liste sont ceux qui retrousseront leurs manches en toutes circonstances, qu'elle pourrait appeler en pleine nuit et qui viendront l'aider, sans poser de questions.

Sarah me manquait. Je ne voulais rien tant que retourner picoler et rigoler avec elle dans un pub au plancher poisseux. Sarah m'aimait telle que j'étais. Elle me faisait rire de mes défauts. Avec elle, je me sentais superbe même quand j'avais des boutons et la gueule de bois.

Elle me connaissait – me connaissait vraiment, vraiment bien. Et moi aussi je la connaissais. Je savais qu'elle était plus sensible qu'elle ne le montrait. Qu'elle croyait en Dieu et qu'elle était bienveillante avec tout le monde. Que, pour elle, une des pires choses qu'on puisse faire, c'était d'exclure son prochain. Elle était la première à copiner avec la fille du vestiaire ou le collègue pataud qui restait seul dans son coin à une soirée. Elle brisait la glace avec son amour et son humour et, en moins de deux, il dansait et avait grâce à elle le sentiment d'être la personne la plus drôle et la plus fascinante de la pièce.

Je lui avais fait le pire des sales coups : je l'avais exclue. Exclue de ma nouvelle vie. J'avais cru que je devais m'améliorer par mes propres moyens – mais la vérité était aux antipodes. On ne peut s'épanouir qu'au contact des autres.

Il fallait que je l'appelle, mais j'étais terrifiée. J'avais attendu si longtemps ! Qu'allais-je lui dire ? « Bonjour, je suis désolée » ? Et après ? Et si elle me raccrochait au nez ? Ou gardait le silence ? Ou me traitait de garce ?

Deux jours durant, j'ai attrapé le téléphone, et toujours trouvé une bonne raison pour remettre l'appel à plus tard. Un papier qui ne pouvait pas attendre. Un saut à la poste. Un besoin urgent d'appeler ma mère. Pour finir, un samedi après-midi, seule sur mon lit, j'ai composé le numéro d'un doigt tremblant. Je ne savais toujours pas ce que j'allais lui dire.

Ça a sonné. Sonné. Et je suis tombée sur le répondeur. J'ai entendu sa voix, gaie, enjouée. J'ai paniqué et raccroché sans laisser de message.

Je l'ai imaginée voyant mon nom s'afficher à l'écran et refuser l'appel. Je me la suis représentée installée sur son canapé, avec Steve. Je ne voulais rien tant qu'être là-bas avec elle, commander un plat chez l'Indien, regarder un film, et sombrer avant la fin parce que j'avais trop bu et mangé trop de Dairy Milk. Subitement, elle me manquait tellement que c'en était douloureux. Comment avais-je pu être aussi conne ? Aussi froide ?

Je lui ai envoyé un texto.

J'ai été une conne égocentrique. Je suis horriblement désolée. Tu me manques. Mx

J'ai passé la nuit sur les charbons ardents. J'avais tellement peur de sa réponse que j'avais éteint le téléphone. Avant de le rallumer. Puis de l'éteindre à nouveau. De le rallumer. Toujours pas de réponse. Le lendemain matin, je me suis réveillée à 7 heures, et je me suis jetée sur le téléphone. Toujours rien.

« Laisse-lui du temps, a dit Rachel au petit déjeuner. Viens, sortons. Allons marcher un peu. »

On est parties se balader à Hampstead Heath, on a poussé juste qu'aux étangs dans lesquels nous avions sauté quinze mois plus tôt. Des matriarches entre deux âges étaient en train de nager la brasse coulée. L'énergie et l'optimisme que j'avais ressentis après cette baignade, en ce tout premier jour de ma mission de développement personnel, me semblaient à des années-lumière de l'endroit où je me trouvais maintenant.

« On se baigne ? a demandé Rachel.

— On n'a pas pris nos maillots.

— Ils en ont toujours quelques-uns en rab aux vestiaires. »

J'aurais probablement dû accepter, juste pour sortir de ma zone de confort. Une fois de plus. Mais je n'en avais pas envie.

« Non, je vais attraper froid. Allons plutôt déjeuner. »

Nous sommes parties au St John. Voir des gens normaux, des groupes d'amis et des familles vaquer à des occupations normales, manger ensemble, boire du vin, lire les journaux – c'était la béatitude. Quelques mois plus tôt, lorsque j'étais occupée à planifier mes obsèques, je n'avais vu que des gens qui passaient leur temps à fuir et se cacher ; maintenant, ils m'offraient le spectacle du bonheur. C'était ça, l'étoffe de la vie. Partager un repas et bavarder entre amis.

J'étais en train de manger mon agneau quand mon téléphone a bipé. J'ai plongé la main dans le sac.

C'était un message de Sarah. La panique m'a prise à la gorge.

« Elle te dit quoi ? a demandé Rachel.

— Je ne sais pas.

— Ouvre-le.

— J'ai la trouille.

— Arrête… »

Le message était une photo de femme ensachée et encapuchonnée dans une grenouillère tricotée façon pull irlandais.

Il y avait une légende : *Je suis tombée là-dessus il y a des semaines et je voulais te l'envoyer, avant de me souvenir que nous étions à couteaux tirés… Et si on les rangeait ? Je préfère quand nous sommes amies.*

J'ai lâché un cri aigu en faisant des petits bonds sur ma chaise, puis j'ai tendu le téléphone à Rachel.

« Un hiver, ai-je expliqué en voyant son air perplexe, nous sommes allées ensemble en Irlande, et il faisait si froid que je dormais avec trois pulls plus ma doudoune. Depuis, elle m'envoie des photos de vestes polaires et de caleçons longs. »

Sarah me connaissait tellement bien.

Elle savait que j'étais perpétuellement frigorifiée et elle connaissait ma passion pour les gros pulls. Elle savait aussi que j'étais bordélique et que j'aurais dormi vingt heures par jour si je l'avais pu. Que j'aimais passionnément Noël, et détestais tout aussi passionnément les guirlandes lumineuses multicolores.

« Oh non, tu ne vas pas te remettre à pleurer… »

Rachel a souri. Je pleurais bel et bien. De bonheur.

Je veux la même ! ai-je répondu à Sarah.

Sarah : *Je t'en tricoterai une.*

Moi : *Tu t'es mise au tricot ?*

Sarah : *Oui. Il y a eu pas mal de changements ces derniers mois.*

Moi : *Comment vas-tu ? Je déjeune avec Rachel. Tu veux nous rejoindre ?*

Sarah : *Je suis avec la maman de Steve, aujourd'hui. On est à Westfield. Je hais Westfield. Partie remise ?*

Moi : *Dîner demain ?*

On s'est retrouvées au Pizza Express le lendemain à 18 heures.

J'y suis arrivée la première et j'ai attendu. J'étais plus nerveuse qu'avant n'importe quel premier rendez-vous. Il n'y avait pas grand monde dans la salle, mis à part deux ou trois mères qui découpaient des pizzas pour leurs gamins tout juste sortis de l'école. Quand Sarah est entrée, j'ai retenu mon souffle. Elle était si jolie ! Elle m'avait tellement manqué !

« Tu es ravissante, ai-je dit quand elle est arrivée à la table. C'est une nouvelle chemise ?

— Non, ça fait un petit… » Elle a souri. Je m'étais levée et elle était toujours debout. On s'est regardées. J'hésitais entre une bise et une accolade, d'autant qu'elle restait plantée là sans bouger.

« Tu as super bonne mine, ai-je dit.

— Tu ne trouves pas que j'ai grossi ?

— Non. »

Elle a soulevé sa chemise. Et découvert un petit ventre rond et bien tendu.

« Oh mon Dieu !

— J'attaque le sixième mois.

— Oh mon Dieu, tu vas avoir un bébé !

— Oui !

— Oh mon Dieu !

— Je sais…

— Et j'ai raté ça… » J'ai regardé Sarah. Puis le sol. « Tu te sens comment ? ai-je demandé, sans savoir si j'avais encore le droit de poser cette question.

— Bien, bien… Un peu fatiguée. Je me lève vingt fois par nuit pour faire pipi, mais je ne veux surtout pas me plaindre – je ne voudrais pas que tu me trouves négative. »

Elle a arqué les sourcils.

« Je suis affreusement désolée. Je me suis comportée comme une conne. Pardon, pardon, pardon.

— C'est bon.

— Non, vraiment, je m'excuse. Je ne sais pas quoi dire, sinon qu'à un moment donné je suis partie en roue libre. J'ai arrêté d'être normale. Je ne sais pas où j'avais la tête. »

Il y a eu un silence inconfortable. Sarah ne s'était toujours pas assise.

« Ça te va, ici ? Ou tu préfères une autre table ? »

Elle a ri. « Non, celle-là est parfaite. » Et elle s'est assise.

« Tu es sûre ? »

Elle a ri à nouveau. « Oui, Marianne, ça me va très bien. »

Il y a eu un nouveau silence, insoutenable celui-là. Elle ne me laisserait pas m'en tirer à si bon compte. Et elle avait bien raison.

« J'ai été horrible, non ? ai-je demandé.

— Complètement, a-t-elle répondu, et elle s'en est aussitôt voulu. Ne fais pas ton regard de chien battu.

— Je ne fais pas le chien battu. Je suis juste désolée. »

Mais je sentais les larmes affluer. Sarah a marqué une pause. Elle cherchait comment dire ce qu'elle avait sur le cœur tout en restant diplomate.

« On partait chacune dans une voie différente, et ça, je peux le comprendre. Tu t'étais lancée dans un sacré challenge, j'avais l'impression de te perdre et je détestais ça. Je ne savais plus quoi faire. Tu ne semblais pas m'apprécier beaucoup.

— Je te demande pardon.

— Tu étais distante et froide. Comme si tu me méprisais un peu. »

J'ai eu un mouvement de recul. Elle avait raison, à ce moment-là je prenais tout le monde de haut. Ivre de Rien à foutre, j'avais pensé avoir tout pigé de la vie. J'étais hautaine. Arrogante. Je narguais mes semblables avec mon éveil spirituel. Je m'imaginais faire partie de cette élite très restreinte des gens qui avaient tout compris, quand les autres s'aveuglaient à force de déni et d'ignorance.

Je me suis pincé la jambe pour arrêter mes larmes. Il ne s'agissait pas de moi ici. Je n'avais pas le droit d'être bouleversée.

« Si ça peut te consoler, après notre brouille, je me suis effondrée et j'ai passé une bonne partie de l'année au lit, à chialer.

— Oui, ça me console un peu. » Elle a ri. « Enfin, non, pas vraiment. Que s'est-il passé ?

— J'ai fait une crise aiguë de nombrilisme. Je suis devenue un cauchemar d'égocentrisme. En gros, j'ai implosé à force de trop penser à moi.

— Tu t'es éclatée, on dirait…

— Je pense que je m'étais fixé pour mission de devenir parfaite, et ça m'a stressée à mort quand j'ai vu que je n'y arrivais pas.

— La perfection, ça n'existe pas.

— Je sais.

— Et même si ça existait, qui voudrait être parfait ? Tu te souviens de Jane, au bureau ? Avec ses coiffures parfaites, ses tenues parfaites, ses salades parfaites… »

On a toutes les deux grimacé.

« Qui veut être une femme de Stepford[1] ? C'est d'un ennui mortel. Je ne pige vraiment pas pourquoi tu veux changer à ce point. Lis des livres et médite autant que tu veux, mais tu n'as pas besoin de devenir quelqu'un d'autre. Beaucoup de gens t'apprécient telle que tu es.

— Même si je suis une garce nombriliste ?

— En général, tu es tout sauf ça. Tu es chaleureuse, gentille et drôle. Et j'aimerais bien que cette personne revienne, s'il te plaît. »

Il y a eu un silence.

« Nos conversations m'ont manqué. Tu m'as carrément zappée.

— Je sais.

— Je pensais que notre amitié était plus forte que ça. »

Un autre silence intolérable. Le genre de silence dans lequel on pouvait s'enfoncer sans jamais trouver d'issue. C'était ça, la vulnérabilité. C'est horrible, mais nécessaire.

---

1. Allusion au roman d'Ira Levin, *Les Femmes de Stepford*.

« Et on ne peut même plus se soûler, maintenant, pour rattraper le coup », a repris Sarah en souriant.

Un autre silence, que j'ai brisé.

« Putain… un bébé. J'y crois pas. Ça te fait quoi ? Et Steve, comment il le vit ?

— Il flippe. Il n'arrête pas de rêver qu'il oublie le bébé dans un bus.

— Il fera un super père.

— Ouais.

— Je suis tellement désolée d'avoir raté ça !

— Tu peux te rattraper en m'aidant pour un truc important.

— Bien sûr, tout ce que tu veux. »

Elle a sorti son téléphone.

« Que penses-tu de ça ? C'est bien, ou ça fait trop instit fin des années 70 ? »

Elle me montrait une photo d'une maxi robe à imprimé floral.

J'ai éclaté de rire. « Ça me rappelle un peu ma prof de géo.

— Et celle-là ? »

C'était une robe rayée en maille, moulante et avec un décolleté profond.

« Ouais, ma grande, ose. Sois fière de ton ventre ! »

J'ai senti une bouffée d'amour et de soulagement – voilà où était le bonheur. Pas dans les affirmations ni dans les jus verts, mais dans les conversations entre amies autour de robes à fleurs.

« C'est une fille ? »

Sarah a eu l'air surpris.

« On ne le dit à personne, mais oui. Comment tu l'as deviné ?

— J'ai eu une vision de toi à mon enterrement, et tu avais une fille.

— Quoi ?

— Au moment où je suis partie en vrille, je devais faire cet exercice qui consistait à imaginer ce qu'on dirait de moi à mes obsèques, et tu étais là avec Steve et ta petite fille.

— Quel est le livre qui te dit de faire un truc pareil ? s'est indignée Sarah.

— *Les 7 Habitudes de ceux qui réussissent tout ce qu'ils entreprennent*. C'est censé t'aider à te concentrer sur ce que tu veux de ta vie.

— Ça a marché ?

— Non. En gros, j'ai assisté à mon enterrement, et j'ai vu que tout le monde me haïssait.

— L'éclate…

— Vous étiez tous tellement remontés contre moi que personne n'avait envie de se soûler et de raconter de super anecdotes à mon sujet. Toi, tu disais que j'avais tout, et que j'avais tout gâché.

— Je m'excuse au nom de mon moi fictif qui a assisté à ton enterrement fictif.

— Ne t'excuse pas, tu disais la vérité.

— Arrête ! Et les autres bouquins, ça s'est passé comment ? Tu en as fait un sur les relations amoureuses ?

— Oui ! Et j'ai pris la parole à un petit déjeuner d'affaires pour demander s'il y avait des candidats à un rencard.

— Non !

— Si ! Un type m'a invitée à boire un café, et il m'a quasiment demandé en mariage après trois gorgées de *latte*. Il m'a expliqué qu'il était prêt à sauter le pas, et il m'a proposé le poste.

— Tu as répondu quoi ?

— Oui, évidemment. Et on a filé à Vegas.

— J'ai raté un mariage à Las Vegas !

— Eh oui…

— Tu n'as rencontré personne qui te plaisait ?

— Non, pas vraiment. Enfin, si, il y avait un mec… mais j'ai tout gâché. J'ai détalé ventre à terre quand il a essayé de m'embrasser, et il n'a pas voulu me revoir.

— S'il s'est laissé décourager aussi facilement, c'est que ce n'était pas le bon. »

Sarah savait exactement quoi dire.

« Quelqu'un d'autre ? »

Je lui ai parlé du Grec.

« Il a l'air chouette.

— Il l'est, mais on ne vit pas dans le même pays et… Je ne sais pas… Je ne suis pas certaine d'avoir ce genre de sentiments pour lui.

— Un peu quand même, si tu es allée vers lui.

— Oui, sans doute, mais ensuite, je n'ai pas senti l'étincelle. »

Sarah a haussé les sourcils.

« Qu'est-ce que tu en sais ? Tu ne t'es pas laissé le temps. Steve ne me plaisait qu'à moitié jusqu'à notre troisième ou quatrième rencard.

— Non, je pense qu'elle n'était pas là. »

Sarah a secoué la tête. « Tu es sûre que ce n'est pas une fuite ? Quand j'ai rencontré Steve, j'étais morte de trouille. Tomber amoureuse de lui, c'était comme me jeter du haut d'une falaise. Je m'inventais toutes sortes de raisons pour me convaincre qu'il n'était pas le bon… Qu'il était trop petit, trop maigre, qu'il avait une voix trop aiguë…

— Elle n'est pas si aiguë que ça.

— Tu vois l'idée. Mais j'avais juste peur. Je voyais qu'il était sincère, qu'il m'aimait bien, et je cherchais comment me défiler. Lui, il continuait à m'appeler. Il ne lâchait pas le morceau.

— Le Grec aussi continue à m'appeler.

— C'est vrai ?

— Ouais. Pendant un petit moment, je ne décrochais plus parce que je ne voulais pas qu'il se fasse des idées, mais c'était grossier, donc maintenant on bavarde.

— De quoi ?

— Je ne sais pas – de trucs et d'autres. Son père, mon développement personnel. J'imagine que ça vient de ses études de psycho, mais il me semble piger ce que j'ai fait, et c'est facile de parler avec lui.

— Ça, c'est un point positif. Vous vous parlez souvent ?

— Oui, plus ou moins chaque semaine.

— Et le reste du temps, ça t'arrive de penser à lui ?

— Oui, je crois.

— Et quels sont ses sentiments pour toi ?

— Je n'en sais rien.

— Tu ne lui as pas posé la question ?

— Non. De toute façon, je ne pense pas qu'il soit l'homme de ma vie. On s'est embrassés, une fois, et je n'ai pas ressenti grand-chose.

— Tu étais prête à ressentir quelque chose ?

— Je ne sais pas… Sans doute pas…

— Tu étais prête à tomber amoureuse ? » a insisté Sarah, d'un ton pressant, le visage grave.

J'étais stupéfaite. Nous n'avions en général pas ce genre de conversation.

« Je ne sais pas.

— Sais-tu seulement ce que c'est, l'amour ? » a-t-elle lancé, et immédiatement mes larmes ont jailli, comme si on avait ouvert un robinet.

« Je ne sais pas… »

Elle a pris ma main et l'a serrée.

« À mon avis, tu dois te montrer plus ouverte. L'amour n'a pas besoin d'être éternel. Ça peut aussi être juste une rencontre, une connexion qui s'établit, un enrichissement réciproque. Ça peut être pour un jour, une semaine, un an – peu importe. Tout ce qui compte, c'est de donner sa chance à une relation. La laisser faire son chemin.

— Quand es-tu devenue si sage ?

— Je pense que c'est les hormones. Je suis la terre-mère, maintenant. » Elle a souri. « Ou alors c'est parce que je ne picole plus. J'ai récupéré quelques neurones. »

J'ai déniché dans mon sac un Kleenex et je me suis mouchée. Sarah avait raison. J'avais une peur bleue de l'amour, mais ce que tous les livres de développement personnel s'accordent à dire, c'est que l'amour est la raison pour laquelle nous sommes sur cette planète. Pas nécessairement un amour qui débouche sur une bague au doigt et l'achat d'une maison, mais l'amour sous toutes ses formes. La connexion humaine.

« C'est une première, ai-je remarqué tandis que nous marchions vers la station de métro. Rentrer sobre.

— M'en parle pas.

— Je t'aime et je te demande pardon d'avoir été garce.

— Moi aussi je t'aime. » On s'est serrées dans les bras. Il faisait nuit, et nous étions sous un réverbère. C'était une scène aussi romantique qu'un rencard. L'amour est l'amour. Que ce soit entre amis, amants ou au sein de la famille. J'avais passé ma vie à prétendre que je n'avais besoin de personne, mais c'était un mensonge.

Dans le métro, je me suis remise à pleurer. Mais cette fois c'étaient des larmes de joie.

Une fois à la maison, j'ai envoyé un message au Grec. Il était 23 heures en Angleterre, donc 1 heure à Athènes.

Je te réveille ?

Non ☺

Que fais-tu debout à cette heure-ci ?

Je n'arrive pas à dormir. Tu veux bavarder ?

Il m'a appelée sur Skype. En général, quand je lui parlais, je désactivais la caméra de peur de ressembler au bonhomme Michelin sur l'écran, mais cette fois j'ai laissé mon visage s'afficher.

« Oh, je te vois ! Attends, j'active moi aussi ma caméra. »

Son visage est apparu. Pâle, souriant, avec un pétillement dans les yeux.

« C'est super de te voir ! Tu as bonne mine.

— Non, je suis vannée… Toi tu as bonne mine. » Et c'était vrai – mon cœur a fait un petit salto et j'avais du mal à croiser son regard.

« Merci.

— Alors, quoi de neuf ?

— Je viens de me réconcilier avec une amie. On s'était brouillées.

— Génial.

— Ouais, c'est vraiment génial. Comment va ton père ?

— Toujours pareil. Pas bien… Mais parle-moi d'autre chose. Que se passe-t-il à Londres ? Sur quel bouquin es-tu ce mois-ci ? »

Je lui ai envoyé le lien du TED Talk de Brené Brown. Nous l'avons visionné ensemble, lui – cet homme que j'avais branché un an plus tôt dans un café – à Athènes, avec son père malade dans la pièce voisine, et moi à Londres, dans ma chambre plongée dans le noir.

« Elle me plaît bien, cette femme, a-t-il dit.

— À moi aussi.

— C'est comme ça que j'essaie de vivre ma vie, en tous les cas », a-t-il observé, et c'était vrai.

Depuis le premier jour, il s'était toujours montré ouvert d'esprit et sincère. Il avait gardé contact avec moi même quand je m'échinais à mettre de la distance entre nous. Il n'avait pas caché que je lui plaisais ni fait semblant d'avoir une vie parfaite. Il s'était toujours montré sous son vrai jour. Des deux, c'était moi qui jouais un rôle.

Mon cœur battait fort. J'étais assise par terre sur

la moquette à côté de la porte, où la réception wi-fi était meilleure.

« C'est drôle, non, qu'on soit restés en contact tous ces mois, ai-je dit.

— Oui…

— Je me demandais…. Qu'est-ce que tu penses de moi ? »

Il a marqué une pause. Je sentais la nuit, le ciel noir, les océans entre nous. Il ne me lâchait pas des yeux. Et il souriait.

« Quand je t'ai rencontrée, j'avais du mal à y croire… La veille, j'avais évoqué avec mon ami ma femme idéale, et voilà que tu venais vers moi – une belle femme, et qui cochait toutes les cases de ma liste. Et pas juste par ton physique. Puis on a commencé à parler, et c'était encore mieux. Je n'en revenais pas de ma chance. »

J'ai lutté contre l'envie de répondre, « Elle ne devait pas être bien longue, ta liste », mais j'ai tout de même réussi à gâcher le moment en lui demandant combien de fois il avait dit ça à une femme.

« C'est la première fois. Et quand tu rencontreras mon ami, il pourra te le confirmer.

— Tu as vraiment pensé ça ?

— Oui. »

Un autre silence.

« Et toi, tu as pensé quoi de moi ? a-t-il repris en me regardant droit dans les yeux.

— Mm… » J'ai contemplé la moquette, arraché une peluche et, après un silence, j'ai répondu, comme si je m'adressais à ma bibliothèque : « Que tu étais sympa, intelligent, et que c'était facile de parler avec toi. »

J'ai risqué un regard vers l'écran. Il était en train de sourire.

« Et maintenant, tu penses quoi ? »

J'ai de nouveau détourné les yeux.

« Euh… que tu es sympa, intelligent, et que c'est facile de parler avec toi. »

Il a souri.

« Arrête de me regarder comme ça, ai-je lancé.

— De te regarder comment ?

— Je ne sais pas. Excuse-moi, je ne suis pas très bonne pour ce genre de trucs.

— Pas de souci.

— Je ne sais pas. On est amis, je suppose, ai-je repris, en le regardant cette fois.

— OK. » Il avait une façon vraiment adorable de dire « OK », comme si tout ce qu'on lui disait serait toujours « OK ».

« En fait, j'en sais rien. Je t'aime bien, et je pense à toi. »

Silence. Nous y revoilà. Une fois de plus. La vulnérabilité. Être morte de peur et tellement à nu que j'avais l'impression que j'allais vomir mon cœur.

« Je suis de plus en plus gênée, ai-je dit.

— Il n'y a pas lieu. » Il a ri. « Moi aussi je pense à toi. Et tes rencards, ça s'est passé comment ? Tu as rencontré quelqu'un ?

— Pas vraiment. Et toi ? Tu vois quelqu'un ? C'en est où, avec la fille du bar ?

— Nulle part. Elle était gentille, mais c'était un flirt sans conséquence.

— Ah. Bien. » À ma grande surprise, j'étais ravie d'apprendre que cet homme avec lequel je n'avais passé qu'une soirée dix-huit mois plus tôt ne sortait pas avec la fille du bar, que j'avais imaginée jeune, filiforme et tatouée.

Il y a eu un autre silence – qui donnait l'impression d'être plus intime et plus sincère que tout ce qu'on exprimait verbalement. J'avais comme une douleur dans le cœur. Il me semblait que j'avais du mal à respirer. Je voulais que ça cesse. C'était trop.

Donc, j'ai de nouveau utilisé les mots :

« Tu te situes où dans le débat café au lait *vs* cappuccino ?

— Café au lait, a-t-il répondu, comme si c'était la question la plus normale au monde.

— Moi aussi. »

Daisy était de retour après trois mois de séjour en Inde. Quand j'ai ouvert la porte, elle portait un caftan blanc et un collier de perles, ce qui m'a agacée, mais quand elle s'est penchée pour m'embrasser, elle semblait parfaitement posée. Elle ne sautait pas comme un cabri et ne faisait pas de namaste.

« Je t'ai rapporté un truc », a-t-elle dit en me tendant un sac de duty-free. Je l'ai ouvert – c'était une bouteille de whiskey.

« Tu ne bois même pas d'alcool, ai-je observé.

— Mais toi si.

— Merci ! En fait, j'essaie de lever le pied, mais je vais la mettre dans mon armoire à pharmacie.

— Alors, tu t'es régalée ? lui ai-je demandé en lui

servant de la tisane à la camomille – j'avais opté, me concernant, pour un bon vieux thé des familles.

— C'était éprouvant, mais pile ce dont j'avais besoin.

— Tu as fait vingt heures de yoga par jour ?

— Non. C'était mon intention, mais le Dr Ali m'a dit de tout arrêter. De ne rien faire du tout.

— Qui est le Dr Ali ?

— Le médecin ayurvédique que je voyais là-bas.

— Oh ! » J'avais du mal à mc représenter une Daisy entièrement désœuvrée – elle avait plus d'énergie qu'un lapin Duracell.

« La deuxième semaine, pendant un massage, j'ai senti un truc lâcher dans ma hanche, et j'ai passé plusieurs jours au lit à pleurer.

— Il t'avait fait mal ?

— Non, il a dit que j'avais longtemps retenu le chagrin dans mon corps et que j'étais en train de le laisser sortir.

— Ah.

— Il a dit que je n'avais jamais vraiment fait le deuil de ma mère, que je devais arrêter ma course en avant et éprouver une bonne fois pour toutes mon chagrin.

— D'accord. Je suis désolée, je ne savais pas que tu avais perdu ta mère, tu n'en as jamais parlé…

— C'est bon, ça remonte à deux ans. Cancer. J'ai démissionné de mon boulot pour m'occuper d'elle.

— Elle doit te manquer.

— Ouais.

— Et ça t'a aidée ? De ne plus rien faire ?

— Oui. »

J'ai attendu qu'elle comble le silence en parlant de thérapie, d'énergie et de « purge », mais elle ne l'a pas fait.

On a siroté nos infusions en silence. Daisy tripotait le vase posé sur la table, elle le faisait tourner, elle caressait les pétales de roses.

« Tu as prévu d'autres voyages ? ai-je demandé.

— Je me disais qu'il est temps de me remettre à bosser. J'ai hérité d'un peu d'argent quand maman est morte, mais j'ai presque tout dépensé, donc je crois que le moment est venu. Et ça pourrait me faire du bien. »

Soudain, tout s'expliquait. Sa frénésie de dépenses et ses quêtes qui l'étaient tout autant, passant d'un cours à un autre, d'une retraite de yoga à une autre. Elle pleurait la disparition de sa mère, elle se sentait seule et cherchait des réponses. J'ai refait du thé.

Fin mars, c'était l'anniversaire de ma sœur. Ma mère a fait un gâteau. Je suis allée le chercher chez elle, à Ascot, pour le livrer, un train, deux métros et un bus plus tard, chez Helen, dans l'est de Londres. Comme ma mère n'avait pas de boîte Tupperware assez grande, le gâteau était posé sur une assiette, et protégé par un genre de filet, comme ces cloches moustiquaires qu'on utilise l'été pour protéger la nourriture des insectes.

Le transport du gâteau devenait un défi. J'étais persuadée que quelqu'un allait l'envoyer dinguer d'un coup de coude, mais non. L'heure de pointe ce soir-là ne ressemblait à aucune autre. Les gens me souriaient, s'écartaient sur mon passage, m'adressaient même quelques mots : « Ça a l'air bon », disaient-ils en regardant le gâteau. Celui-ci avait le don d'adoucir les visages, de chasser ces expressions dures, marquées par la fatigue, le découragement ou la détermination qui sont notre masque à tous ou presque.

C'était comme si tout le monde était redevenu humain.

Pour la dernière partic du périple, j'ai attendu le bus à Highbury, à côté de deux types en train de s'arsouiller à la Special Brew. Ils avaient l'air de sans-abri, et quand je me suis assise à côté, j'ai ressenti cette culpabilité familière en pensant à la chance qui était la mienne, et cette tristesse en songeant à la tournure que pouvait prendre la vie d'autres personnes. Puis j'ai culpabilisé de ma condescendance ; après tout, ils étaient peut-être heureux comme ça.

« C'est pour nous ? a demandé un des types.

— J'ai bien peur que non. Pour ma sœur. C'est son anniversaire.

— Vous l'avez fait vous-même ?

— Non, ma mère. Moi, je sais juste faire brûler les toasts. Je l'apporte à la fête.

— Et votre mère, elle est pas là ?

— Oh, non, on ne l'invite pas aux fêtes. Mais on se débrouille pour la mettre aux fourneaux, ai-je plaisanté.

— Sympas les filles…

— Je sais. On est des sales gosses.

— Elle vous fait toujours des gâteaux, à votre âge ?

— Oui, j'ai trente-sept ans, et elle me fait toujours des gâteaux.

— C'est cool. »

Pendant qu'ils contemplaient avec un grand sourire le gâteau sous sa drôle de moustiquaire, j'ai observé les roses en sucre que ma mère avait disposées sur le dessus. Je les avais d'abord trouvées cucul, mais ne voyais plus maintenant que de l'amour à l'état pur.

Quand j'ai tourné la tête vers mes nouveaux copains, ils fixaient toujours le gâteau, l'air un peu dans le vague.

Étaient-ils en train de penser aux fêtes d'anniversaire qu'ils avaient eues, ou qu'ils n'avaient jamais eues ? Aux gâteaux qu'on avait faits pour eux – décorés avec des Smarties et des bougies – ou à ceux qui n'existaient que dans leurs rêves ?

Plutôt à ces derniers, devinais-je.

À cet instant, ils paraissaient l'un comme l'autre avoir dix ans, avec leurs canettes de bière et leur boîte cabossée de Pringles Crème et Oignon.

On aurait dit que ce gâteau représentait le fossé entre leur vie et la mienne. Avoir une mère qui faisait des gâteaux d'anniversaire semblait être le plus beau cadeau qu'on pouvait demander à la vie.

L'espace d'une seconde, je me suis demandé si je devais les inviter à la fête, mais je ne l'ai pas fait. On a continué à bavarder – qui seraient les invités, combien j'avais de sœurs, la lumière qui retrouvait son éclat printanier. Je leur ai demandé quels étaient leurs projets pour la soirée, et ils ont répondu : « Rien de spécial. »

Mon bus est arrivé. Je leur ai dit au revoir et ils ont agité la main.

J'avais honte de moi. J'avais passé plus d'un an à faire une obsession de ce qui n'allait pas dans ma vie – ou, plutôt, ce que j'imaginais ne pas aller – mais la réalité, c'était que j'avais une mère qui me faisait des gâteaux, des sœurs que j'adorais, des amies qui me faisaient rire, un corps en bonne santé, un cerveau plus ou moins en état de marche, un toit sur la tête. J'avais tout.

Brené Brown écrit : « La joie peut survenir dans les moments les plus ordinaires, et nous risquons de la laisser passer si on est trop occupé à courir après l'extraordinaire. »

J'avais cherché à courir après l'extraordinaire quand, en fait, j'avais déjà tout ce dont j'avais besoin.

18

Transformez votre vie avec Louise Hay

« Rappelez-vous, vous vous critiquez depuis des années, et ça n'a pas marché. Essayez de vous féliciter, et voyez ce qui se passe. »

Mes cheveux ne sont pas lavés, et enroulés comme d'habitude, n'importe comment sur le haut du crâne. J'ai le visage rose écarlate, mon mascara se fait la belle le long de mes joues, j'ai un bouton sur le menton, mais je souris devant le miroir et je répète à voix haute :

Je m'aime et je m'apprécie. Je m'aime et je m'apprécie. Je m'aime et je m'apprécie.

J'enlève mon legging, mon T-shirt et ma brassière de sport. Mes seins transpirants s'affaissent. Je pose les mains sur mon estomac et je le fais trembloter. Il en a vu passer, des toasts au fromage et des verres de vin… Oh, et puis zut. Je redresse la tête et je souris.

Je m'aime et je m'apprécie. Je m'aime et je m'apprécie. Je m'aime et je m'apprécie.

De longs poils pâles, sur mes cuisses, attirent mon attention. Ma voix intérieure reprend sa rengaine sur ma négligence en matière d'épilation, mais elle se tait vite. J'ai la flemme de me sermonner. Je préfère sourire.

Je m'aime et je m'apprécie. Je m'aime et je m'apprécie. Je m'aime et je m'apprécie.

Je me retourne pour scruter la cellulite sur mes fesses, je me mets de profil pour examiner les vergetures sur mes hanches. Je lcs caresse, je sens sous mes doigts leur léger relief. Je souris, une fois de plus. À moi-même. À la vie. Et à cette manie de nous inspecter en permanence sous toutes les coutures pour nous convaincre qu'on ne sera pas à la hauteur. Que de temps gâché !

Je m'aime et je m'apprécie.

Mon dernier mois. Mon douzième livre. La ligne d'arrivée.

J'avais décidé de clore mon aventure au pays du développement personnel par un ouvrage de Louise Hay intitulé *Transformez votre vie*[1]. C'est un des classiques du genre, qui s'est vendu à trente-cinq millions d'exemplaires depuis sa publication en 1985. Son sujet ? Apprendre à s'aimer soi-même. Hay dit qu'au lieu de nous accabler d'autodénigrement, nous devons nous regarder chaque jour dans le miroir et dire « Je m'aime et je m'apprécie ».

Elle est convaincue que tous nos problèmes – de

1. Louise Hay, *Transformez votre vie*, Marabout, 2013.

l'argent jusqu'aux relations sentimentales ratées – ont deux origines : on s'accroche au ressentiment, qu'on nourrit en ressassant le passé, et on ne s'aime pas suffisamment. Hay est également convaincue, une théorie controversée, que toutes les maladies physiques ont une origine émotionnelle et que son propre cancer ovarien résultait de la honte qu'elle éprouvait d'avoir été, enfant, abusée sexuellement.

Pour « guérir notre vie », dit-elle, nous devons pardonner à tous ceux qui nous ont fait du tort, et en particulier à nos parents.

Quelques années plus tôt, j'aurais fait peu de cas des séquelles de l'enfance. J'imaginais que, hormis ceux qui ont été victimes de maltraitances, ou orphelins à un jeune âge, la plupart d'entre nous n'avaient aucun motif de se plaindre – mais je vois maintenant combien l'enfance est la base d'à peu près tout. Du bon comme du mauvais.

Donc, oui, mon chauffeur de taxi avait raison. Ma psy, toute intelligente et subtile qu'elle soit, ramenait tout à ma famille non parce que j'avais eu une enfance malheureuse – loin de là – mais parce que, même avec les meilleures intentions de la part de toutes les personnes concernées, des faits apparemment insignifiants peuvent avoir un énorme impact et nous conditionner de façon invisible pendant des années. Il est donc précieux de commencer à les identifier, en fouillant dans notre histoire. Mais j'ai vite compris que je ne pouvais m'atteler seule à cette tâche. Depuis notre première séance, en janvier, ma psy était devenue une alliée loyale et un soutien de poids, qui m'aidait à atteindre, en moi, des lieux dont j'ignorais jusqu'à l'existence.

Et puis – le pardon étant un processus – il était temps de m'aimer moi-même.

J'ai grandi dans un foyer où s'entendre dire « Ah ça, pour t'aimer, tu t'aimes » équivalait à une insulte. C'était se faire traiter, à mots couverts, de pimbêche aux chevilles enflées. Hay, à l'inverse, pense que s'aimer soi-même n'est ni de l'arrogance ni de l'infatuation, mais simplement faire attention à soi, faire preuve de compassion, et accepter ses petits travers.

« C'est étonnant de voir, dit-elle, quand les gens commencent à s'aimer eux-mêmes, combien leur vie s'en trouve améliorée. Ils se sentent mieux. Ils décrochent les boulots qu'ils convoitent. Ils trouvent l'argent dont ils ont besoin. Leurs relations aux autres s'en trouvent améliorées, ou alors celles qui sont toxiques se défont, et de nouvelles se nouent. »

Mais s'aimer soi-même, ce n'est pas facile.

Hay raconte que beaucoup de ses patientes refusent de dire « Je m'aime et je m'apprécie » devant un miroir. Certaines n'arrivent même pas à se regarder sans pleurer. Elles se disent incapables de s'aimer parce qu'elles sont trop moches, trop grosses, trop nulles, trop abîmées par la vie. Elles s'aimeront, disent-elles, le jour où elles maigriront, décrocheront le bon boulot, trouveront le mari.

Je comprends ça très bien. J'ai décrit un jour dans un article ce que je voyais dans le miroir, et ce n'était pas folichon : dents de traviole, hanches et abdomen généreusement enrobés, peau boutonneuse, rides… Chaque matin, devant le miroir, je passais mes défauts en revue, et je le transformais en obstacles rédhibitoires qui m'empêcheraient d'être aimée, d'être à la hauteur de quoi que ce soit.

Mais à la mi-avril, à la fin de mon périple de développement personnel, cela avait changé.

« Daisy vient de me dire que j'ai une aura lumineuse ! » a crié Sarah.

Vêtue d'une robe qui moulait à la perfection son petit bedon et coiffée d'une couronne de roses en plastique rouge, elle dansait avec entrain.

« C'est ce que j'ai toujours dit de toi, ai-je renchéri en l'imitant.

— Elle est complètement barrée, mais je l'aime bien ! a repris Sarah avec un sourire.

— Moi aussi ! » ai-je crié pour couvrir le martèlement des basses.

Sous nos pieds, le plancher vibrait des trépidations de ces centaines de raveurs qui, bras levés vers le ciel, dansaient avec autant de frénésie que s'ils vivaient leur dernier jour sur Terre.

Rachel est revenue vers nous avec un cerceau.

« Où as-tu trouvé ça ? lui ai-je demandé.

— Un type vient de me le donner. »

Elle l'a passé autour de sa taille et a commencé à le faire tourner. Dans sa combinaison bleu turquoise en lycra chatoyant, elle faisait penser à une sirène spatiale. Son régime complètement démodé qui consistait à ne jamais se resservir semblait lui réussir. *Grrr.*

« Où est Daisy ? » a-t-elle crié entre deux balancements de hanches.

J'ai tendu le doigt vers la scène, où Daisy, paupières closes et bras en l'air, dansait à côté d'un homme déguisé en carotte. Elle arborait une corne de licorne sur la tête. On était mercredi. Il était 7 heures du matin.

La rave en matinée était son idée, évidemment. Cela faisait plusieurs mois qu'elle fréquentait ces happenings hippies-hype en compagnie d'autres fêtards qui aimaient se lever aux aurores pour boire de l'eau de coco plutôt que des bières.

Pour moi, c'était une autre planète : des gamins coiffés de casques antibruit gambadaient autour de leur mère qui dansait ; des jeunettes, sur la scène, exhibaient leur nombril et autres appâts tandis que des hommes déguisés en zèbres ou, encore plus incongru, en employés de bureau se déhanchaient à en perdre haleine. Nous sommes entrées dans la danse et avons transpiré de 7 heures et demie à 10 heures. D'incorrigibles fêtardes dans toute leur splendeur.

« Ce que tu as l'air heureuse ! » a crié Sarah.

J'ai souri.

« Toi aussi !

— Peut-être que tu n'avais pas besoin du développement personnel, mais juste de danser davantage.

— Oui, peut-être ! »

Me mêler à mes semblables, solliciter mon corps et sourire était tonifiant et tellement meilleur pour l'âme que rester dans mon coin, à lire et à tout analyser. Tout au long de cette année, j'avais presque entièrement ignoré les pouvoirs magiques de l'exercice physique, que quantité de personnes croient aussi efficace que les antidépresseurs.

Un chevelu au poitrail luisant de transpiration et orné de perles colorées m'a souri. Je lui ai souri moi aussi.

« Très beau sourire ! m'a-t-il lancé.

— Merci ! » Nous avons sautillé de conserve pendant quelques minutes, et Sarah a dit :

« C'est le troisième.

— Quoi ?

— C'est le troisième mec qui vient te brancher.

— Il se montre juste amical, tout le monde se dit bonjour.

— Non, les mecs viennent te brancher – tu brilles de mille feux.

— Tu veux dire que je rutile de transpiration !

— Pas que ça… Une lumière s'est allumée en toi. »

Sarah disait vrai. Même moi je le sentais.

Quand Rachel et moi sommes rentrées à la maison, j'ai filé prendre une douche. Je me suis déshabillée et plantée devant le miroir. Je voyais mon regard radieux, ma peau éclatante. J'ai continué de me sourire, tout en contemplant mes dents de traviole, mes joues grassouillettes et mes cuisses tremblotantes qui, autrefois, me désespéraient tant. Mais maintenant, en lieu et place de défauts, je voyais autre chose.

Je voyais une femme qui, au cours des seize derniers mois, avait fait des trucs dingues et géniaux. Une personne bienveillante, forte, courageuse, puissante. Et vibrante de vie.

Dans ce miroir, je voyais une force de la nature.

Je n'étais pas transformée au point de ne pas me sentir idiote de parler à voix haute à mon reflet mais, tout en mettant à exécution les instructions de Louise, je me suis aperçue que je croyais de tout mon cœur à ce que je lui disais. Je m'aimais et je m'appréciais, malgré ma tignasse échevelée, le bubon sur mon menton ou le peu de temps que je consacrais aux épilations.

Pour tout dire, ce 13 avril à 11 heures, je me sentais sacrément géniale.

J'étais fière de moi. Non, vraiment, super fière.

Mais j'en avais terminé.

Terminé de m'acharner à éradiquer toutes mes mauvaises facettes, de me déclarer la guerre pour tout ce que je percevais comme des échecs, de chercher en permanence à être incroyablement efficace ou merveilleusement zen. J'étais fatiguée des affirmations et fatiguée de faire semblant d'être heureuse quand j'avais juste envie de lâcher des jurons et d'être ronchonne. J'en avais fini de boire des smoothies verts et de me sentir vaguement coupable chaque fois que je croquais dans un toast au fromage. Parce que, le truc, c'est que j'aimais vraiment, vraiment beaucoup le fromage. Parfois, ces tartines étaient l'acmé de ma journée.

À Noël, quand mes tentatives pour atteindre la perfection avaient failli me briser, je m'étais surprise à pleurer, comme chaque année, devant cette scène de *Bridget Jones* où Darcy dit à Bridget qu'il l'aime telle qu'elle est.

Quand Bridget leur rapporte les propos de Darcy, ses copines sont incrédules :

« Telle que tu es ? Pas plus mince ? Pas plus intelligente ? Ni avec des seins un poil plus gros ou un nez légèrement plus petit ? demande Jude.

— Non, confirme Bridget.

— Putain, c'est incroyable… » lâche Shazza.

L'idée que si nous pouvions trouver notre Darcy, trouver un homme qui nous aimerait telles que nous sommes, alors tout irait bien, est devenue le saint Graal de ma génération.

Mais ne serait-ce pas mieux si, plutôt que d'attendre une validation extérieure, nous pouvions apprendre à nous aimer avec nos qualités et nos défauts ?

J'ai regardé mon ventre de mangeuse de toasts au fromage et mon visage de buveuse de vin, j'ai souri et prononcé ma toute dernière affirmation :

Je m'aime et m'apprécie. Telle que je suis.

Et, pour enfoncer le clou, j'ai précisé *in petto* : *je m'aime et je m'apprécie, même si ma seule activité sportive consiste à faire le tour du pâté de maisons. Je m'aime et je m'apprécie même si je bois du vin et j'adore Netflix. Je m'aime et je m'apprécie même si je pleure pour un oui ou pour un non, y compris devant Bridget Jones et les pubs de compagnies d'assurances.*

Et je me suis remise à pleurer en réalisant que, durant tout ce temps où j'avais fait une fixation sur ce qui me déplaisait chez moi, j'avais rarement eu une pensée pour ce qui me plaisait. Alors que des tas de choses me plaisaient chez moi. Vraiment.

Du coup, j'ai repris, à voix haute :

« Je suis gentille, drôle et souriante. Je m'efforce d'être bienveillante. Je donne aux bonnes œuvres. Je sais écouter les autres. Je suis bosseuse. Je fais rire mes amis. Et j'ai des amis super chouettes : marrants, cool, intéressants. Et qui eux aussi m'aiment et m'approuvent. »

Encore qu'ils pourraient changer d'avis s'ils me voyaient en train de me parler à moi-même, à poil devant le miroir.

Un jour, j'étais tombée sur cette description de la réussite : être capable de se regarder le matin dans le miroir et être en paix avec ce qu'on voit. J'étais parvenue à ce stade.

Après seize longs et douloureux mois, je pouvais me regarder dans le miroir.

Mais, tout en me séchant puis me brossant les dents, j'ai su, avec une absolue certitude, qu'il était temps de m'écarter de tout reflet, réel ou métaphysique. Je ne pouvais plus supporter de penser à ma petite personne une minute de plus.

Au royaume du développement personnel, les informations ont mauvaise presse. Les nouvelles du monde alimentent la négativité, le malheur et la déprime. Mieux vaut sortir faire le tour du pâté de maisons en répétant des affirmations ou lire des ouvrages sur le pouvoir de la pensée positive que s'intéresser à ce monde si laid et si cruel. Pendant plus d'un an, je m'étais conformée à ce conseil. J'étais passée de lectrice assidue des quotidiens à lectrice de citations de développement personnel postées sur Facebook. Et, par certains aspects, c'était agréable. La vie donnait l'impression d'être plus simple, plus propre.

Mais, tandis que j'approchais du terme de mon challenge, continuer d'occulter le monde réel, avec son lot de désordres et de tragédies, me donnait l'impression d'être enferrée dans le déni et l'égoïsme plutôt que d'être un esprit éclairé. Une fois douchée, je suis donc allée acheter les journaux, et j'ai lu le récit d'un naufrage dans lequel des centaines de migrants africains et bengalis qui essayaient de fuir la guerre et la misère avaient trouvé la mort. Les sauveteurs décrivaient « un cimetière marin », et l'un des survivants racontait que des centaines de ses camarades avaient péri parce qu'ils étaient enfermés dans la cale, « comme des rats en cage ». C'était l'histoire d'un ignoble cauchemar enduré par des gens qui luttaient pour leur vie, des enfants qui étaient morts avant même d'avoir vécu, des mères terrorisées qui mettaient leur bébé sur des bateaux faute d'alternative…

Ma quête de perfectionnement semblait immorale. De quoi diable pouvais-je me plaindre ? Que cherchais-je à améliorer ? J'avais déjà une vie de rêve comparé à 99,99 pour cent des habitants de la planète.

J'étais bénie des cieux. Il était temps d'apprécier ce que j'avais.

D'être reconnaissante.

Tony Robbins, Eckhart Tolle et Susan Jeffers disent tous qu'il faut apprécier ce que l'on a au lieu d'attendre toujours plus. Je n'avais pas suivi leur conseil. Loin de là. J'étais bien trop occupée à analyser les problèmes que je me fabriquais pour voir à quel point j'avais de la chance. Cela allait changer.

« J'ai pris une décision, ai-je annoncé à Rachel, qui travaillait sur son ordinateur pendant que je lisais les journaux.

— Ah bon ? a-t-elle dit en continuant à taper sur son clavier.

— J'en ai fini avec le développement personnel. »

Elle a relevé la tête. « C'est vrai ?

— Oui.

— Dieu merci. » Elle a souri. Et j'ai compris à quel point, entre les hauts, les bas et les séances de contemplation de mon nombril, j'avais dû être une coloc cauchemardesque, incapable de boire une tasse de thé sans décortiquer les sentiments qu'elle m'inspirait – et obliger Rachel à faire de même.

« J'ai décidé de faire du bénévolat, à la place. »

Le visage de Rachel s'est figé. « Rassure-moi. Tu ne vas pas essayer de devenir mère Teresa, maintenant ?

— Non ! Une amie d'amie a posté une annonce sur Facebook. Elle organise une collecte de dons pour Calais, ce week-end, et elle cherche des volontaires. C'est pour la journée.

— Bonne idée. Je peux t'accompagner ?

— Bien sûr ! »

Pendant que j'attendais que l'eau bouille pour refaire du café, j'ai mobilisé tout mon courage pour poser à Rachel la question qui me tracassait depuis des mois.

La Question, pour tout dire.

Toute l'année, j'avais attendu que mes amies remarquent la sagesse que j'avais acquise, le calme que je distillais, le fait que j'étais bien dans ma tête. Je voulais qu'en m'observant elles disent : « Donnez-moi la même chose qu'elle ! » – genre Meg Ryan dans la fameuse scène du restaurant, vous voyez. Il ne s'était rien passé de tel. Mais alors pas du tout.

« Tu penses que tout ça m'a aidée ? ai-je demandé, les yeux rivés sur le café.

— Est-ce que toi tu penses que ça t'a aidée ? m'a répliqué Rachel – elle ne valait pas mieux que ma psy.

— Je ne sais pas. Oui et non. À mon avis, ça me prendra un petit moment pour assimiler tout ça.

— Bon usage du verbe assimiler.

— Je te remercie.

— Alors que vas-tu faire, maintenant ?

— Bosser, voir des gens, être normale… Mais, avant tout, ranger ma chambre. »

Rachel a haussé les sourcils.

« Peut-être que ces bouquins ont été utiles, tout compte fait. »

Je me suis assise sur le lit et j'ai contemplé les volumes aux couvertures criardes rangés sur mes étagères, avec leurs tranches cassées et leurs pages cornées. Chacun d'eux avait été mon compagnon au long des semaines de remise en question, de prise de tête, le plus souvent, de larmes.

J'ai attrapé l'exemplaire corné de *Tremblez mais osez,* qui avait lancé ma mission à vingt-quatre ans puis de nouveau à trente-six. Deux épisodes qui me semblaient remonter à une éternité. Le stand-up, le modèle vivant, le karaoké – j'avais encore du mal à croire que j'avais fait tout ça. En un mois. Susan avait raison : la vie commence bel et bien à la minute où on fait quelque chose – n'importe quoi.

À côté de sa tranche rouge fendillée se trouvait le

livre qui m'avait dévoilé ma tragique histoire d'amour avec l'argent. Quel mois ! Comment avais-je pu ignorer que j'étais un désastre ambulant en matière de finances avant d'avoir lu ce livre ? J'avais débuté l'année en espérant d'une manière ou d'une autre – par magie – la finir pleine aux as ; c'était loin d'être le cas. J'étais encore endettée et restais nerveuse en glissant ma carte dans le distributeur, mais au moins je consultais mon solde, maintenant. Enfin, de temps en temps.

Mon regard a glissé sur *Le Secret* et, là, j'ai senti une pointe familière d'agacement. Celui-là restait une prise de tête. Fallait-il y croire ? Ne pas y croire ? Je n'en savais toujours rien.

Je me suis agenouillée devant mon tableau de visualisation, planqué derrière le bureau. Les photos de jus verts et de yoga s'étaient racornies et couvertes de poussière. J'ai regardé tout ce à quoi j'avais aspiré en ce mois de mars. L'occasion d'un grand voyage ne s'était pas encore présentée, pas plus qu'un chanteur pop n'était venu frapper à ma porte. En revanche, j'avais ingurgité beaucoup de jus verts, j'avais fait du yoga, avec et sans vêtements… Donc, peut-être y avait-il quelque chose de vrai là-dedans.

Au piquet derrière le tableau de visualisation se trouvaient les cartes des anges. J'en ai pioché une, en souvenir du bon vieux temps : « Croyez et Ayez Confiance. » Quelques mois plus tôt, le caractère vague de ce message m'aurait exaspérée ; maintenant, je le trouvais plutôt sympathique : un petit coup de pouce pour vous aider à passer la journée – quel mal y avait-il à ça ?

J'ai rangé les cartes sur l'étagère à côté de mon

exemplaire abîmé par l'eau de *Rien à foutre*. Ah, rien à foutre… trois mots qui suffisaient à m'arracher un soupir de soulagement. Ce livre était bien plus profond qu'il n'y paraissait de prime abord. C'était le petit frère amateur de jurons du *Pouvoir de l'instant présent*, mon préféré.

J'ai feuilleté l'exemplaire posé sur ma table de nuit. Presque chaque jour, je relisais les passages surlignés. Avec ses marges surchargées de « Oui ! » et de points d'exclamation, il ressemblait à la bible d'une folle, mais chaque page renfermait quelques perles de sagesse.

Comme d'ailleurs tous les livres que j'avais lus. Même ceux que je n'avais pas aimés avaient quelque chose à offrir – une phrase lourde de vérité. Une remarque qui incitait à poser un regard différent sur le monde.

Mais que faire d'eux maintenant ?

Une part de moi avait envie de les jeter – voire de les brûler – pour marquer la fin d'une époque, mais un tel traitement me semblait injuste. Nous avions traversé trop d'épreuves ensemble.

Ces livres et leurs auteurs avaient été pendant plus d'un an mes indéfectibles compagnons. Par moments, j'avais eu l'impression que nous étions douze à vivre dans ma tête et à commenter mes moindres faits et gestes. Malgré toute l'affection que j'avais pour eux, ça commençait à être un peu surpeuplé, là-haut.

J'ai appelé ma mère.

« Tu es où ? lui ai-je demandé.

— Au Marks & Spencer, en train d'acheter des taies d'oreillers. Et toi ?

— À la maison. Je fais un grand rangement. J'ai décidé d'arrêter le développement personnel.

— Ah, bien », a-t-elle soupiré.

Il y a eu un silence, puis elle m'a posé la question que j'avais posée à Rachel :

« Tu penses que ça t'a aidée ?

— J'en sais rien. Je n'ai pas encore remédié à tous mes problèmes. Je suis toujours fauchée et célibataire… »

— Je ne savais pas que tu essayais de remédier à quoi que ce soit, Marianne, m'a-t-elle coupée d'un ton surpris. Je pensais que tu cherchais à te connaître toi-même – et tu dois te connaître de fond en comble, à l'heure qu'il est. »

J'ai pris ça comme une critique. « Je sais que tu trouves ça égocentrique et complaisant.

— En fait, Marianne, non, pas du tout. » Sa voix était montée dans les aigus et s'était tendue, comme lorsqu'elle nous sermonnait, petites. « Enfin si, d'accord, un peu, mais je pense aussi que tu as été très courageuse. Tu as regardé en face des choses que les gens passent leur vie entière à éviter, et cela demande du courage. Je n'ai jamais tout décortiqué ni questionné comme tu l'as fait. J'ai juste accepté la vie comme elle venait. Je n'ai jamais eu aucune ambition. Je regrette de n'avoir pas réfléchi un peu plus comme toi tu le fais. Je suis très fière de toi. Je ne pourrais pas l'être davantage. »

Des larmes me sont montées mes yeux. C'était sans doute la remarque la plus gentille qu'elle m'avait adressée à ce jour.

« Merci maman.

— Tu es une bonne fille. »

En grandissant, c'était le plus grand compliment que nous pouvions attendre de notre mère – et il était d'autant plus prisé qu'il était rare. Mais là, maintenant, il m'inspirait des sentiments mitigés. N'était-ce pas une partie de mon problème – de perpétuellement essayer d'être une bonne fille ? De toujours tout faire comme il fallait ? De chercher à contenter tout le monde ? Le compliment de ma mère était dicté par son amour, je le savais, mais il était temps d'arrêter d'essayer d'être une bonne fille. D'arrêter d'essayer tout court. Et d'être juste qui j'étais. En bien, comme en mal.

Je n'ai rien dit de tout ça. Je me suis contentée de répondre : « Et toi une bonne mère. »

Il y a eu un nouveau silence.

« J'ai beaucoup de chance d'avoir les filles que j'ai. Je t'aime.

— Moi aussi je t'aime. »

Encore un silence.

« Bon, je ne peux pas continuer à bavarder. Je dois passer au Waitrose avant qu'il ferme. »

J'ai raccroché, je me suis assise sur le lit et j'ai pleuré. Une fois de plus. L'année que je venais de passer m'avait au moins appris ça : ouvrir les vannes à la moindre occasion.

J'en étais donc là. Je l'avais fait. J'étais parvenue au bout de la route. C'était énorme. Émouvant. Mais c'était aussi une douche froide.

Il n'y avait pas de ligne d'arrivée, pas de trophée à la clé. Ni de chèque de 100 000 livres de l'univers.

Il n'y avait que moi, assise sur mon lit, entourée de ma collection de bouquins.

J'ai soulevé mon exemplaire relativement neuf de *Transformez votre vie.*

Je m'en voulais un peu de ne pas accorder à cette charmante Louise, la grande dame du développement personnel, toute l'attention qu'elle méritait. Mais je pense qu'elle aurait approuvé ma décision. Mon manque de motivation pour continuer le développement personnel était, de bien des façons, un signe que mes efforts avaient payé.

J'avais affronté mes démons un par un et j'étais toujours debout. Et mieux encore, j'avais la tête haute. J'avais fait la paix avec moi-même et trouvé ma place dans le monde.

Mon odyssée développement personnel s'était transformée en une quête de l'estime de soi et puis, miracle des miracles, de l'amour de soi.

Et si les changements n'étaient pas ceux que j'avais visés en me lançant dans cette aventure, j'avais fait mieux. Je n'avais pas réparé ce qui clochait chez moi : j'étais devenue moi-même.

Il était temps d'arrêter de penser à moi, et de tourner mon regard vers l'extérieur plutôt que vers l'intérieur. De vivre la vie plutôt que l'analyser.

J'ai regardé par la fenêtre. Le ciel de Londres était rayé de traînées roses. L'été serait bientôt là. J'entendais deux vieilles dames qui bavardaient dans le jardin voisin. Un chien aboyait quelque part ; une sirène de police se lamentait au loin. La vie battait son plein partout, et je voulais en être.

« Je sais que tu essaies de lever le pied, mais…

veux-tu boire un verre pour marquer le coup ? a crié Rachel du bas de l'escalier.

— Ouais ! ai-je hurlé. J'arrive dans une minute. »

J'ai glissé mon tableau de visualisation et les douze livres sous le lit.

Le téléphone a sonné. C'était Sheila.

« Salut. Comment ça va ?

— Bien. Débordée. Je pars à la gym. Et toi ?

— Je pars au pub boire un verre avec Rachel. On va fêter un truc : j'ai décidé de dire stop au développement personnel.

— Donc, tu penses enfin que tout tourne rond chez toi ? »

Et vous savez quoi ? Pour la toute première fois de ma vie, c'était exactement ce que je pensais.

L'heure du bilan

Cela fait exactement trois mois que j'ai tourné la page de ma quête, et je suis ici dans la petite maison de ma meilleure amie, sur la côte ouest de l'Irlande. Gemma et son bébé James se font des mamours sur le canapé pendant que j'écris ces lignes sous la véranda, face à une route de campagne.

Ce matin, un cortège d'une demi-douzaine de vaches a défilé devant notre porte et, hier, quatre moutons flânaient devant la maison comme s'ils étaient ici chez eux. Ce qui est le cas – plus que moi, du moins.

Le soleil est de sortie et le ciel se déploie tel un immense drap bleu qui ne cesse de s'agrandir chaque jour, sans que je comprenne bien comment. Ça me fait halluciner. Ce soir, avec le coucher de soleil, il virera au rose et au violet, et je soupirerai pour la énième fois : « Que c'est beau… »

Auparavant, Gemma aura préparé du poisson pour le dîner et je l'aurai aidée à faire manger James, bien qu'il soit maintenant un grand garçon et se débrouille plutôt pas mal tout seul – d'abord avec la cuillère puis, quand ça commence à lui réclamer un peu trop d'efforts, directement avec les doigts.

Une fois rassasié, il nous offrira ses restes, délivrés directement de ses menottes poissées dans nos mains d'adultes. On s'exclamera « Ta dam ! », son visage s'illuminera d'amour et de joie, et sa maman lui dira qu'il est le meilleur petit garçon du monde.

James et moi irons ensuite faire une promenade digestive dans le jardin. Il fera semblant de sentir le parfum des fleurs, en se penchant au plus près des pétales et en reniflant bruyamment, et il quêtera du regard mon approbation, qui lui sera tout acquise. Puis il s'écrira : « Abeille ! » en montrant du doigt la poignée d'entre elles qui butinent en permanence dans le massif de fleurs violettes – et qu'on appelle, apparemment, herbe à chat.

On continuera notre déambulation botanique et entomologique jusqu'à ce que sonne l'heure des ébats aquatiques. James jouera dans la baignoire avec ses canards en caoutchouc, puis, une fois emmailloté dans sa serviette en éponge blanche, il sera si rutilant de propreté et d'innocence que je pourrai éclater d'amour. Si c'est mon jour de chance, j'aurai droit à un baiser. Ce sera un moment parfait – le point d'orgue d'un été qui m'en aura offert de nombreux.

Je nage dans le bonheur.

Hier après-midi, nous sommes allées nager dans l'océan, glapissant chaque fois qu'une vague glacée nous fauchait, et le soir j'ai regardé avec Gemma un documentaire dans lequel était interviewé le dramaturge britannique Dennis Potter. Cet homme qui était en train de mourir d'un cancer soulignait que la vie, par définition, ne se conjugue qu'au présent – ce que nous avons tendance à oublier. Trop souvent, nous négligeons de *voir* la splendeur de ce qui est ici et maintenant – un arbre en fleur, par exemple. Or, c'est quand on voit le présent qu'on peut le célébrer.

J'ai pleuré, en l'écoutant, car c'est exactement ce que je ressens en ce moment. Je vis la vie au présent. Chaque instant est si plein de perfection qu'il semble sur le point d'éclater. Même les activités triviales, étendre le linge ou faire la vaisselle, semblent lourdes de sens. Je ne sais pas pourquoi. J'imagine qu'au terme de ma quête, je comprends enfin qu'il n'y a nulle part ailleurs où je préférerais être. Personne d'autre que je préférerais être. Je suis ici. Je suis heureuse.

Alors, cela signifie-t-il que le développement personnel m'a aidée ?

À bien des égards, ces derniers mois ont été un désastre.

J'ai creusé mes dettes, ma productivité s'est effondrée et je pèse six kilos de plus que lorsque je me suis lancée dans ce projet. Je suis devenue irresponsable, égoïste, je me suis bercée d'illusions, j'ai regardé des vidéos YouTube pour m'inspirer et me motiver au lieu de m'atteler à mon vrai travail. J'ai dépensé de l'argent que je n'avais pas au motif que l'univers pourvoirait à tout. Et, pire, je me suis brouillée avec une de mes meilleures amies.

Sarah avait raison – j'étais bel et bien égocentrique. Aujourd'hui, je prends la mesure de mon égoïsme et je frémis en repensant à tout ce temps passé à analyser chacune de mes pensées et de mes actions. J'étais devenue une junkie accro au développement personnel, j'ai négligé mes amis et ma famille, convaincue que la réponse se trouverait dans le prochain livre, puis le prochain…

À chaque nouveau livre, mes attentes envers la vie ont monté d'un cran. Je ne voulais pas juste une vie heureuse, je voulais une vie exceptionnelle ! Et plus la barre était haut placée, plus mon sentiment d'échec redoublait. Plus je pourchassais mon Moi Parfait, plus il se dérobait. Plus je faisais des pieds et des mains pour être heureuse, moins je l'étais…

Or je vois maintenant que la perfection n'existe pas. Pour être heureux, rien ne sert de chercher à combler tous nos désirs ; il suffit d'ouvrir les yeux et de voir combien tout ce qu'on a déjà participe à notre bonheur.

En décembre, quand j'étais en train de craquer sur son canapé, Gemma m'avait dit qu'elle espérait qu'à la fin de l'année je verrais enfin que j'étais très bien telle que j'étais, que je n'avais pas besoin de sauter d'un avion en vol, de baratiner des inconnus ou de me mettre à poil en public pour être aimée. Sur le moment, obnubilée que j'étais par mes défauts et mes échecs, sa remarque m'avait semblé complètement à côté de la plaque. Je demeurais convaincue que je devais me réformer pour que quiconque puisse m'aimer.

Le Processus Hoffman m'avait appris que cela n'était pas le cas.

Prendre la parole devant des inconnus et partager ce que je n'avais jamais dit ni montré à personne a été un des moments les plus terrifiants et les plus beaux de ma vie. Loin de déboucher sur une apocalypse, cette expérience a marqué le commencement d'un nouveau monde, d'un monde où j'étais acceptée avec tous mes défauts, dans lequel j'étais aimée et intégrée telle que j'étais.

Un des exercices, cette semaine-là, consistait à coucher par écrit toutes les horreurs qu'on se disait à nous-mêmes sur une immense feuille de papier, puis à déchiqueter celle-ci en mille morceaux à coups de chaussures (c'était une semaine vraiment bizarre) tout en hurlant à pleins poumons. Après vingt minutes à tabasser ma feuille en vociférant comme un fauve, j'avais connu le même état de béatitude qu'en lisant *Le Pouvoir du moment présent* ou en disant Rien à foutre.

L'espace d'une minute entière, toutes les conneries qui encombraient ma tête avaient disparu, et lorsque j'avais balayé la pièce du regard, j'avais senti un pur amour pour toutes les personnes présentes, moi incluse. J'avais pris conscience à cet instant qu'on ne peut pas aimer les autres quand on est trop occupé à se haïr soi-même. C'est tout bonnement impossible.

Aujourd'hui, en repensant à cet instant, je comprends encore autre chose : essayer de trouver le bonheur peut paraître une entreprise égoïste, mais ça ne l'est vraiment pas. Quand on est malheureux comme je l'ai été pendant des années, notre tristesse est si prégnante qu'elle affecte tous ceux qui nous entourent. On n'a aucune patience, on est brusque et cassant, irritable, notre gentillesse est une pure façade, on se coupe des autres et on s'enferme dans sa prison de chagrin. On est aussi, souvent, une source d'inquiétude pour ceux qui nous aiment.

Et même s'il n'est pas sain de penser tout le temps à soi, ça m'a permis de faire un grand nettoyage dans ma tête et, une fois nettoyée la suie de la haine de soi, j'ai enfin pu voir les gens autour de moi.

En ce sens, le développement personnel m'a aidée – beaucoup. De façon assez ironique, il m'a aidé à pousser au-delà de ma petite personne. En écoutant Gemma et James chanter « Old MacDonald Had a Farm » dans la pièce voisine, j'ai repensé à ce que disait Brené Brown : nous sommes sur Terre pour nouer des liens avec les autres.

Elle a raison. Toute ma vie, j'ai essayé de tout faire seule, de tenir ceux qui m'aiment à distance, mais c'est fini. Quand je repense à l'année passée, les meilleurs moments étaient ceux où j'étais en prise avec les autres. Ce n'est que s'ils sont là que la magie opère – une magie qu'on pourrait nommer amour. Ou Dieu. Ou beauté. Ou esprit.

Donc, dans l'immédiat du moins, je m'ouvre au monde avec un cœur disposé à aimer.

Ce qui m'amène à parler des hommes – ou plutôt d'un homme. Lorsque j'ai entamé mon projet, quelques personnes ont laissé entendre qu'il se solderait par un échec s'il ne se concluait pas par la rencontre du prince charmant, et cela m'avait mise en rogne. Je ne pensais pas – et je ne le pense toujours pas – qu'on a besoin d'un compagnon pour se sentir bien ou comblée. Je ne crois pas que seuls le mariage ou les enfants apportent le bonheur. Il n'empêche, je continue à penser au Grec. Pas parce qu'il est l'homme de mes rêves, mais parce que, pour une raison inconnue, de tous les hommes à Londres, c'est lui que j'ai abordé ce jour-là. Que, pour une raison inconnue, il m'a laissée faire. Et que, même si nous n'avons passé que quelques heures ensemble, un an plus tard, on continue à se parler.

Gemma m'annonce à tue-tête qu'elle va se mettre aux fourneaux.

Je regarde par la fenêtre les arbres qui frémissent sous la brise estivale. J'inspire profondément et j'attrape mon téléphone.

Que dirais-tu d'accueillir une visiteuse ? 😊

J'expédie le message sitôt écrit avant de me dégonfler.

La réponse arrive instantanément. *Oui !* m'écrit-il, suivi de trois smileys, qui cette fois envoient des baisers.

Je fais des bonds en criant de joie. Je suis impatiente de l'annoncer à Gemma et à Sarah mais, auparavant, je dois encore écrire quelque chose…

Dans *Les 7 Habitudes des gens efficaces*, Stephen Covey recommande de rédiger un ordre de mission décrivant le genre de personne qu'on veut être. À la différence de l'exercice qui consistait à imaginer mes obsèques, celui-ci ne nécessite pas de savoir qui on veut devenir, juste qui on veut être, là, tout de suite.

Quelques mois plus tôt, je n'en étais pas capable, mais là, sous la véranda de Gemma, ça vient tout seul :

Sois sincère. Bienveillante. Vois le côté drôle de la vie. Fais du sport. Ris. Détends-toi. Ne te dérobe pas aux conversations difficiles, ni aux travaux ardus. Ne fuis pas en courant. Exprime le fond de ta pensée posément, clairement et avec respect. Les gens en face de toi ne sont pas des devins – crache le morceau. Travaille dur, et prends-y du plaisir. Tire orgueil et satisfaction de tes capacités, elles sont plus grandes que tu ne le penses. Aie confiance en toi. Sois ambitieuse, vois grand – pourquoi pas ? Que peut-il se passer, au pire ? Un échec ne te tuera pas. Dis non. Dis oui. Vois le bon côté des gens, ne juge pas. Écoute, comprends, pardonne. Amuse-toi. Rien n'est éternel. Chéris chaque jour de ta vie et tous ceux que tu aimes – tu as tellement de chance qu'ils soient là. Sois humble : tu n'es ni meilleure, ni pire que les autres. Nous faisons de notre mieux, nous sommes tous les mêmes. Aime de tout ton cœur et apprends de chaque chose. Si des épreuves se présentent, sache que la tempête passera et que rien de tout ça n'a grande importance, de toute façon. Tu n'es qu'un grain de sable de passage, alors profites-en au maximum. Chante, danse, regarde le ciel et sois reconnaissante. Quand tu doutes, mets de l'ordre dans tes pensées et fais un plan – parfois, ça aide de sortir de sa tête et de s'ancrer dans le réel. Mais, surtout, bois une tasse de thé (ou un verre de vin) et n'oublie jamais ceci : tu te débrouilles super bien. Vraiment.

Remerciements

Ma mère vient de m'appeler :

« Dis-moi, je pensais à un truc…

— Oui…

— C'est au sujet de ton livre.

— Oui ?

— S'il te plaît, ne tartine pas cinq pages de remerciements. Ça devient insupportable, ces effusions à rallonge. À les lire, on a l'impression que l'auteur a empêché une guerre plutôt qu'écrit un truc que personne ne lira. »

J'ai décidé d'ignorer qu'elle insinuait que personne n'allait lire ce livre.

« Donc, tu ne veux pas que je te remercie ?

— Non, parce que sinon il te faudrait aussi remercier tes sœurs, tes amis, tes tantes, tes oncles, et ça s'arrête où ? À ce train-là, tu finis par remercier le chien.

— Nous n'avons pas de chien.

— Tu vois ce que je veux dire, Marianne.

— Alors je devrais dire quoi, selon toi ?

— Dis juste que tu remercies tes amis et ta famille, et c'est tout. Sans citer personne. »

D'accord. Donc : je remercie mes amis et ma famille, je ne cite personne mais j'espère que vous savez qui vous êtes. Merci de m'avoir supportée. Ce livre n'existerait pas sans vous.

Merci également à tous les formidables lecteurs qui m'ont encouragée alors que je racontais cette expérience sur mon blog, et tous ces inconnus avec lesquels j'ai eu les conversations parfaites au moment parfait. Merci à tous ceux et celles qui m'ont aidée à transformer mon histoire en témoignage.

Merci également au chien.

Mais, tout particulièrement, un très, très grand merci à ma mère.

Note de l'auteure

Écrire sur soi n'est pas chose facile. Et si je donne l'impression d'avoir beaucoup de facilité pour raconter ma vie au monde entier (ce dont je suis la première surprise), j'ai pleinement conscience que ce n'est pas le cas de la majorité des gens. Raison pour laquelle j'ai modifié les prénoms de certaines personnes qui apparaissent dans le livre, ainsi que les détails permettant de les identifier.

Beaucoup de mes amis m'ont encouragée (et supportée) au cours de cette année (à rallonge) de développement personnel, et pour ne pas compliquer le récit, leurs personnages sont ici des créations composites.

J'ai également modifié l'ordre de certains événements, dans l'intérêt (je l'espère) de la narration.

Cela étant dit, chacun des épisodes que je raconte ici (quelque extravagant, dénudé ou mortifiant qu'il soit) est véridique. J'ai vraiment sauté d'un avion en vol, fait un stand-up, abordé le Grec, pris la parole dans une réunion d'hommes d'affaires pour solliciter un rencard.

J'ai même cru, l'espace d'un moment certes bref mais insoutenable, que j'allais passer une audition pour *X Factor*.

En ce qui concerne ma mère, en revanche, même si j'avais essayé, je n'aurais pas pu inventer ou améliorer ses répliques percutantes.

Les livres testés par Marianne Power

Tremblez mais osez, Susan Jeffers, Marabout, 2013.

Money, a Love Story, Kate Northrup, Hay House, 2013 (ouvrage non traduit en français).

Le Secret, Rhonda Byrne, Un monde différent, 2008.

Rejection Therapy (jeu de cartes), Jason Comely.

L'Éveil de votre puissance intérieure, Tony Robbins, J'ai lu, 2013.

Rien à foutre, l'ultime voie spirituelle, John C. Parkin, Guy Trédaniel, 2011.

La Thérapie par les anges, Doreen Virtue, Exergue, 2013.

Les 7 Habitudes de ceux qui réussissent tout ce qu'ils entreprennent, Stephen R. Covey, First, 2017.

Le Pouvoir du moment présent, Eckhart Tolle, J'ai lu, 2010.

Get the guy, Matthew Hussey, Bantam Press, 2013 (ouvrage non traduit en français).

Daring Greatly, Brené Brown, Avery, 2015 (ouvrage non traduit en français).

Transformez votre vie, Louise Hay, Marabout, 2013.

Table

PAPIER À BASE DE
FIBRES CERTIFIÉES

Le Livre de Poche s'engage pour l'environnement en réduisant l'empreinte carbone de ses livres. Celle de cet exemplaire est de :
350 g éq. CO_2
Rendez-vous sur
www.livredepoche-durable.fr

Composition réalisée par NORD COMPO

Achevé d'imprimer en France par
CPI BRODARD & TAUPIN (72200 La Flèche)
en décembre 2019
N° d'impression : 3036465
Dépôt légal 1re publication : janvier 2020
LIBRAIRIE GÉNÉRALE FRANÇAISE
21, rue du Montparnasse – 75298 Paris Cedex 06

35/9163/0